血統的原罪

被遺忘的白色恐怖
東南亞受難者

杜晉軒 著

推薦序

不要到台灣

文／張正（燦爛時光東南亞主題書店創辦人）

記憶中，我父親只打過我那一次。

那時候的我應該是小學高年級，剛剛懵懂世事。晚上全家一起看電視，看的是連續播出了好一陣子的《大時代的故事》，講的是中國近現代史。那天的主題是中日戰爭，黑白的影片搭配字正腔圓的旁白，敘述著國軍如何英勇、日軍如何殘暴（南京大屠殺、七三一部隊人體細菌實驗等等）。最後日軍投降，蔣中正委員長決定「以德報怨」，把日軍日僑送回日本。

看到這裡，小時候的我很生氣，覺得中國死了那麼多人，這個「以德報怨」在搞什麼鬼呀，然後脫口而出了一句什麼。年代久遠，不記得具體的句子，記得的是，父親立即狠狠打了我一巴掌。

現在回想起來，好像稍微知道了一點來龍去脈了。我知道，「以德報怨」當然不是表面上的那麼簡單，蔣中正自有盤算。父親也不是突然變了一個性格，而是我說那句話的那個年代，台灣還在戒嚴，任何一句不恰當的話，都可能招致厄運。

不過，我原本不知道、最近才知道的是，那樣的白色恐怖氛圍，不僅無分本省人外省人統統籠罩，就連海外的「中國人」、來台灣讀書的「僑生」，也都沒能逃過。

異獄

從馬來西亞來台灣讀書、工作的年輕記者杜晉軒，幾年前在綠島監獄博物館看到同鄉前輩陳欽生的「事蹟」。陳欽生來台灣讀書，卻被爭功的情治人員栽贓，關了十二年。出獄之後惡夢還沒結束，台灣政府既不讓陳欽生返回馬來西亞，也不發給他中華民國身分證，迫使他在街頭當了三年遊民，求生不得、求死不能。

對於陳欽生的遭遇，杜晉軒在訝異之餘，憑藉著同鄉情誼與一股義憤，四處奔波探訪那個年代曾被困在台灣「異獄」馬來西亞前輩，逐步重建現在台灣人不願想起的那個年代。若不是杜晉軒鍥而不捨誠意十足，這幾位當年吃盡苦頭的「僑生」，不會願意重提悲慘往事，我們當然也就不會知道這段黑暗隱晦的歷史。而所謂的「轉型正義」，也就缺了最離譜的一塊拼圖。

我一開始覺得奇怪，白色恐怖抓的關的槍斃的，應該是中華民國治下的公民才對吧？怎麼會連僑生也抓？原來，當年咱中華民國將血統主義無限上綱，只要祖先來自中國，就算「中國人」，所以有些華僑學生明明是馬來西亞的「國民」，照樣抓照樣關照樣刑求，即使馬來西亞政府出面抗議要救人，也未必有用。

還有幾位僑生，五〇年代從馬來亞、新加坡（當時馬來西亞還沒成立，新加坡未獨立）去中國大陸讀書，後來受不了共產中國的生活而決定離開，但在返回星馬的途中，被國民政府從港澳「邀請」來台灣，之後再因細故被認定為「匪諜」而入獄。嗚呼，等於是從共產中國的鐵幕，「移監」到自由中國的鐵幕，無比荒謬。但是想想目前還被關在中國的李明哲，這樣的荒謬似乎沒個盡頭。

除了馬來西亞之外，杜晉軒也以發生在菲律賓的案子作為比較。于長城、于長庚兩兄弟在菲律賓辦報有成，但因為鼓吹菲律賓華人應融合於當地，違背當時國民政府的僑務政策，最終台菲兩國政府竟然聯手將于氏兄弟押送回台灣，以《檢肅匪諜條例》交付感化，即便兩人在被遣送之前已經宣布放棄中華民國國籍。

不要到台灣

前陣子紅了一波的反串影片〈不要到台灣〉，讓台灣媒體開心了一陣子。字幕寫著台灣很無聊、東西很難吃，不過畫面卻是美麗的風景、豐富的人文。影片最後解釋，之所以說「不要到台灣」，是因為你可能迷上這裡。不過，找出這位 youtuber 的這一系列影片（https://www.youtube.com/channel/UCR5MByMMvz-4uWLXtrGEL-Q），會發現他每一支片子都是一樣的反串、一樣的梗：不要到美國、不要到加拿大、不要到伊朗、不要到阿爾及利亞……運鏡流暢但大同小異、誠意有限。

其實，〈不要到台灣〉這支影片應該早個半世紀拍出來，不過標題要加上驚嘆號，結尾語也要改成「你可能會被關在這裡」。書中幾位在台灣牢獄中耗盡青春的僑生，都是血淚證人。

幸虧等我真正長大之後，台灣已經脫離戒嚴。時至今日，即使對當政者飆罵髒話幹話不禮貌的話，通常也不會有啥事，台灣正一步一步轉變為尊重言論自由、張開雙臂歡迎世界走進來的開放社會。歡迎大家來到台灣，唯獨那個恐怖的年代，切莫再來。

推薦序

無盡的流離

文／楊翠（促進轉型正義委員會主任委員）

上一個世紀，二十世紀的世界史，是一帙光影纏疊的複雜頁面。科技猛進、登陸月球、創發網路、思潮湧動，人們穿越各種真實的與虛擬的時空界線，去到以往不曾想像的地方。

然而，從另一個角度來閱讀二十世紀的世界史，卻是寫滿了戰爭、流離、死亡。民族國家獨立戰爭、兩次世界大戰、各國內戰，各種宗教的、意識形態的鬥爭，或者以理想為名，對人民所施加的種種政治迫害。

二十世紀，世界屍骨堆疊，鮮血遍處。

國共鬥爭也是。無論是意識形態陣營之爭也好，黨派爭權奪利也罷，事實是，它造成了無數的死亡、無數的剝奪、無數的流離。

國共鬥爭，有如一個咒語，一個穿越時間、跨越疆域，像異形一般不斷變形卻不會死絕的咒語，幾百萬人因而失去生命，或者被抹除青春，被剝奪理想，連最簡單素樸的日常生活，都只能成為奢望。

做為一個受歷史學訓練、熱愛文學、以台灣史與台灣文學為終生志業的研究者與教學者，我總是在想，如果沒有國共鬥爭，二十世紀的台灣會是什麼樣子？我們所身處的現實，又會是什麼樣子？文學史裡的色澤與面貌，又會有什麼不同？還會像如今日所見一般，充滿強權暴力的身影，以及從鮮血與屍骨中一字一語爬行煉造而成的詩篇嗎？

也許我們無法以「沒有國共鬥爭」這個假設，來描繪一個不曾存在的世界。然而，我可以確定，如果沒有國共鬥爭，杜晉軒書中所寫的這群昔日青春，一定會有不一樣的人生。

出生於馬來西亞的杜晉軒，長期從家族史、個人史的視角，描繪並思考主體的歷史命運，他的核心關懷，是個體與國家的複雜關係，特別是東南亞華人的身分認同與國家認同的糾葛。他更關注的是，當這些認同課題又與現實上的國共權力鬥爭糾纏不清時，主體的命運如何？在杜晉軒筆下，他們或者被迫（或許自以為是「自主」）選邊站，成為國共某一方的讚聲者，或者被迫流離，失去自由，甚至生命消亡。

杜晉軒反思，在「中華民國」漫長的威權統治時期，「華僑」這個稱號，是一個政治話術，一種統治收攬的策略。「華僑」被當作政治宣傳工具與展示看板，在節日或關鍵時刻，「僑界」被描繪為揮舞國旗熱情吶喊的愛國者，然而，政府對「華僑」卻又抱持著本質上的不信任。

因為幾個世代流離在外，與更廣大世界頻繁接觸的「華僑」，很難被視為根正苗紅的嫡系親軍。國共兩黨的權力鬥爭，對「中國」詮釋權的爭權戰，從中國戰場漫延到台灣、東南亞、世界各地，幾代之前離開中國原居住的「華僑」，又被迫經歷更多的流離。

這些二十世紀的「華僑」青年，從各方啟程，前往一座據說被標幟為「自由民主基地」的島嶼台灣，然後，被「中華民國」以更嚴格的標準進行忠誠審查，不入黨、不參與軍訓課、愛讀課外書，都可能被指控不愛國，被嚴斥忘恩負義，然後被貼上更多標籤，塗抹更多記號，成了暴徒、共匪、叛逆，人生因而全部改寫。

例如陳欽生，一九六七年，十八歲，放棄英國利物浦大學的留學許可，啟程前往台灣，以「僑生」身分，進入台南成功大學就讀。一九七一年，被情治人員從租屋處巷道內，以「親戚帶東西要給你」騙走，先是被當做美國新聞處爆炸案的首謀，貼上「恐怖分子」的標籤，當這個案子已有自首者而結案後，又被黏上「共產黨員」的記號，判刑十二年。

一九七一年，才二十出頭的陳欽生，開始了他此生漫長的流離，不只是十二年的牢獄生活，還有生不如死，三度試圖了結自己生命的生死流離，以及二十幾年思念親人、卻無法歸返家鄉怡保的錐心遙望。

而這樣的「馬共記號」，竟是從他的父親參與創辦華文小學開始的。情治機關對於「罪名」的編織方式，總是利用主體本身的人際網絡、親友關係，你有一個爸爸如何如何，你有一個同學如何如何，你有一個同事如何如何，你就有了各種可以被從虛線畫成實線的生命紋路，讓當權者生產出無數標籤與記號。

鄔來的人生，更是一場奇幻漂流，但這場奇幻漂流，全無浪漫歡愉，而是充滿了荒謬、恐懼、痛苦。

鄔來，一九三六年出生於馬來西亞雪蘭莪州一個小鎮，在他七歲時，父親病逝，大哥被日軍抓走。因為家庭教育中充滿中國原鄉的民族主義情懷，一九五二年，十六歲，他啟程前往廣東台山，在他心中，這是「返鄉」。

然而，原鄉並沒有回應他的熱情，鄔來歷經被下放，以及各種生活困頓。一九六二年，鄔來收到家書，準備回一趟馬來西亞探望母親，在澳門等候到香港處理馬來西亞簽證時，因為情治人員誤判他身上有「情資」，設計了一場騙局，將他拐騙到台灣。鄔來先是「被成為」中華民國國民，然後，又因為不信任，「被成為」政治犯，換來十四年的的牢獄之災。

這是流離者的「原罪」嗎？因為流離到廣東、北京，所以就「可能有情資」？因為曾經生活在共產黨的統治下，所以「就是共產黨員」？

鄔來無法明白這個邏輯。世間再如何冰雪聰明的人，也無法參透這個邏輯。鄔來知道的是，只是為了追求更理想的生活，這麼簡單素樸的想望，他不僅長期失去自由，而且連他是「哪一國人」，也由不得他。

鄔來終於成為哪一國人，與他想要成為哪一國人的個人意志無關。中華人民共和國防他，說他是有「海外關係」的「歸僑」，中華民國整他，說他是有「共產黨關係」的「華僑」，馬來西亞不要他，要他宣示放棄公民權。最終，出生馬來西亞，也想回到馬來西亞的鄔來，只能成為「從中國來到台灣的中華民國人」。

重點不是成為哪一國人，而是「被成為」哪一國人。重點不是要不要成為哪一國人，而是主體無法自我決定的身心流離。陳欽生如此，鄔來如此，來自新加坡的陳團保也是如此。

陳團保一九三九年出生於馬來西亞，其後隨父母到新加坡定居，在國共兩黨對峙嚴重的一九五六年，據他回憶，當時新馬華人，親共產黨的，坐船去中國，親國民黨的，搭船到台灣。而他正是反共的那一個，所以他選擇來到台灣，進入華僑中學，後來就讀台北市立法商學院。

初來台灣，他慷慨激昂，以自己姓名來自我介紹：「陳我赤子之心，團結海內外華僑，保衛中華民國。」然而，一九六二年，大二，他被調查局逮捕，被指控為參與「劉自然事件」的「暴徒」，以及「匪幫外圍組織」的「匪徒」。

因為反共而到台灣，這是陳團保的自主選擇，然而卻被扣上「暴徒」與「匪徒」罪名，判刑五年，關入監獄，所有關於「陳」、「團」、「保」的國族想像，全數破滅。

又如出生英屬模里西斯的媒體人徐瑛，幼年隨父親到泰國生活，青年到中國北京就學，後來是模里西斯的媒體人。一九六七年趁著在香港轉機，順道到台灣走走，這一走，就成為警備總部指控的「共匪」，判刑十五年，警總還迫使他放棄英國國籍，他不願意，就強迫「被加入」中華民國了。

來自新加坡的陳瑞生也是如此，他的流離是另一種典型。陳瑞生是一九五六年新聞媒體盛大報導「大陸逃港僑生回國觀光團」十八人中的一位，報導中說：「當他們登岸時，無數青年男女學生的歡迎人潮亦紛紛湧到，為他們響起如雷般的掌聲和歡呼。」到台灣後，陳瑞生進入華僑中學就讀，三年後，他的名字出現在調查局審訊筆錄中，成為案件的被告；現在，他成為一個國家檔案的檔名。杜晉軒指出，雖然歷經眾多檔案資料及口述史料的爬梳，然而到目前為止，尚無陳瑞生是否曾服刑、在哪裡服刑、後來去了哪裡、最後定居哪裡的資訊可供清楚辨認。

也就是說，陳瑞生曾是「愛國華僑」的看板，又因各種親友關係，被調查局逮捕偵訊，留下筆錄與自傳，成為一個歷史檔案，然而，他的真實人生，卻流離在霧霾深重的歷史雲霧中。

在生命中流離，在檔案中流離，在歷史中流離，在真相中流離。這就是所有當年懷抱著熱情，渡海來到台灣，終而成為白色恐怖政治受難者的「華僑」的真實人生。

一九六九年被以「讀書會」事件逮捕的文化大學學生肖南等五人，也歷經了相同的流離。他們被指控在馬來西亞中學時期，組織讀書會，閱讀反動書籍，而且來台後還與同伴保持書信聯繫。當時正值馬台外交的關鍵時刻，當局為穩固外交關係，以遣送五人回馬來西亞做為投名狀，警總並將五位學生的相關資料寄送馬來西亞當局。因此，即使回到家鄉，監控所造成的精神流離也沒有停止，而他們「關鍵證據」的那批書信，卻消失不見，在歷史中流離。

出生馬來西亞的杜晉軒，他筆下的外籍華裔白色恐怖政治受難者的故事，有兩個鮮明的特質，一個是「被流離」、「被國族化」的集體記憶，另一個，就是杜晉軒把自己也寫進去了。書中，他是故事的揭露者、見證者，他帶領我們跨海、跨越時間，進入一個個生命主體；同時你也可以發現，隱隱然，他也在其間思考著自身的認同課題。

杜晉軒，一個馬來西亞的青年後輩，寫過許多僑裔的流離史，多次拋問關於認同這件事，曾在某個網路平台中，以這樣的個人簡介現身：來自馬來西亞的華人，不是中華民國騙你的「華僑」。

這部書，因而不是只有檔案、事件、年代，更多的是從主體、家族、親友網絡、離散群體的角度出發，他所建構的，是一群人的故事，是一大群人的故事。是一大群青年，為了追求更理想的生活，在國共兩黨爭奪「中國」解釋權與代理權的漫長惡鬥下，被莫名地捲入煉獄，又莫名地失去所有的故事。

正如書中肖南所嘆：「生在大時代，身不由己。」然而，杜晉軒不是為了證明「身不由己」這個慨嘆，相反的，他是要反思這個慨嘆。

如果，在那個瘋狂的時代，前輩們身不由己，那麼，在我們這個時代，是不是應該好好想想，主體自主開花的時刻，就在現在。

推薦序

相互承認的倫理學

文／吳叡人（中央研究院台灣史研究所副研究員）

「唯有經由相互承認我們的自由，權利始被實現。」

——黑格爾，《法哲學》（一八二一）

當代政治論述所謂的「轉型正義」（transitional justice）一詞，一般指涉一個國家在民主轉型過程中，嘗試去糾正獨裁政權時代政府以國家權力侵害人民權利的不正義作為的政治工程。在這個意義下，轉型正義計畫處理的主要是發生在單一國家邊界內部的國家暴力問題。然而我們不能忘記，現代國家暴力往往發生在跨國脈絡之中，具有國際性的起源，因此轉型正義問題必然包含了經常被忽略的國際面向。源於跨國脈絡的國家暴力情境不勝枚舉，例如國與國之間的戰爭造成的征服、領土移轉與殖民統治（例如二戰時的納粹與日本帝國主義）、國家形成（如台灣的二二八事件、韓國的四三事件）、以及地緣政治對抗（如冷戰期美國保護下的台灣、韓國與智利，以及蘇聯霸權下的中、東歐社會主義政權）等。

近年來台灣社會對轉型正義問題的討論中最大的盲點，就是戰後國家暴力問題的國際脈絡。作為一個在歷史上反覆被不同強權支配，國家認同不穩定的地緣政治邊陲，戰後台灣所發生的國家暴力從一開始就具有清楚的國際面向。具體而言，二戰後盟國主導的領土移轉導致台灣被捲進了三重的跨國性國家暴力之中：一、中國在新領土建構國家權威所導致的暴力（二二八事件）；二、中國本土國共內戰向台灣的延伸（五〇年代初期白色恐怖）；三、冷戰（韓戰爆發後國府在美國默許或支持下的恐怖統治）。在這整個過程中，台灣人民在美蘇兩強所界定的地緣政治格局之下，處在來自中國的兩個敵對政權的夾縫之間，被他們需索忠誠，非紅即白，動輒得咎。這就是戰後台灣轉型正義問題的起源。[1]

比較少為人知的是，當時有不少來自中國大陸與台灣以外的國際人士也被捲入這場「爭奪人民」的認同戰爭，意外成為台灣白色恐怖的受害者，例如國民黨海軍在一九五三、五四年之間曾扣留行經台海的兩艘中波海運公司的貨輪與一艘蘇聯籍貨輪，拘捕了多名波蘭、蘇聯籍船員，以及一九六〇年代以後發生的多件來台的東南亞籍華人（多數為留學生）為主的政治案件等。前者可以理解為全球冷戰交戰雙方在第一線的衝突事件，看似不可思議，其實構圖單純明快，然而東南亞華人則被捲入了冷戰結構下相互影響的多重區域性衝突——台海兩岸的國共衝突、國民黨的中國民族主義與東南亞華人移民國家的新興民族主義的衝突，乃至移民國內部的對立（左右／族群）等，涉及了多重而變動的敵我關係，性質極為複雜。

1 關於台灣戰後轉型正義的歷史性格，參照吳叡人，〈國家建構、內部殖民與冷戰——戰後臺灣國家暴力的歷史脈絡與轉型正義問題的根源〉，收於吳叡人著，《受困的思想：臺灣重返世界》（新北市：衛城出版，二〇一六），頁四五～五七。關於二次大戰終戰前後台灣的認同狀態與認同競爭，參照吳叡人，〈三個祖國：戰後初期台灣的國家認同競爭〉，收於蕭阿勤、汪宏倫主編，《族群、民族與現代國家：經驗與理論的反思》（台北市：中研院社會所，二〇一六），頁二三～八二。

杜晉軒這本《血統的原罪》是第一本系統性講述這群生不逢時，在東亞民族國家邊界重劃的歷史巨變之中誤觸認同雷區而受難的海外華人故事的著作。作者不僅深入、細緻地重建了許多不同個案的受難歷程，同時也對悲劇發生的原因提出了有力的解釋。透過這本書所提供的個案，我們或許可以初步整理出這群在台灣土地上受難，卻被台灣人遺忘的受難者的輪廓。

首先，本書所討論的二十餘名東南亞華人受難者，絕大多數來自馬來西亞與新加坡，此外也有來自泰國、英屬模里西斯與菲律賓的個案。除了泰國這個老牌獨立國家之外，其餘皆是戰後殖民地解放浪潮中先後獲得獨立的新興國家，民族主義高漲，對於住民的認同與忠誠特別敏感。而除了菲律賓華人尚未獲准歸化之外，所有其他受難者在遇難之時均擁有居留國（或殖民地）身分。換句話說，他們都是不折不扣的「外國人」。明明是外國人，國民黨卻從血緣主義的角度，主張他們「都是中國人」，因此對他們具有管轄權。一個流亡海島的政權不只依然抱持大陸帝國的「海外民族主義」（作者語），甚至還加以實踐，將這些鄰近新興獨立國家的公民予以「國民化」。血緣式中國海外民族主義對新興國家公民民族主義的挑釁——這是一切悲劇的根源。

其次，涉案者大致可區分為四個主要類型——被綁架或誘騙來台的大陸歸僑、留學生（亦即所謂「僑生」）、媒體人，以及尚未完全確認案情的其他類型，不過四類中絕大多數為新馬留學生，佔了三分之二以上。毫無疑問，這是以來自新馬地區的東南亞華人留學生為主體的受難者群體。為什麼當時會有那麼多新馬地區華人留學生來台就學？主要原因是，獨立後的馬來西亞採行種族主義政策，限制華文高等教育，而新加坡剛成立的華文南洋大學門檻甚高，於是迫使大批當地華人青年向外尋求深造機會，但當時中國大陸又處於文革的混亂期，於是「自由中國」台灣成為最合理的選項。當然，冷戰期美國的政策性誘導，也是促使這批華人知識青年來台求學的重要推力。

在這裡，我們碰觸到這群受難者被捲入的第二層次衝突，也就是移民國家的內部矛盾：英國殖民者創造了一個多族群並存，但尚未整合的英屬馬來亞，而馬來人建國精英則將它改造成馬來人霸權下的種族隔離制國家（apartheid state），使當地華人在尚未完全土著化前就成為新國家種族歧視的受害者，因此創造了他們出走（exit）的動機。然而出走並未引導他們抵達迦南地，反而把他們不由分說地帶進了台灣的火燒島。

第三，主要涉案理由可歸納為以下五種——與中共關係（歸僑）、在居留國的左翼背景（僑生——左翼思想、馬共、砂盟）、言論獲罪（媒體人）、受台灣本地案件株連者（哲學系事件），以及反共機會主義者。這五類罪名都與反共有關，但又可分為與中共的直接關係，以及在移民國家的左翼背景，也就是與中共的間接關係。這是這群年輕人捲入的第三層衝突——台海兩岸的國共對立。

最後，有部分個案更涉及了跨國合作，如台灣與馬來西亞警察政治部的反共情報合作，以及菲律賓政府在國府要求下強制遣送于氏兄弟來台受審（「送台」）的案例。在這裡，我們看到移民國內部矛盾不僅是種族的，同時也涉及了左右的意識形態對立。然而更重要的是，我們理解到這整個跨海追捕共產黨戲碼背後，存在著一個冷戰下美國主導的東南亞反共同盟的國家暴力協作計畫。冷戰與其跨國性國家暴力，就是這群受難者所捲入的終極衝突。

讓我們 reload 這幅圖像吧：那是一個民族國家重劃邊界，政治共同體區隔敵我、排除他者，個人的命運受到巨大結構性力量所任意擺佈的亂世。這群青年困在兩大陣營，三個祖國之間，被需索忠誠，左右為難，動輒得咎，稍有不慎，立即化為齏粉。儘管如此，他們依然熱烈渴望生命，他們離鄉背井，追求知識，堅持一種傷痕累累，但卻有尊嚴的存在姿勢。

晉軒這本著作，是目前關於這段冷戰期的複雜悲劇唯一一本系統性研究，筆者閱讀之後獲益良多。本書不僅釐清了戰後台灣白色恐怖史上一個重要而被忽視的跨國脈絡，也為現代東南亞民族國家形成史補白，讓我們得以經由一個個跨界的生命史，清楚捕捉到國家邊界形成過程的暴力性。不只如此，晉軒也在書中痛切陳詞，反覆致意，指出這場跨國暴力悲劇的根源存在於戰後中華民國荒謬、反動的血緣民族主義意識形態，以及由此衍生的國籍、「華僑」與「僑生」等政策。就此意義而言，這本書可謂馬來西亞留台學生杜晉軒進行的一場個人的轉型正義鬥爭——或者用黑格爾的話說，一場個人的「承認的鬥爭」（struggle for recognition）。經過三十年的民主化與民主鞏固實踐，如今台灣已經是一個尊重人權法治的民主國家，而過時的國籍法也早在兩千年代初期修訂，本書所訴說的悲劇應該已經不會再重演了。然而如同晉軒所提醒的，制度已改，物理性暴力不再，但「華僑」、「僑生」的荒謬觀念依然根深蒂固，民主化的台灣至今依然在對東南亞獨立主權國家的華人公民行使「祖國」的象徵暴力。他的提醒讓我們理解到，原來台灣距離一個真正的獨立國家還很遙遠，因為不管我們如何努力「脫華」，如何拼命「建國」，我們的心中依然潛藏著一個中華帝國的黑暗幽靈。只有當我們完全擺脫帝國的幽靈，只有當我們終於懂得為我們加諸於他人的象徵暴力致歉，只有當我們終於學會如同渴望他人承認（recognize）一般地承認他人——只有在那個時候，我們台灣人才有資格宣稱，我們是一個獨立民主國家的公民，我們成為了真正的自由主體。

（二〇二〇年一月二十八日，完稿於瘟疫來襲陰影下）

目錄 CONTENTS

前言

一九四九年的兩岸政治劇變，退居台灣的國民黨試圖將此地打造成世界華人的「正統祖國」，而數以萬計的東南亞僑生來此，有的是為受教育改變人生，有的則是真心嚮往「自由祖國」。關於這段「豐功偉業」，至今仍在台灣與東南亞的華人社會網絡間傳唱著，過往我也不曾對此表示懷疑。

不過，彷彿很多事情注定了似的，二〇一九年九月，如果當時沒有同前女友到綠島旅行，如果當時還在讀研究所二年級的我不是以兩岸的「僑務政策」為研究領域的話，或許我就不會開始進行東南亞華人遭國民黨白色恐怖迫害的研究吧。

當時是我第一次去綠島，雖然此前聽聞綠島上有個曾關了不少政治犯的監獄，但未曾想過裡面曾關了馬來西亞人。已升格為國家人權博物館的舊監獄內，眾多灰底黑字的展板中，有塊寫著「誤入白色恐怖的馬來西亞僑生」的展板吸引了我的目光，一看之下才得知此處曾關了三位馬來西亞僑生。而且更令人驚訝的是，其中一人居然是我的同鄉，他也是來自馬來西亞霹靂州怡保市的陳欽生前輩。

其實，當時我也不是第一次知道有馬來西亞僑生曾遭白色恐怖，此前就知曉也是來自霹靂州的武俠小說家溫瑞安在一九八〇年被捕的新聞，但他最終因獲得金庸等各方人馬相挺而獲釋，我也只是把這故事視為那黑暗時代中，少數可見人性光輝的奇蹟而已。

離開綠島後，我在友人的牽線下，終於認識了人稱「生哥」的陳欽生前輩。二〇〇九年後開始願意出來分享生命故事的生哥，正好在那時期準備推出他第一本個人回憶錄，同時也開始受邀到各地分享他的生命故事。最終隨著我對生哥的事情了解越多，也更理解到僅僅是寫生哥的故事是不足的，因為還有更多受難者未做口述歷史記錄，也未有人詳細地去研究背後的「大中華民族主義」因素。

時間是轉型正義最大敵人

在讀研究所期間，曾為寫論文而閱讀不少僑務、海外華人研究相關的文獻，也由此曉得過去中華民國與東南亞華人有密切的歷史和文化關係，故台灣也是世界研究海外華人的重鎮。

然而，過去的研究卻幾乎不見國民黨對海外華人白色恐怖迫害的事蹟，不少台灣的文獻仍充斥著「華僑乃革命之母」的「正統祖國」心態，會挑戰此意識形態的，往往是少數有「僑生」背景的學者和研究生而已。

至於台灣學者對戒嚴時期白色恐怖案的歷史研究方面，本人對相關文獻的閱讀量肯定不比研究台灣史的學者，但在寫書的過程中更讓我肯定，台灣學界過去對外籍受難者，尤其所謂「華僑」受難者的研究確實不多，也許這背後有自身學術上的限制，懂台灣史的未必能貫通東南亞史，抑或是自身關注取向不同，如受研究者自身的統獨、左右派等意識形態所限。

有句話說「時間是轉型正義最大敵人」，也許有一天更多人認識了生哥後，也會有衝動想要去採訪其他外籍受難者吧，但時間會等待他們嗎？

我於二〇一六年底研究所畢業，並在台灣的「多維傳媒」當記者之後，才開始進行部分研究工作。然而記者繁重的工作量不足以讓我全力進行研究，直到我偶然得知文化部有開放補助寫作，便嘗試申請，才得以讓我有機會寫出此書。

本書中被我訪問的政治受難者當事者前輩有陳欽生、陳水祥、蔡勝添、鄔來、陳團保，以及一些當事人的親友。其他的受難者，不是失聯就是已往生了，只能感嘆相識恨晚，無法再早一點去採訪他們。

還有一些人，如果未來有機會，或許可再成為一著作或相關報導，那就是當年被國民黨驅逐出境的僑生。本書中收錄的多是曾被判刑坐牢的外籍政治犯前輩，但在多年的戒嚴時期中，也有不少被國民黨認定為有「左傾」或「傾匪」的僑生被驅逐出境，雖然我也成功聯繫上幾位當事人，但他們都不願多談。

由於部分被遣返的個案又與其他被判刑的僑生案件有千絲萬縷的關係，若刻意不談，只會讓讀者見樹不見林。因此為保護當事人隱私，有的章節我會採取不透露全名的方式書寫，如「杜〇軒」，或僅寫姓氏；若有可能涉及重大政治爭議、難以查證的情節，就採取化名的方式保護當事人。

寫作是回答心中的焦慮

當我在台灣學習了更多，也更了解生哥的故事後，心中不免常有焦慮之感，如果我不書寫的話，還會有學者或記者去寫這未受關注的大歷史嗎？另一方面，下定決心研究這些故事，也是為了回應我到底是誰？如果有一天我要離開台灣，我總該留下什麼吧？

我是二〇一〇年九月到台灣求學，如今在台灣的歲月已是第十個年頭，當初即是以「僑生」的身分來台升學。當時我未對「僑生」一詞背後的意涵有更多了解，隨著在台灣的人生閱歷更多，如參與在台的「馬來西亞旅台同學會」，以及開始對華人移民史感興趣後，才對「僑」一詞有更多看法。而戒嚴時期海外華僑遭白色恐怖的事蹟，更讓我確定，中華民國的僑務政策也該被「轉型正義」了。

或許台灣時勢也推了我一把吧！才讓我得以下決心，總有一天離開台灣前，必須給台灣社會留下那段不能忘卻的歷史紀錄。

二〇一五年底認識生哥後，隔年民進黨二度執政，蔡英文政府積極推廣新南向政策與轉型正義工程，當時我不禁聯想到，那以陳欽生的案子為例，新南向政策不能與轉型正義脫鉤呀！

由於民進黨二度執政的關係，台灣社會對「轉型正義」、「新南向政策」的討論方興未艾，故期許這本著作能讓台灣社會在談起白色恐怖的歷史時，不會再只陷入「省籍」或「藍綠」鬥爭的無限輪迴中，應跳脫內化的視角，去看見當年也有不少外國人受害。未來無論由哪個政黨執政，這依然是台灣這國家得負上的國際責任。

最後，對於這本書的整體觀感、視角，也許你我都不會在這本書找到這些外籍受難者事蹟的「真相」，畢竟還有更多檔案未被公開，當年的加害者也還未站出來和解，要有百分之百的真相仍有難度。

要給這本書下定位的話，那或許這是一本探討在「兩個祖國」以外的華人群體，以及在冷戰時期顛沛流離的敘事載體。期許這本書，也能讓各位讀者跳脫過往「中華民國」是海外華人「正統祖國」的視角，從書中受難者前輩們的故事，看到不一樣的東南亞華人顛沛流離的歷史。

第一章

誤入白色恐怖的馬來西亞僑生

「華僑是革命之母。」

——孫中山

進入一九七〇年代後，隨著美國前國務卿季辛吉（Henry Alfred Kissinger）祕密訪談、「中美關係」的改善，讓退居台灣的蔣介石政權對於能否保住中華民國在聯合國的席位日漸惶恐。最終在一九七一年十月二十五日的第二十六屆聯合國大會上，各國通過了聯合國大會第二七五八號決議，中華人民共和國政府依據此決議取得原本由中華民國政府在聯合國所擁有的席位與代表權，國民黨當局憤而宣布「退出」聯合國。

在這影響台灣命運的二七五八號決議文誕生前，一些東南亞華人也不得已被捲入了兩岸政權以「祖國」自居的冷戰鬥爭中，他們的命運也因此被改變了。

再見南方

一九七一年三月三日，家境困苦的陳欽生，還記得那天他好不容易付了台幣七千多元的註冊費，上完了一堂課，沒想到這卻是他一生人中最貴的課！從此他再也未完成他在成功大學化工系的學業了……。

陳欽生記得那天台南天氣非常好，完全沒預料到會有所謂「暴風雨來臨前的寧靜」。下課後約下午五點多，陳欽生準備回到位於台南市勝利路一三九巷的住處原打算先洗個澡，再到他當時的女友家裡用餐。

就當陳欽生走到家門前的巷口轉角處時，一位約莫四十多歲，西裝筆挺的男子攔住了陳欽牛的去路，他問道：「同學！同學！請問你認不認識一位叫陳欽生的同學，他也住在附近。」陳欽生不覺有異，反倒覺得怎麼這麼湊巧問到他了，他便回答：「怎麼這麼巧，我就是。請問有什麼事嗎？」[1]

後來陳欽生才明白，原來這是台灣調查人員對目標設下的一貫伎倆，目的是為了不讓嫌疑人馬上逃走。那位調查人員告訴陳欽生，陳欽生有位姓蔡的親戚來了台北，還帶了東西給陳欽生，但礙於太忙，特意請他南下接陳欽生上台北。個性純樸的陳欽生不疑有他，便答應一同北上。原本他要求先回住處拿些錢和換件衣服，並告訴房東一聲再北上，但調查員生怕有變，連忙向陳欽生說：「不用了，不用了！馬上就會回來。」陳欽生自嘲他就這樣傻傻地上了調查員停在巷子口的黑色轎車，時隔近半世紀才再回到台南

1 陳欽生、曹欽榮，《謊言世界 我的真相》（台北市：台灣遊藝，二〇一七），頁九十九。

離開綠島前，陳欽生付費給獄方拍攝了多張在綠島監獄的生活照，留下了當年的生活記錄。（圖源：陳欽生提供）

這塊傷心之地。

自從一九六八年夏天在台北蘆州僑生先修部畢業後，除了有次同前女友到台北縣的烏來遊玩外，陳欽生幾乎再也沒有到過北部。對家境貧窮的陳欽生而言，可以有人免費載送他到台北玩就再好不過了，只是一上了車，陳欽生才猛然想起，他有姓蔡的親戚嗎？

在車上，陳欽生被兩個壯漢夾坐在後座中央，不祥的氣氛讓陳欽生急忙問：「有什麼事嗎？我想起來，我似乎沒有姓蔡的親戚呀！我根本就不認識他。」其中一調查員回他：「什麼事？你自己做的事，不要裝傻。我們台南調查站已經跟蹤你好幾個月了。」[2]

一切都太遲了，就算陳欽生一開始沒答應去台北，恐怕他也會被強行押上車，因為他後來才從前女友那得知，原來調查局人員早闖入他房間，並將他十多本日記、集郵簿、姐姐送的金戒子、哥哥送的手錶等私人財物用品沒收了，他們不會輕易讓陳欽生離開。

陳欽生記得他們開了一整夜的車才到達台北，隨後便被扣押在三張犁「招待所」審問了兩週，這期間他沒見到所謂的親戚。後來陳欽生才曉得，原來那位調查員所說的「姓蔡的親戚」是有其人的，所謂親戚就是他那就讀中興大學的遠親陳水祥，而姓蔡的人則是比他早半年被捕的中興大學馬來西亞僑生蔡勝添，他們三人最終是到了綠島監獄才互相碰上面的。

---

2 陳欽生，曹欽榮，《謊言世界 我的真相》（台北市：台灣遊藝，二〇一七），頁一〇〇。

陳欽生前輩為來自馬來西亞的訪客導覽景美人權園區，訴說當年他如何從一名普通的馬國僑生在異鄉淪為政治犯。（圖源：杜晉軒／攝）

漂向北方

人稱「生哥」的陳欽生，雖然現已七十歲，但他大概是台灣仍在世的政治犯當中最年輕的一位了，畢竟失去自由的那一年他只是位二十三歲的大學生。自從陳欽生在二〇〇九年開始出來訴說他的故事後，還有體力的他近年來積極到各地演講，同時他也是景美人權紀念園區重要的導覽員。陳欽生願意訴說的意願，才逐漸讓台灣社會注意到，原來戒嚴時期也有外國人受害。只是，無論是陳欽生自身的演

誤入白色恐怖的馬來西亞僑生
1970年10月及隔年2月，臺南美國新聞處與臺北美商花旗銀行先後發生爆炸案。囿於破案壓力，情治單位栽贓鎖定獨派人士，一舉逮捕謝聰敏、魏廷朝、李敖、劉辰旦、郭榮文、詹重雄等20人。該案從偵訊至審理費時4年半，1975年9月宣判，8人遭判處8至9年不等有期徒刑。其實這些受難人彼此並不熟識，更非涉及爆炸案者，然起訴書卻羅織入罪；事實上，這兩案至今仍未偵破。
陳欽生（1949～）來自馬來西亞，1967年朋友介紹來臺求學，進入成大化工系。他因中文不好而常到臺南美國新聞處讀書，竟遭羅織為爆炸案主謀，被迫揹黑鍋、編造自白；他在羈押期間即因不堪刑求煎熬，曾自殺3次。
然而，該爆炸案由他人扛起後，情治單位反誣陳欽生為「馬來西亞共產黨，來臺從事顛覆政府工作」，以「意圖以非法之方法顛覆政府著手實行」罪名，判處12年有期徒刑。
判刑確定後，陳欽生遭1972年送往綠洲山莊監禁。因心懷憤怒，前幾年間封閉自己，過著行屍走肉般的生活，健康日趨衰弱，為鍛鍊身體才妥協擔任外役。他先理首圖書室提升中文能力，而後陸續至洗衣部、廚房等，幾乎所有外役工作都曾經歷。隻身來臺的他，因收不到家鄉寄來
1983年陳欽生刑滿出獄後，當局拒其遣返馬來西亞的要求，又得不到臺灣身分證，生活無以為繼，遂輪流借住難友家，亦曾流落街頭。在此「無身分」且氣憤不平的絕望邊緣之際，陳先生曾跟蹤並計畫與當年的逼供施暴者同歸於盡，由此得以想像他出獄後生活的萬般艱難與不堪。
所幸，經過2年多的等待與奮鬥，終於得到身分證，日後並認識妻子且得以返鄉。此後的陳欽生心情逐漸平復，並深深地愛上臺灣這塊土地。

作者第一次到綠島旅行時，就因在監獄博物館見到了這看板，才開啟了白色恐怖中的東南亞受難者之研究。（圖源：杜晉軒／攝）

講，抑或是媒體對他的報導，都未曾探討「為何會是馬來西亞人」、「為何會是僑生」。在深入探討以前，得先從陳欽生的成長背景談起。

本人當年在綠島監獄博物館看到陳欽生的事蹟時，訝異的不僅是原來有我的「祖國同胞」受難，更驚訝的是原來陳欽生和我同是出生於馬來西亞霹靂州（Perak）怡保市（Ipoh）的「老鄉」。陳欽生出生於一九四九年二月二十七日，當時馬來半島這片被英國殖民的土地仍稱「馬來亞」（Malaya），對當

時的中華民國政府而言，這些離散在各國的中國移民及後代都是其「僑民」，而中華民國就是「華僑」們的「祖國」。

陳欽生的家族來自廣東省梅縣，而該地區以客家族群為主。宛如客家人流離不斷的移民史，陳欽生的叔公在清末時，就帶著陳欽生的父親陳權榮、五位叔叔及三位姑姑等十人逃難到馬來亞。而陳欽生的母親廖煥娣在十五歲時就嫁給了陳權榮，夫妻倆共有八個孩子，陳欽生排行第六，上有二位哥哥、三位姐姐，還有弟妹各一位。至於廖煥娣女士的家族背景，陳欽生了解的不多，不過大概也是逃難來馬來亞的廣東客家人。為了躲避貧窮及戰亂而「下南洋」的流動，是那個時代許多華東沿海省份的中國人的縮影。

而陳家落腳的怡保是個廣東人較多的城市，再加上馬來亞是華人、馬來人、印度人三大族群組成的國度，多元化的環境讓陳欽生能掌握客語、粵語、馬來語、英語等多語能力。不過直至赴台留學前，陳欽生始終學不好普通話，他在小學的華語課考不好，而中學時期就讀的三德中學更是以英語教學的教會學校。陳欽生在很多場合提到，他之所以會被牽連進台南美國新聞處爆炸案，可能是因為調查局也看準他常去那閱讀英文出版刊物，因為當時他的國語（北京話）水平真的很差。陳欽生反倒是在綠島受刑期間才把國語學好，同時還跟其他政治犯前輩學會了台語。至今陳欽生仍不時感嘆，當初若去英國的話，一切就會不一樣了。

一九六六年，陳欽生三德中學畢業後就申請到了利物浦大學（University of Liverpool）的入學許可，不過馬國與英國的有學制差異，入學時間還要再等一年。命運使然下，陳欽生的高中同學羅玉健「慫恿」他一同到台灣留學，因當時以「僑生」身分赴台求學的手續既簡單，學費也廉宜。[3]當時陳欽生以為只是填個資料，並不一定會被台灣的學校錄取，他並不曉得所謂的「僑生政策」是因為國民黨政府與美國冷戰反共需求下，對海外華人的統戰手法。因此成績不算差的陳欽生也不意外地就被錄取了。陳欽生心想，既然已經答應同學一起去台灣了，就不好食言，也許以後還可以再到英國念研究所取博士學位，然後衣錦還鄉在馬來亞教書。最終陳欽生不顧家人的反對，在一九六七年九月十六日「漂向北方」，而這一去便是二十年後才得以返回馬國探望家人，其代價是失去了自由。

3 陳欽生、曹欽榮，《謊言世界 我的真相》（台北市：台灣遊藝，二〇一七），頁八十三～八十四。

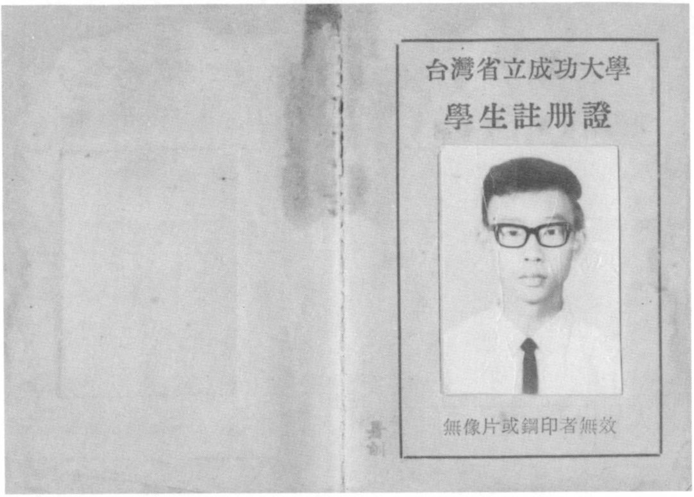

陳欽生當年就讀成大化工系的學生證。（圖源：陳欽生提供）

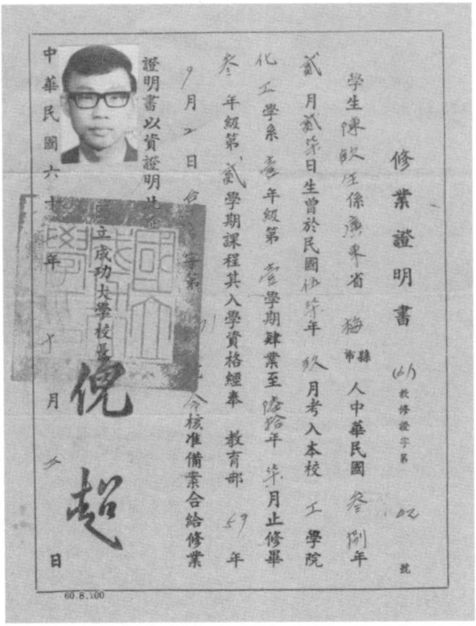
修業證明書

(61)教修證字第　號

學生陳欽生係廣東省梅縣人中華民國叁捌年貳月貳柒日生曾於民國伍柒年玖月考入本校工學院化工學系壹年級第壹學期肄業至陸拾年柒月止修畢叁年級第貳學期課程其入學資格經奉教育部59年9月2日台字第號令核准備案合給修業證明書以資證明此證

國立成功大學校長 倪超

中華民國六十年十月　日

60.8.100

陳欽生的成大修業證明書。（圖源：陳欽生提供）

從恐怖分子變共產黨員

退居台灣的蔣政權，原本在國民黨內的地位已搖搖欲墜，卻因韓戰爆發才得以繼續獲得美國的支持。然而隨著美蘇冷戰的白熱化，美中關係見曙光，讓惶恐的國民黨更深感一九七一年是特別不安的一年。除了美國總統尼克森（Richard Milhous Nixon）在一九七一年七月宣布國務卿季辛吉的密訪，接著同年底中華民國宣布「退出」聯合國等國際變局外，台灣內部分別在一九七〇年十月及一九七一年三月發生的台南美國新聞處爆炸案、台北美商花旗銀行爆炸案，震驚了正陷入國際政治困境的國民黨政權，情治單位也隨之展開全台大逮捕行動。

陳欽生認為，正是情治單位為了業績獎金，他才成了美國新聞處爆炸案的代罪羔羊。為了對陳欽生招供，陳欽生被扣押的兩週期間飽受折磨，調查員對他拳打腳踢直到嘔出血塊為止，最讓他感到痛不欲生的酷刑是調查人員以大頭針刺進他每個手指指甲間縫。陳欽生曾三度嘗試自殺以結束痛苦的酷刑，但都沒能成功。

起初陳欽生被羅織為美國新聞處爆炸案的主謀，但後來該案因李敖、謝聰明、魏廷朝等人「自首」而結案了。本來陳欽生被告知將會被釋放，但沒想到隨即又被羅織為馬來亞共產黨員的罪名。陳欽生記得，他被告知該爆炸案已被其他單位偵破的那天，調查局稱會送他回台南成大繼續學業，還買了套新衣服給他，陳欽生當下真心認為終於能脫離苦海了。然而，接下來陳欽生所面對的卻是失去自由的漫長日子，只是那十二年的冤牢少了酷刑而已。

當以為重獲自由的那天，調查局的車子確實往南，但不是往台南，而是開進了台北市與台北縣交界處的新店「景美看守所」。陳欽生當下雖然察覺有異，但看到景美看守所入口處的牆上有「公正廉明」四個大字時，認為應該還是個「講道理」的地方。不過當陳欽生看到看守所高聳的圍牆時，心裡就涼了，他問調查人員不是說好送他回成大嗎？陳欽生依稀記得車上的其中一人答道：「你別傻了，我們堂堂正正的中華民國調查局CIA，怎麼可能笨到去承認抓錯人、辦錯事呢？何況，我們抓你一個人，只要定案，我們可以領到高額的獎金呢！你知道多少嗎？二十萬台幣之多呢！而且，我們偉大的領袖蔣總統有交待：寧可殺錯一百，也不放過一位。所以，你別做夢了。」[4]陳欽生聽後心想他真的完了。他後來才知道，原來當年謝聰敏、李敖他們是為了不讓國民黨當局牽連更多無辜人士，才出來頂罪，但情治單位人員間為獎金的競爭，以及後續可能引發的外交問題，才可能是使他繼續深陷冤獄的原因。

陳欽生在景美看守所的押房被獨自監禁了至少兩週以上，最後調查人員才交了份資料給他，而那份資料是他在台灣的遠親陳水祥的自白書。陳欽生才明白，他之所以還繼續被扣留的調查理由不再是美國新聞處爆炸案，而是當局要求以陳欽生與陳水祥「被馬來亞共產黨指派任務來台顛覆中華民國政府」此方向進行調查。弔詭的是，陳欽生是至少被捕了兩週後才被羅織為「共匪」，此前都是依爆炸案嫌疑人處理，但至今卻沒有公開的檔案記錄陳欽生曾是爆炸案嫌疑人，然而官方公開的證詞筆錄檔案卻記錄了他在被捕的第二天就被警總人員詢問「參加共黨」的經過。[5] 對此陳欽生也相當不解，他認為也許在他被羅織為「共匪」後，有關他爆炸案的檔案就被銷毀了。

---

4 陳欽生、曹欽榮，《謊言世界 我的真相》（台北市：台灣遊藝，二〇一七），頁一一三。

5 「訊問筆錄：陳欽生」（一九七一年三月四日），〈陳欽生等叛亂〉，《國防部後備司令部》，國發會檔案管理局藏，檔號：AA30544000C/0060/1571/234。

就這樣，陳欽生從一個爆炸案的「恐怖分子」主謀嫌犯，被國民黨當局扣上了「馬共」的帽子，而這一切得從他父親陳權榮參與創辦的崇德華文小學談起。

中國人的血

陳欽生一家住在馬來亞怡保市一個叫獅尾（Simee）的新村，而「新村」是英國殖民政府為防範馬來亞人民去濟助共產黨的一個政策，將居民劃地集中管理，在村的外圍以鐵絲網圍離，避免居民援助躲藏在森林的馬共。陳權榮在陳欽生九歲時就因病逝世，他生前曾擔任獅尾新村的執行祕書，負責管理新村的大小事。陳欽生就讀的獅尾崇德華小，即是陳權榮曾參與創辦的學校，並一度執掌該校半年，之後交棒給陳水祥的叔叔陳一謀。

陳欽生稱沒記錯的話，陳水祥的祖父是他的「叔公」，即彼此的祖父是兄弟關係；陳水祥是在小學四年級才從泰國勿洞（Betong）到怡保投靠叔叔陳一謀，並轉校到崇德華小。陳水祥僅比陳欽生年長兩歲，當時他倆同一時期在崇德華小念書，偶爾會一起打羽球，但最終兩人都在台灣留學確是偶然。當時崇德華小副校長叫梁漢珊，因此調查局交給陳欽生看的自白書當中就提到，陳水祥「承認」和陳欽生是梁漢珊的共黨小組組員，被委派來台顛覆國民黨政權。根據陳水祥的說法[6]，梁漢珊根本不是共產黨員，所謂加入小組的情節都是調查局捏造的，他是因為來台後與梁漢珊通過好幾次信，因此才殃及陳欽生和梁漢珊（詳見第十一章）。

對於這樣的轉折，陳欽生當然憤怒不已，他不斷告訴調查人員，馬國也是反共國家，對內有嚴厲的國家安全法——也就是《國內安全法令》（*Internal Security Act*），若梁漢珊是共產黨員，絕不可能當上公職人員。對此，辦案人員竟然告訴陳欽生：「也許梁漢珊在馬來西亞並不是共產黨，但如果他敢來台灣的話，不出一個月，我們保證他就會變成共產黨。」[7]意即他們能把白的變成黑的。

辦案人員為求儘速「破案」，要求陳欽生照抄陳水祥的自白書就好，而當時陳欽生

6 作者訪談，泰國曼谷市，二〇一九年二月一日。
7 陳欽生、曹欽榮，《謊言世界 我的真相》（台北市：台灣遊藝，二〇一七），頁一二九。

陳欽生在解嚴後成功回馬探望家人，圖為陳欽生的家族合影，第二排右一為陳欽生。（圖源：陳欽生提供）

不堪更多的刑求，只好照做，但他堅決不在自白書上簽名。在往後的軍事法庭上，雖然陳欽生多番向法官抗議自白書是在脅迫下寫的，但終究徒勞無功。最終一九七二年四月七日判刑確定，國防部裁定陳欽生「因犯意圖以非法之方法顛覆政府而著手實行罪，經判有期徒刑十二年，褫奪公權五年」，同年五月陳欽生被送到綠島監獄。

弔詭的是，陳欽生並非中華民國國民，何來公權被褫奪呢？陳欽生稱當時無論是在調查或審判的場合，都一再強調他擁有馬來西亞國籍，沒有中華民國國籍，只是留學的僑生，但調查局的人回應他：「你們身上流的是中國人的血，所以你們是中國人」。[8]雖然陳欽生是出生於「異族」統治的殖民地，但疑惑的陳欽生卻清楚知道他出生時是英屬馬來亞人，八歲時馬來亞獨立，成了馬來亞聯合邦公民；在他十六歲時，新加坡、沙巴、砂勞越的加入讓馬來西亞得以成立，即使在台求學期間曾聽聞母國政府不滿國民黨當局強制馬國華裔學生上軍訓，他當時也並不認為自己是中國人，至少不是「中華民國人」。

負笈來台灣前，陳欽生曾幻想過來台後還能到中國大陸旅遊，這是因為他那早逝的父親對中國大陸故鄉梅縣的美好山河記憶，已深埋他心中。陳欽生知道他的血統中存有著對那「文化中國」的牽絆，但沒想到這血液最終卻成了他無法離開「自由祖國」的枷鎖。

8 陳欽生、曹欽榮，《謊言世界 我的真相》（台北市：台灣遊藝，二〇一七），頁一四〇。

第二章

都是中國人

「說什麼『海外關係』複雜不能信任，這種說法是反動的。我們現在不是海外關係太多，而是太少。海外關係是個好東西，可以打開各方面的關係。」

——鄧小平

育才中學已成立一百一十一年，它除有參與過黃花崗之役的校友外，也有遭受國民黨白色恐怖迫害的校友。（圖源：杜晉軒／攝）

「我華胄破浪乘風萬里南游。啟土生聚，我輩溯來由。」這段歌詞出自於馬來西亞怡保市育才中學、小學的校歌，它反映了馬國華人祖輩南來，最終落地生根的過程。然而這過程並非一帆風順，有過逃難、人口販賣、省籍衝突、種族衝突、抗日、追求獨立等艱辛的歷程，都是這些移民一代代挺過來的，最終由第一代移民的「華僑」意識，演變成今日以當地公民為主體的「華裔」族群意識。

之所以在此提及育才中學，

是因為本書所出現的一些人物，與育才中學有著千絲萬縷的關係，包括筆者本人也是校友。育才中小學在一九〇七年創校，至今已佇立一百多年，是馬國現存的華文學校當中，歷史「第二」悠久的[1]，這與當時怡保在二十世紀初已是馬來半島相當發達的城市有莫大關係。

馬來半島之所以成為大英帝國的殖民地，除了位居馬六甲海峽的馬來半島擁有優越的戰略位置外，英國更覬覦了當地盛產的錫礦、橡膠、木材等天然資源，以供英國在工業革命後的經濟發展。而馬來半島北部的霹靂州近打河流域（Kinta River）是當時全世界錫礦的重要盛產地，因此位處近打河流域的怡保的地位也因錫礦業水漲船高。錫礦業是高度勞力密集的產業，在亟需勞動力的情況下，中國勞工大量移入了怡保，造就了怡保至今仍是個以華裔族群為主的城市。如祖籍是福建永定縣的怡保「錫礦大王」胡子春即是育才中學創辦人，同時他也是當時僑社中的保皇黨人。[2]

1 最悠久的是華校是吉隆坡尊孔中學，創立於一九〇六年。

2 霹靂育才獨立中學官網，〈育才校史〉，二〇一九年五月二十七日檢索，http://www.yukchoy.edu.my/index.php/guanyu/history。

怡保華人移民群聚的進程，可謂與馬來半島其他城市、乃至其他東南亞國家華人移民社會形成的縮影，其背後都離不開北方古老的中華帝國近代劇烈的政治變化。

下南洋

在馬國馬六甲州（Melaka）的市中心，有座全馬最古老的廟宇-青雲亭，建廟時間約是十五世紀，內有紀念鄭和第一次到訪馬六甲的碑銘，述說著馬國在數百年前就和中國有著「和平的關係」。

歷史上，中國與東南亞的關係離不開貿易，而沿海中國人移民的動因更離不開天災人禍。早期的中國移民至少可追溯到唐朝時，黃巢起義攻陷廣州，一些廣東人逃到印尼；失去半壁江山的南宋鼓勵海外貿易，部分中國商人留在了東南亞；元滅南宋後有文臣武將大量流亡東南亞；以及明朝末年，農民不堪土地兼併嚴重、租賦沉重與災荒，而投奔東南亞謀生[3]。明朝洪武四年（一三七一年）開始了鎖國的海禁政策，禁止漁民私自出海，而滿人推翻明朝建立大清帝國後，也承襲了明朝的海禁政策。

對於在禁令下私自出海的中國人，無論是明朝或清朝，都被官方視為「天朝棄民」，私自出海意味著觸犯了國法，自置身於「王化」之外，即流寓海外的人民都是犯罪者。清帝雍正在一七二七年曾警告：「朕思此等貿易外洋者，多不安分之人。」甚至認為久居異域後返國的人，極可能有與「番夷」勾結的行為，美國漢學家孔復禮認為，這相當於給跨國流動者貼上了「不忠不孝之人所為」的政治標籤。[4]

即使到了近代中國，此番不信任「有海外關係」的思維，仍深刻烙印在中國政治文化當中。尤其在文化大革命時期達到了高峰。十年文革時期，對於海外返回中國的「歸僑」，或是依靠海外華僑的匯款過活、甚至因而成為地主的「僑眷」，多受到紅衛兵們無情批鬥。這給當時的海外華人社會造成了恐慌，這也讓蔣介石可更有底氣地把在「台澎金馬」的中華民國喻為「自由中國」。

---

3 方金英，《東南亞「華人問題」的形成與發展》（北京市：時事出版社，二〇〇一），頁六～七。

4 孔復禮、李明歡（譯），《華人在他鄉：中華近現代海外移民史》（新北市：臺灣商務印書館，二〇一九），頁四十四。

可以說，當中華帝國愈封閉的時候，對散居海外的中國人及其後代的戒心也隨之加深；當中國走向開放的時候，反之則張開了歡迎海外華人的懷抱，尤其中共在一九七八年召開的第十一屆三中全會中，鄧小平決定進行「改革開放」後，海外華商的資本與技術才得以進入中國市場，為中國的改革開放提供了莫大的助力。

把視角拉回到十八世紀末，第一次工業革命興起讓生產力及交通運輸升級，同時也加劇了歐洲各國汲取更多的原物料、勞動力與市場的需求，開啟了對外殖民的時代，其中大英帝國可謂先鋒。儘管清朝在康熙年間一度對海禁解禁，允許南方沿海省份對外通商，但乾隆二十二年（一七五七年）卻限制外商只能將廣州作為指定通商口岸，且所買賣之商品只能通過特許「行商」之手。在此背景下，英國等西方列強為打開中國市場，最終爆發了中英鴉片戰爭。

清末道光二十年（一八四〇年）至道光二十二年（一八四二年）間，第一次鴉片戰爭爆發。最終大清帝國戰敗，以簽訂《南京條約》告終。而《南京條約》造成的直接結果，除將香港割讓予英國外，清廷被迫開放了廣州、福州、廈門、寧波、上海五處港口，頓時國門打開，進而推動了這五處港口中的閩粵兩省人民「下南洋」的歷史潮流。

被「祖國」攪動的華僑社會

一八二六年，英屬東印度公司在馬來半島整合三個港口屬地：新加坡、檳城和馬六甲，組成「海峽殖民地」（Straits Settlements），當地人稱之為「三州府」。一八三二年英屬東印度公司將原本設於檳城的海峽殖民地首府遷往新加坡，接著在一八六七年四月 日，大英帝國殖民地部正式接管海峽殖民地，並將其劃入皇家殖民地（Crown Colony）之列。

海峽殖民地首府新加坡，自一八一九年被英國開埠後，就是英國在馬來群島地區重要的商港，爾後也是英國與中國之間重要的商貿交匯地，更是英國勢力前往中國的跳板。而中英鴉片戰爭最直接的結果，便是清廷改變了對海外華人的態度，從以往護僑上的消極態度，轉為積極的立場。因為清廷了解到要理解外面的世界，已僑居在海外好幾代的華僑是最佳的橋樑。因此清廷在光緒三年（一八七七年）委任新加坡僑領胡璇澤（又名胡亞基）出任首任領事，接著隔年在新加坡設立了首個領事館。自此中國開始與國際有更多的外交往來。

此外，清廷在海外設領事館還有一用途，即監控當地的華僑社會（簡稱「僑社」）的政治動向，因為當時神州大地上的保皇黨與革命派之間的政治角力，已延伸到海外僑社。其中最為人所津津樂道的，就是孫中山於一九一〇年十一月十三日在檳榔嶼召開的「庇能會議」，促成了隔年四月二十七日的「黃花崗之役」，而「黃花崗七十二烈士」中就有不少海外華僑，其中兩位烈士余東雄、郭繼枚即來自怡保育才中學。[5]最終一九一一年辛亥革命成功，中華民國誕生，因此才有「華僑是革命之母」一說。

不過海外僑社在新政權成立後，仍延續著如同過往的保皇派與革命派之爭，只是角色被國民黨與共產黨給取代了。可見海外華人社會內部除有省籍衝突外，始終免不了被北方的「祖國」政爭牽動著。

何為華僑

一般而言，「僑」是指人或群體遷居他處，有暫時居住之意，而這個「他處」日久便成了「僑居地」，而「僑居地」所對應的便是個人或祖先來自的地方或國家，而後者就是所謂的「祖國」。對筆者而言，「僑」還有一層意涵，那就是「僑」與「祖國」帶有主從關係，尤其是本書各個白色恐怖案件中，更能明顯見到以「正統祖國」自居的中華民國對海外華僑的效忠皈依。

清廷視所有在海外的華人及其後代都為子民，是採取「血統主義」的政策，而中華民國成立後，承襲了這血統主義原則，視所有海外華人為「中國人」，即便海外華人所出生的國家／殖民地的國籍政策採屬地主義原則，就算當事人從出生到死都沒拿過中華民國的公民身分亦如此。直至二〇〇〇年首次政黨輪替前，中華民國政府在很大程度上仍視這些擁有他國國籍的海外華人為雙重國籍身分，因此當陳欽生一九七一年被捕後，調查局人員告訴陳欽生「也是中國人」的說法，背後有其政策脈絡。

有關何為華僑、華人、華裔的概念差異，反倒是中華人民共和國作出了較準確的定義。根據中共政府的定義，華僑是指定居國外且具有中華人民共和國國籍的國民，華人

5 霹靂育才獨立中學官網，〈育才校史〉，二〇一九年五月二十七日檢索，http://www.yukchoy.edu.my/index.php/guanyu/history。

則是指已移居國外，並加入他國國籍且具有中國人血統的人，而華裔為華人的後裔。[6]另外，「歸僑」指的是回中國大陸地區定居的華僑，一九四九年後的台灣，也有一批選擇不到中國大陸的歸僑。因此「華僑」這個名詞的意涵是有其歷史演變的，海外華人研究巨擘王賡武指出，近代對「僑」字的使用是在一八五八年《中法天津條約》之後，首先用於指涉駐外的官員，後來轉用於描述定居越南的華人和居住在日本的華商；到了一九〇九年清廷宣布《大清國籍條例》後，關於「中國人」的法律定義進一步確認了對所有海外華人的保護，無論其國籍為何都是「華僑」，直至一九一一年「華僑」已成為一個對海外華人無所不包的稱呼[7]。

中華民國誕生後，首先北洋政府公佈了《國籍法》（一九一二年）與《修正國籍法》（一九一四年）。北伐戰爭結束後，國民政府在民國十八年（一九二九年）推出《國籍法》，繼承了以血統主義為原則的《大清國籍條例》，該條例規定「生而父為中國人者」，均屬中國國籍，而在國民政府《國籍法》的第一章「固有國籍」中，對於何人屬中華民國國籍，提出了四個要點，即：「生時父為中國人者」、「生於父死後，其父死時為中國人者」、「父無可考或無國籍，其母為中國人者」、「生於中國地，父母均無可考或均無國籍者」。

除了第四點外，這意味無論中國人移民到哪，其後代「必然」是中國公民[8]。由於這以血統主義為基礎的「中國人」認定方式過於廣泛，這導致一九四九年後，無論是哪個中國政權，都在外交上面臨了複雜的管轄糾紛。前僑委會委員長高信曾在一九八九年撰文明確指出，除非海外華人根據《國籍法》第十一條「自願取得外國國籍者，經內政部之許可，得喪失中華民國國籍」，否則海外華人及其子孫，還有在台畢業及在校僑生，都會被視為仍有中國國籍的華僑。[9]而七〇年代陳欽生案發生時，正是高信任僑委會委員長。

---

6 中華人民共和國僑務工作指南編委會，《中華人民共和國僑務工作指南（上）》（北京市：華商出版社，二〇〇七），頁四。

7 王賡武，《天下華人》（廣州市：廣東人民出版社，二〇一六），頁十一～十二。

8 全國法規資料庫，二〇一九年三月三十一日檢索，https://law.moj.gov.tw/LawClass/LawAll.aspx?PCode=D0030001。

9 高信，《中華民國之華僑與僑務》（台北市：華僑協會總會，一九八九），頁二～三。

怡保市華人眾多，因此中華民國曾在此設領事館，如今原址即是位於怡保市的霹靂客屬公會。陳欽生前輩即是廣東客家人。（圖源：杜晉軒／攝）

一直到民國八十九年（西元二〇〇〇年），台灣實現首次政黨輪替，民進黨陳水扁政府才修改《國籍法》，讓何謂「中國人」有了更明確的定義。修正後的《國籍法》第二條規定，有這四種情形之一者，方屬中華民國國籍，即「出生時父或母為中華民國國民」、「出生於父或母死亡後，其父或母死亡時為中華民國國民」、「出生於中華民國領域內，父母均無可考，或均無國籍者」、「歸化者」[10]。

《國籍法》的修正，宣示了只有中華民國國籍者才算是「中國人」，這當中雖有和中華人民共和國切割的意味，但這種定義較為明確的做法，使法律上就不再使用籠統的「中國人」概念了。

假如一九四九

假如一九四九年國民黨成功保住在中國大陸的政權，那中國與周邊國家的關係會是如何呢？還會有更多東南亞僑生赴「祖國」留學嗎？少了「恐共」因素的東南亞各國是否還會排華呢？

可以肯定的是，基於中國「自古以來」是東亞大國，二戰後獨立成為主權國家的東南亞各國仍會對中華民國的《國籍法》有所忌諱。因應《國籍法》而生的僑務政策乃國

10 全國法規資料庫，二〇一九年三月三十一日檢索，https://law.moj.gov.tw/LawClass/LawAll.aspx?PCode=D0030001。

民黨將「海外民族主義」加以制度化的結果，[11]因此推行僑務政策必然與全球民族國家形成的環境下相抵觸，不僅挑戰了各國主權，也影響了各國打造國族認同的工程。[12]

二戰結束以後，戰時沉重的財政負擔讓歐洲列強對海外殖民地的控制難以為繼，而殖民地人民在戰時興起的民族主義，進一步催生了獨立運動，讓殖民宗主國加速了退場的進程，最終東南亞各殖民地在反殖反帝浪潮下，紛紛獨立為主權國家。然而獨立後的東南亞各國，面臨的其中一個難題就是蔓延自北方的共產主義，尤其內部的共產黨員大部分又與華人脫離不了關係，且當時中共政府仍實行雙重國籍政策，不僅進一步加深了周邊國家的恐共心理，也讓中共的外交有所局限。因此在二戰之後東南亞各國政府與歐美國家，給中共政府更多壓力給予明確定義「華僑」一詞上給予更多壓力，不容許「華僑」一詞用於該國內具有中國血統的公民身上。[13]東南亞各國擔心中共以海外華人為「第五縱隊」（Fifth Column）輸出共產革命，因此中共政府為解決周邊國家對海外華人忠誠度的猜疑，以及展開建交，便在一九五五年的印尼萬隆會議中簽署了《中華人民共和國和印度尼西亞共和國源於雙重國籍問題的條約》，宣布中共政府不承認雙重國籍，並鼓勵華人加入當地國籍且融入當地社會，但也接受華人回中國大陸。一九八〇年，中共政府推出《中華人民共和國國籍法》，其中第三條規定：「中華人民共和國不承認中國公民具有雙重國籍」。[14]

不過直至一九八〇年，中共政府才正式施行《中華人民共和國國籍法》，宣布放棄雙重國籍。自此「華僑」一詞也隨之被中共政府明確定義為具有中華人民共和國國籍的公民。中共放棄雙重國籍政策後，各國華僑大部分都申請取得居住國國籍，因此各國的中國移民族群也因此從「華僑社會」轉變為「華人社會」，具有中國國籍的「華僑」成了少數，而不具中國國籍的「華人」則成了多數，海外華人社會也由「落葉歸根」轉為「落地生根」。

11 范雅梅，《論一九四九年以後國民黨政權的僑務政策：從流亡政權、在地知識與國際脈絡談起》，國立臺灣大學社會學研究所碩士學位論文范雅梅，二〇〇五，頁二十八。

12 范雅梅，《論一九四九年以後國民黨政權的僑務政策：從流亡政權、在地知識與國際脈絡談起》，國立臺灣大學社會學研究所碩士學位論文范雅梅，二〇〇五，頁二十八。

13 王賡武，《中國與海外華人》（台北市：臺灣商務印書館，一九九四），頁二六六。

14 莊國土，《華僑華人與中國的關係》（廣州市：廣東高等教育出版社，二〇〇一），頁二五六。

全球的華僑與華人人數為何，全球的華僑華人人數為何，兩岸的僑務工作部門的統計並不一致，如台灣僑委會曾說有四千萬，[15]對岸國僑辦則曾說有六千萬。[16]所謂兩岸的「僑務工作部門」，首先是大陸的「國務院僑務辦公室」（簡稱國僑辦）。中共政府在一九四九年十月推出《中華人民共和國政府組織法》，並設立「華僑事務委員會」，延續民國政府時期的僑務工作。起初，中共政府因土地改革問題而對有「海外關係」的華僑、僑眷、歸僑群體有所忌諱，因部分僑眷有海外華僑家人寄來的僑匯，而成了地主階級，使得部分歸僑與僑眷遭到批鬥。不過，階級鬥爭的巔峰是在文化大革命時期，有著「海外關係」的華僑群體不僅被紅衛兵無情的政治迫害，同時也殃及了官方的僑務工作。

中央華僑事務委員在一九六九年因文革而被撤銷，直至一九七七年十月鄧小平發表了「海外關係」是個好東西，中共中央才拉開了撥亂反正、恢復僑務工作的序幕。[17]最終中共政府在一九七八年一月成立了國務院僑務辦公室。至於中華國民政府的僑務工作部門，首先是北洋政府在一九一七年設僑工事務局，接著在一九二一年改組為僑務局；至於在廣州的國民政府，一九二六年十月，中國國民黨在廣州召開第二次全國代表大會，組織僑務委員會，直隸國民政府之下，接著在北伐完成後，國民政府統一全中國並定都南京，開始訓政時期，而後在一九三二年制定公布「僑務委員會組織法」，改隸於行政院。[18]僑委會成立後，進行了許多旨在拉攏海外華僑華人支持中華民國建設與反共抗日的工作。當國民黨一九四九年敗退台灣之初，由於財政困難，國民黨曾有裁撤僑委會的想法，不過至今僑委會仍存續著。

至於國僑辦與僑委會之差異，有著「異中存同」之處。

按中共政府放棄了雙重國籍政策的邏輯而言，他們只需要照顧在海外仍持有中華

---

15 風傳媒，二〇一四，〈「僑胞」定義不明，林祖佐：台灣服務四千萬僑胞很畸〉，二〇二〇年二月五日檢索，https://www.storm.mg/article/85693。

16 人民網，二〇一四，〈國僑辦主任裘援平：凝聚六千萬華僑華人同圓共享中國夢〉，二〇二〇年二月五日檢索，http://politics.people.com.cn/n/2014/0305/c70731-24540081.html。

17 任貴祥、趙紅英，《華僑華人與國共關係》（武漢市：武漢出版社，一九九九），頁二八七。

18 中華民國僑務委員會官網，二〇一九年三月二十日檢索，https://www.ocac.gov.tw/OCAC/Pages/Detail.aspx?nodeid=554&pid=2110。

「國父」孫中山曾到馬來亞尋求南洋華僑支持革命事業，因此在馬國可見許多孫中山的遺跡，如馬英九曾到檳城孫中山紀念館「朝聖」。（圖源：杜晉軒／攝）

人民共和國國籍的華僑即可，並不需要以不具有中國國籍的外籍華人為政策服務對象。儘管如此，至今中共政府的國僑辦、統戰部[19]等「統一戰線」工作部門仍以海外廣大的非中國籍華人為統戰對象。因此中共對海外華人的稱謂用詞上，多用「華僑華人」，將華僑擺在第一順位，第二順位是廣大的非中國籍的華人，中共統戰部門立場是基於許多外籍華人在文化上仍和中國大陸有深厚的牽絆，而這也確實是基於客觀環境上，不少海外華人群體有到祖籍地尋根、經商、文化往來的需求。另一方面，儘管中共已宣稱擁有他國國籍的華人不再是受中國保護的僑民，但因僑務工作仍不分「華僑華人」，以及中國國家主席習近平提出「中華民族偉大復興」的「中國夢」也涵蓋外籍華人，近年來已引起他國政府擔憂。前國僑辦主任裘援平就明確表態過，要以「中國夢」引領僑務工作，讓華僑華人感受到日益強大「祖籍國」給予的關愛。[20]

至於台灣的僑委會，由於台灣官方採雙重國籍政策，且仍有不少海外的華人是持有中華民國國籍的，這群體必然屬中華民國的僑民。儘管台灣經歷了三次政權輪替，解嚴後在本土意識高漲下，有所謂「華僑」或「台僑」的稱謂之爭，不過僑委會所宣稱的政策服務對象，無論擁有中華民國國籍與否，多以「僑胞」、「僑民」稱之。雖然中華

19 二〇一八年三月，中共統戰部已將國僑辦併入。
20 中華人民共和國國務院僑務辦公室網站，二〇一四，〈華僑華人與中國夢〉，二〇一九年六月四日檢索，http://qwgzyj.gqb.gov.cn/bqch/177/2436.shtml。

民國《國籍法》早修正了其血統主義立場，但僑委會至今仍基於其「政治基因」，即屬「正統中國」的立場，仍將各國華人視為「華僑」、「僑胞」，需要海外「僑民」的支持，才能彰顯自身的正統性。當然，若服務對象愈少，預算就編的愈少，最終少不了被裁併的風險考量。

由此可見，如果今天中華民國仍在中國大陸的話，或許會因其堅決的「正統中國」立場與歷史包袱，而不願放棄雙重國籍政策與僑務政策，「堅決」地視外籍華人為「中國人」的思維，必然會招致周邊國家的不滿。這背後已不再是「恐共」因素，而是基於過去朝貢體系的歷史遺緒，對這古老的中華帝國仍有所畏懼。

如今中華民國的版圖已縮小至「台澎金馬」，且已民主化，東南亞國家自然不再視中華民國為一個「Trouble Maker」（麻煩製造者）。不過至少一九四九年後，戒嚴時期的國民黨當局在實行血統主義立場的《國籍法》下，還是難免帶來了外交糾紛。

第三章

流離尋岸的鄔來

「天亮看到哪裡你知道嗎？看到基隆港，才知道到台灣了，一起來就完了。」

——鄔來

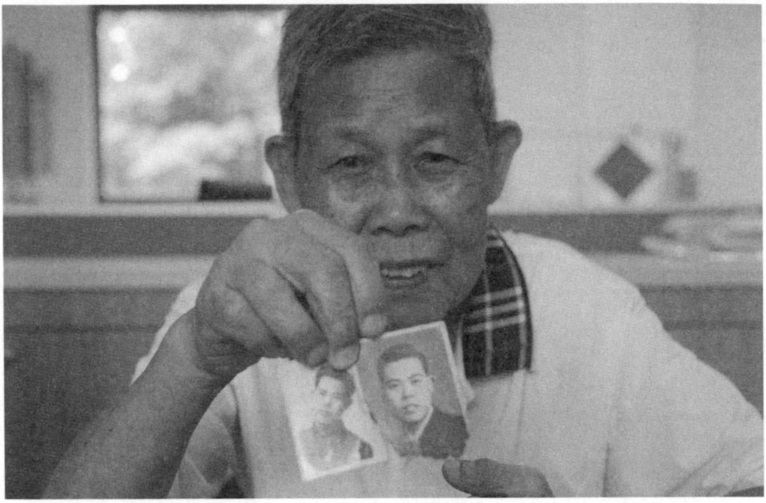

鄔來手中年輕的個人照，曾差點誤以為被他已往生的前妻給燒掉。（圖源：杜晉軒／攝）

二戰後中國旋即陷入了國共內戰，一九四九年起，「兩個中國」各據海峽一隅，然而「新中國」與「自由中國」的鬥爭仍在延續。其中一個戰場，則延伸到海外，為爭取離散在各國的華僑的支持，以彰顯自身的正統性。適逢二戰後東南亞國家蓬勃興起的獨立浪潮，有些東南亞華僑不願入籍當地新興國家，便選擇回到他們也許未曾到訪的「祖國」——中國大陸，該群體被中國共產黨官方稱為「歸僑」。至於那些選擇去台灣的，則多是尋求升學機會的東南亞華僑子弟。不過在兩岸這競爭華僑的歷史長河中，有少數華僑是罕見地經歷了先回中國大陸，最終卻落腳於台灣的旅程，出生於英屬馬來亞的鄔來就是其中一位。

陳欽生是我第一位認識來自馬來西亞的政治犯前輩，透過他介紹才得以認識鄔來前輩。陳欽生與鄔來屬於不同世代的馬來亞華人，卻因國民黨的政治迫害在綠島相逢，其中鄔來的人生可謂再現了近代東南亞華人移民史的縮影。

榴槤飄飄

一九三七年年七月七日，中國爆發「盧溝橋事變」，第二次中日戰爭的引爆不僅改變了中國的國運，也影響了東南亞華僑的命運。

一九三八年，中華民國雙十國慶這天，在著名華僑商人陳嘉庚的號召下，一百六十八名來自各國的華僑代表們在新加坡宣誓成立「南洋華僑籌賑祖國難民總會」，號召南洋華僑抵制日貨、捐款救國，有的年輕華僑甚至拋頭顱、灑熱血，自願回大陸從軍抗日。對當時的東南亞華僑而言，他們除了擔心中國大陸的家鄉父老與同胞們的安危外，也擔心日軍的戰火不知何時會蔓延到東南亞。

終於在一九四一年十二月八日凌晨，日軍登陸馬來半島北部吉蘭丹州（Kelantan）的哥打巴魯（Kota Bharu），英軍節節敗退，日軍也以馬來半島為根據地，進而攻占了新加坡和印尼——而鄔來就是成長在這個動盪的年代。一九三六年，鄔來出生於馬來半島的雪蘭莪州（Selangor）——一個名為雙文丹（Serendah）的小鎮，這裡也是因錫礦業而興起的地方，著名的馬來亞華僑實業家陸佑[1]曾在這開發錫礦場。

其實鄔來的本名是鄔育靈，鄔來是他的小名，小時候家人都叫他「亞來」（廣東話），因此最終鄔來這個名字才沿用至今。鄔來的祖籍是廣東省台山赤溪鎮，身為客家人的鄔來是馬來亞第二代華人移民，他父親鄔賢珍年輕時被「賣豬仔」[2]到馬來亞的錫礦場當苦力。鄔賢珍在馬來亞經歷了一番打拼後，不僅成功贖身，還當上錫礦場的經理，這才得以回到家鄉台山迎娶鄔來的母親楊鳳嬌，之後也決定再到雙文丹定居。

不幸的是，在日軍南侵馬來亞第二年，七歲的鄔來同時面對了父親病逝的打擊，以及同年大哥被日軍抓走後下落不明。當時鄔來還小，他不曉得他大哥的立場是親馬共還是支持國民黨，但肯定是堅定抗日的華人，他大哥曾到馬來亞北部州屬宣傳號召華僑回中國抗日。日軍占領馬來亞後，逮捕與屠殺支持中國抗日的華人。鄔來記得大哥被帶走的那一晚，展開反擊的英軍空降雙文丹區，英軍和日軍旋即展開激戰，而日軍就在當天到他家，把大哥帶走了。

由於當時鄔來的兩個姐姐已出嫁，因此只剩他和母親及二哥相依為命。父親和大哥過世後，家計就落在了鄔來和二哥身上。為照顧患有白內障的母親，鄔來和二哥到礦場工作，同時也種植稻米糊口。對於過去那段困苦的生活，鄔來說：「當時難過的是，稻子快收成時，卻被山豬吃掉，實在欲哭無淚。」[3]

不過在鄔來記憶中，小時候還是有快樂的日子。小時候的早晨，鄔來會和家人去果園撿榴槤，因為自然熟成落下的榴槤是最香的。對多數馬來西亞人而言，即使是泰國榴

1 陸佑（一八四六年～一九一七年），馬來亞著名富商，業務遍佈星馬各地，曾被譽為「錫礦大王」和「橡膠大王」，香港大學陸佑堂以他而命名。其子陸運濤是電影公司電懋公司創辦人。

2 「賣豬仔」泛指中國南方沿海省份，被販賣人口到海外當苦力的華工；由於這群體多由貧窮的中國人組成的，許多人是被仲介謀騙到海外謀生的，因此才被俗稱為「賣豬仔」，這也是許多東南亞華人祖輩下南洋的共同經歷。

3 作者訪談，台灣新北市，二〇一七年六月二十四日。

槤名種「金枕頭」也比不上大馬榴槤（因為泰國榴槤多是人工摘採並催熟的），因此榴槤才被大馬人譽為「果中之王」。儘管許多台灣人對榴槤味道「敬而遠之」，但這獨屬馬來西亞的榴槤果香至今是鄔來最難以忘懷的，畢竟鄔來十六歲後就離開他出生的馬來亞，走向了流連難返的人生。

澳門劫難

一九四五年八月十五日，日軍投降，結束了在馬來亞三年八個月的殖民侵略。不過日軍投降換來的不是馬來亞的獨立，而是前殖民宗主國英國的歸來，以繼續獲取馬來半島豐沛的天然資源，讓因戰爭而陷入財政困境的大英帝國重振餘輝。在英屬馬來亞長大的鄔來自小就對英國人沒有好感，他看不起殖民者高高在上的姿態，而他父母給予他的教育也具有民族愛國主義色彩，提醒他勿忘身為中國人的意識，最終鄔來在十六歲那年返回他未曾見過的家鄉——廣東台山赤溪鎮。

鄔來的母親之所以希望他回中國大陸發展，是因為廣東的親戚來信表示解放後的新中國已改變很多。一九五二年，十六歲的鄔來展開「回國」之旅，首先從新加坡搭船到香港，再經入境寶安縣（如今的深圳）進入廣東台山市，而與鄔來通行的是他鄰居，因為當時英國殖民政府規定未成年人須在有監護人的情況下才能「出國」。鄔來原本打算先在廣州市念華僑高中再考大學，不過廣州華僑高中以學額已滿為由，拒絕他的入學申請。當時鄔來也不想返回發展相對落後的台山就學，因此在廣東待了半年的鄔來，只好到北京「北漂」。一開始鄔來在北京找到了願意讓他就學的高中，但考量到學費壓力而作罷。當時鄔來礙於已離廣東的親戚太遠，在馬來亞年邁的母親無法工作，再加上已婚的二哥也有經濟壓力，家族難以接濟他學業情況下，只好在北京求職謀生。

當時，還未遭文革推倒的華僑事務委員會仍在運作，為返國的歸僑提供接濟，其中也包括媒合就業機會，因此鄔來在華僑事務委員會的安排下，一九五四年年初被分配到河北省的國營化工公司工作。雖然鄔來沒有高中學歷，但由於工作表現不錯，還學會了會計，最終得以被委任為國家幹部。

一九五七年，中共政府完成了發展國民經濟的第一個五年計劃，中共最高領導人毛澤東發起了「大躍進」運動。鄔來身處在那「超英趕美」時代下，過著與一般中國大陸人民一同進行大煉鋼、受軍事化管理的生活。與此同時，隨著毛澤東號召知識青年「上山下鄉運動」的開展，一九五七年鄔來被下放到河北省邯鄲市，曾在當地紡織廠、礦務局、人民公社等單位工作。對於當時的生活，鄔來認為雖然辛苦，但還過得下去。回中國大陸後，對於這陌生「祖國」的過去，鄔來所遇到的中國老百姓多告訴他，此時的生活比蔣介石在中國大陸時期來的好。當時鄔來不會想到命運會對他開了玩笑，把他送到台灣與老蔣共處一島。

一九六二年，鄔來收到二哥的來信，希望他盡快回馬來亞，因為年邁的母親病情更嚴重了。當時鄔來的主管也相當體恤其歸僑的背景，允許他請假離開一陣子。因此在回馬來亞前，鄔來先到上海探望妻子周阿花，還有兩個幼小的女兒和兒子。鄔來還記得，離開中國大陸前他兒子才剛滿月，沒想到那一別就是近三十年，直到蔣經國開放赴中國大陸探親後才再相見。

時間大概是在一九六二年的七月，鄔來離開上海後抵達廣州珠江，並在那裡搭船進入澳門，因為鄔來當年選擇回中國大陸時已自動放棄了英屬馬來亞身分，所以他必須到香港處理赴馬來亞的簽證手續。另一方面，馬來亞已在一九五七年獨立為主權國家，當時屬反共陣營的馬來亞尚未與中華人民共和國建交。鄔來記得臨行前，他在邯鄲的領導曾提醒要萬事小心，因為當時「情勢複雜」。當時鄔來對政治局勢不了解，因此並不曉得國民黨特務在澳門、香港等殖民地的諜報活動。

鄔來在在澳門待了五、六天，有天國民黨特務上門到鄔來下榻的旅店，並告訴鄔來與其在澳門乾等赴港，不如上他們的船，他們有能力儘早安排鄔來到香港，當時鄔來沒想到他們就是潛伏在港澳兩個殖民地的國民黨特務。鄔來不時回想，他當年之所以被國民黨特務看上，也許是當時從中國內地持合法證件到澳門的人相當少，多為偷渡客，因此合法入境澳門的他就被盯上了，特務誤以為他身上握有重要情資。

離開澳門的那一夜是晚上十點，有位特務負責帶鄔來上船，然後再安排另一位特務與鄔來入住船艙底層的上下鋪。鄔來被告知只要睡一晚，隔天就能到香港了，鄔來當下不覺有異。沒想到第二天醒來——「天亮看到哪裡你知道嗎？看到基隆港，才知道到台灣了，一起來就完了。」鄔來說。[4]

4 作者訪談，台灣新北市，二〇一七年六月二十四日。

從中國人變台灣人

在七〇年代，北韓金正日政府派出特務到日本的臨海地區，「綁架」了不少日本公民到北韓，為的是盜取他們的身分偽造護照；除了日本人，北韓還綁架了許多國家的老師，為了讓北韓特務嫻熟各國的語言與文化。[5]至今，釋放被綁架的日本公民問題依然是北韓與日本外交關係的一大難題。

當鄔來上的「賊船」抵達基隆港後，他馬上就被帶到了位於松山區的招待所。為了解當時中國大陸的情況，鄔來在招待所的三個多月裡，雖然受到情治單位人員的審問，但沒有遭到肉體上的折磨。不僅如此，鄔來還被允許在招待所內「晃來晃去」，鄔來認為調查局知道他哪裡都去不了，而且也沒做過什麼，只能「看我會做什麼」，等到把柄出現後才能逮捕。

結束了在招待所的三個多月審訊後，鄔來沒想到國民黨當局居然發了中華民國身分證給他，而且還打算把他安排到位於南投縣中興新村的台灣省政府辦公室工作。這不禁令人聯想到北韓特務綁架日本公民在北韓的生活，而且國民黨進行得比北韓還要早。在台灣島內任何地理上的距離行程，雖然比鄔來在中國大陸移動經驗來的短，但對人生地不熟的鄔來而言，要到南投還是太遠了，彷彿離開了台北就會失去回到馬來亞的希望，因此他拒絕了那份到台灣省政府辦公室的差事。

最終鄔來被安排在位於長安西路的台北市政府新聞室工作，並被安排住進位於饒河街的公務員宿舍。眼看生活已穩定，鄔來趕緊寫信把情況告知馬來亞的家人，但礙於兩岸軍事上仍對峙，鄔來始終沒辦法和在中國大陸的妻子通信，只能靠馬來亞的家人代為轉達。

儘管在台灣有了公家單位「鐵飯碗」的穩定生活，但鄔來沒有放棄離開這「自由中國」的想法，剛好當時英國駐台辦事處在長安西路也有辦公室，他便帶英屬馬來亞身分證向英方求助。不過英國駐台辦事處稱無法提供協助，因為鄔來的英屬馬來亞公民權在他一九五二年返回中國後就失效了。這意味著，鄔來真的從中國大陸的馬來亞歸僑身分，「被」變成了台灣人。後來鄔來的英屬馬來亞身分證在入獄前就被警總沒收了，出

5 羅伯特・博因頓、黃煜文（譯）（二〇一七），第八十七頁。

獄後不知所終[6]。

在台北市政府新聞辦公室工作期間，其他同事也曉得鄔來的來歷，也不免對分隔了十四年的中國大陸感到好奇，因當時宣稱總有一天會「反攻大陸」的國民黨，告訴台灣社會中國大陸的同胞在共產黨統治下，處於水深火熱的生活中。在中國大陸生活還算豐富的鄔來也如實地將他所見所聞告訴同事，他說當時中國大陸人民生活沒有很苦，糧食確實有一點緊張，但不至於吃樹皮，而大災害主要在北方。

一九六三年的某一晚，鄔來還沒下班，鬱悶地獨自坐在辦公桌前，形同被軟禁在台灣的鄔來心裡相當焦躁，如果再不離開，就無法見到母親最後一面了。焦慮的鄔來提起了筆，在一張紙條上寫下了「中國共產黨員要不怕犧牲地堅持地下鬥爭」。也許因為在中國大陸的共產主義社會生活多年，讓鄔來不禁「油然而生」地寫下了那一行字，但卻忘了把夾在書本裡的紙條銷毀，最終被人發現後就遭舉報了。鄔來稱他在大陸時並沒有加入共產黨，當時要成為黨員也不是那麼容易，他自嘲說：「這幾個字實在是，害我坐十四年牢。」約一週後，鄔來就被扣押到台北市三張犁的調查站，而這次就不幸受到了肉體上的折磨。

現在位於台北市忠孝東路一段十二號上的喜來登飯店，是早期讓人聞風喪膽的軍法處，當時地址是青島東路三號，而鄔來就是在此被判刑。在法庭上鄔來不斷向法官抗議，稱自白書是被捏造的，但不被法官採信，最終鄔來也不再抗議，因為講什麼都沒用，他說只能「服了服了」。

最終法官以鄔來「年幼無知，受共產黨洗腦」為由，宣判他服刑十四年，罪名包括「懲治叛亂條例第二條第一項意圖以非法之方法顛覆政府而著手實行及刑法第二百十六條共同行使偽造公文書足以生損害他人等罪」。[7] 判決書上也說明了「官方」版本的案情：「鄔來於四十一年三月間，潛赴匪竊據地區之台山中學就讀，四十七年八月，經該廠匪黨委書記郭希武介紹參加匪黨為黨員。五十一年初匪邯鄲市委統戰部長李錫廷，以其表現良好，又係華僑，乃派其來台灣作統戰工作，囑其至台後，應深入群眾，以工

---

6 作者訪談，台灣新北市，二〇一九年三月三十一日。

7 〈鄔來減刑〉，《國防部後備司令部》，國發會檔案管理局藏，檔號：A305440000C/0064/1571.33/2732。

人、學生及低級公務人員為對象，誇張匪偽建設，人民生活良好情形。於五十二年五、六月間，向同事李田良宣揚匪「人民公社」成功，制度良好，並策勵周祥林把握機會為匪工作，以迎接台灣解放。」[8]

國民黨政府主張，當時鄔來年青體壯，能在「共匪」管制之下獲准出境是相當可疑的，並以此認定久居「匪竊據地區」的鄔來顯然是受中共荼毒思想了。至於鄔來如何赴台，官方稱鄔來是以難民的身分，向「中國大陸災胞救濟總會」的駐澳門機構登記來台。鄔來表示，他是被判刑以後才曉得國民黨當局是以成為「難民」這情節來虛構他被誘騙來台的過程。[9]

在開庭前，獄友告訴鄔來他的情況相當危險，因被認定為共產黨員的人，十之八九會被判「二條一」（懲治叛亂條例第二條第一項），是唯一死刑。因此當鄔來沒被扣腳鐐回到牢房時，意味著保住了性命，獄友連連向他道聲恭喜，同時也勸他不好上訴了，以免惹禍上身。

從鄔來被誘騙到台灣再被扣押，已過了九個月，在當時的一九六三年，馬來亞不僅獨立了六年，在同年的九月十六日，馬來亞聯合了新加坡、婆羅洲的沙巴、砂朥越與簽署「馬來西亞協議」，成立馬來西亞。不過對鄔來而言，這劇變的國際情勢，也不比上他那突如其來的「奇幻漂流」。鄔來回憶道，幸好那時期的台灣還比較平靜，若遇上後來台灣退出聯合國或台美斷交的話，可能他的情況就不會好了。

我問鄔來是否還恨國民黨？鄔來說：「寫就寫了，過去就過去了。」

十年生死兩茫茫

在那十四年的鐵窗生涯中，鄔來不曾獲得減刑的機會，但他深信終究能順利出獄，離開台灣回去看他家人。

一開始鄔來被送到台東泰源監獄服役，「泰源事件」後再被送到綠島監獄服刑。泰源事件為一九七〇年二月發生的監獄暴動事件，主要參與者為泰源監獄中的台獨政

8 同註7。
9 作者訪談，台灣新北市，二〇一九年三月三十一日。

鄔來在綠島服刑時，認識了陳欽生，出獄後認識了艾琳達。（圖源：杜晉軒／攝）

治犯。關於對泰源事件的記憶，鄔來稱他不清楚，他非獨派政治犯，並沒有參與其中。

對於在綠島監獄的生活情形，鄔來稱他的牢房裡面有九位獄友，有時最多十個人，居住空間相當擁擠。鄔來在綠島也認識了許多朋友，包括作家柏楊。當時鄔來擔任廚房的「伙委」，負責督工的工作，他時不時從廚房回房的時候會偷帶幾根香菸給柏楊，而他出獄後也和柏楊保持來往。也因為擔任了伙委，鄔來才認識了後來到綠島服刑的同鄉——陳欽生、陳水祥和蔡勝添。鄔來這才得知，原來也有馬來西亞人因被控涉嫌加入共產黨而淪落「異獄」。

約一九七一年，已到綠島綠洲山莊第二年

的鄔來收到二哥的來信，告知他母親因病過世了，被誘騙到台灣的鄔來始終無法如願回馬探望母親，至今他對此懊悔不已，到了九〇年代他才得以回馬祭拜母親。

一九七六年九月九日，毛澤東去世，接著升任國務院總理後的華國鋒粉碎「四人幫」，正式宣告十年文革的結束。在文革時期，不少有著「海外關係」的歸僑遭批鬥迫害。也許真的是命運弄人，鄔來在文革爆發前就被國民黨「帶」到台灣了。

鄔來是在文革結束後的一九七七年出獄，當時他由比他早兩年出獄的獄友黃廣海保釋出來，之後便在一名溫姓難友家的陽台搭帳篷寄住。這段寄人籬下的生活對鄔來相當困苦，儘管他還保有中華民國身分證，但他的戶口是放在一位難友家，當地警察還經常為難他，要他將戶口遷走。在當時許多政治犯出獄後都有遭到警方刁難的經驗，重新開始的生活備受干擾，彷彿只是從小監獄進入了更大的監獄而已。最終鄔來一氣之下到當地的派出所對所長大罵：「（你們）再這樣我就跟總部投訴！」，就這樣鄔來把他的戶口直接放在派出所了。

為了生活和購買回馬國的機票，鄔來到處求職，但礙於他政治犯的背景而四處碰壁，包括他曾任職的台北市政府新聞辦公室。當鄔來回市政府尋求復職遭拒而準備打道回府的時候，他在樓梯間遇見了當年對他控告、作證的兩位同事，鄔來說：「他們看到我就掉頭走，我說沒關係，我只是來找人，看看有沒有機會復職。」

此外，許多政治犯重新回到社會後，除在工作上面對警總的刁難，婚姻感情生活也受到警總的干擾。後來一位難友介紹鄔來去一家餅乾店工作，鄔來也就在那認識了現在的太太。解嚴以後，警方依然如故地騷擾鄔來家，稱要查戶口，還常到他太太工作的地方。不堪其擾的鄔來只好再罵警察，鄔來說：「當我罵過警察以後，就不敢來了。」對於這在台灣得來不易的歸屬，鄔來說：「我太太願意跟我打拼，我很感謝她。」至於在上海的前妻，在台灣開放中國大陸探親後的第三年，約一九九〇年時，鄔來便回上海找她，他才曉得前妻已改嫁了。鄔來前妻告訴他，當年他音訊全無後，就以為他不在世了。此外，幸運的是鄔來前妻在文革時期沒因「歸僑眷屬」的背景遭波及。

宛如電影般的情節——當年鄔來妻女把他的東西燒掉，鄔來心愛的小提琴燒到一半時，落下了兩張鄔來的個人照片，那鄔來年輕時的模樣才得以保留了下來，也讓鄔來離開中國大陸前剛滿月的兒子還能看到父親的模樣。二〇一八年，鄔來的前妻在睡夢中安詳離開了。

鄔來在一九五二年離去後就不曾回去馬來西亞，而他出獄後第二年就獲得國民黨當局批准出境，然而當飛機一降落在吉隆坡國際機場時，馬國海關卻不讓鄔來下機，理由是他已放棄公民權。當時是一九七八年，儘管馬國和中國大陸早在一九七四年建交，但退居馬泰邊境的馬共仍未投降，也許馬方基於反共因素，對鄔來的過去還有所顧忌。在無法踏上故土的情況下，鄔來只好要求轉機到新加坡找朋友，但他友人卻下落不明，只好再從新加坡返台。

約九〇年代末，成家多年的鄔來小有積蓄，因此想帶妻兒一起出國旅行，便嘗試再次入境馬來西亞，沒想到真的成功入境了。就在鄔來一家成功入境故土時，馬國海關卻要求鄔來簽署文件宣誓放棄馬國公民權。前文提及，鄔來在入獄前，英國駐台辦事處已明確告知他已無馬來亞公民權，一九七八年入境時馬方宣稱他的公民權已無效。對此前後矛盾的情況，鄔來說：「我就放棄公民權了，畢竟已在台灣成家，就當作到馬來西亞旅行。」

就這樣，鄔來正式地從中國來的馬來亞歸僑，成為了台灣人。對於那十四年的牢獄之災，鄔來說：「我覺得我被判十四年，出來還有時間看其他地方，到了這地步，只能

二〇一七年六月二十五日，鄔來首次在景美人權園區的紀念碑上看見自己的名字。（圖源：杜晉軒／攝）

認了。」

最後，值得一提的是，我第二次訪問鄔來才曉得，原來鄔來聲稱找不到下落的新加坡友人是在泰源監獄時認識的，對方僅服刑了一年多就出獄，並在出獄前告訴鄔來日後可到新加坡找他，不過鄔來卻忘了跟他要地址。鄔來告訴我，那名獄友叫「陳團保」，而我終於在二〇一八年九月找到了他，而且他還極有可能是法律身分上第一位被國民黨關進冤牢的馬來亞公民。

第四章

星洲來的人

【中央社訊】定於十一日由香港來台的大陸逃港僑生回國觀光團十八位團員中，有五位團員已決定留在自由祖國繼續學業。這五位華僑青年已認清了共匪的真面目，而對於自由祖國培育僑生的教育，又非常嚮往。這五位僑生的名字是余偉忠、陳瑞生、賴進元、李亞華、吳秩光。

——聯合報，一九五六年九月十一日

一九五六年九月十三日，蔣介石接見「大陸逃港僑生回國觀光團」，由於陳瑞生的個人照基於個資法無法公開，但經本人與圖中人物對照後，陳瑞生應為前排第四位學生。（圖源：國史館）

在述說陳團保的事蹟前，必須先提另一位新加坡華僑的故事，因為他和陳團保的案情有著千絲萬縷關係。另一方面，這位新加坡華僑的人生軌跡也和鄔來相似，足跡始於東南亞，後經大陸，也許最終落腳了台灣，他的名字叫陳瑞生。

來自星洲的陳瑞生

直到動筆以前，我始終找不到陳瑞生的下落，有關他的事蹟，只能從《聯合報》舊新聞，國史館的《調查局情報會談工作報告》[1]及國發會檔案管理局收藏的教育部公文[2]、調查局留下的審訊筆錄[3]、陳瑞生寫的「自傳」[4]等文獻得悉。當然，對於國民黨當局留下的任何檔案，都得以質疑的精神去檢視，如同陳瑞生寫給調查局的「自傳」可能是出於脅迫下寫的。

一九三八年，祖籍廣東省大埔的陳瑞生出生在新加坡，如果他現在還在世，那已是年逾八旬的老先生了。陳瑞生的父親在新加坡是位經營百貨公司與機器鐵廠的商人，因此陳瑞生的家境應不錯，因為陳瑞生的自傳中提到父親有兩個太太，大母姓蔡，而陳瑞生生母則姓羅，陳家兄弟姐妹眾多就不一一列舉了。

也許陳瑞生是一個好動的學生，他先後在新加坡的中正小學、啟發小學、培華小

---

1 《司法行政部調查局情報會談工作報告》，國史館藏，數位典藏號：005-010206-00093-004。

2 「陳瑞生案」（一九六〇年一月二十一日），〈陳瑞生案〉，《法務部調查局》，國發會檔案管理局藏，數位典藏號：A311010000F/0048/301/00188。

3 「調查筆錄」（一九五九年十二月八日），〈陳瑞生案〉，《法務部調查局》，國發會檔案管理局藏，數位典藏號：A311010000F/0048/301/00188。

4 「自傳」（一九六〇年七月十八日）〈陳瑞生案〉，《法務部調查局》，國發會檔案管理局藏，數位典藏號：A311010000F/0048/301/00188。

陳瑞生、陳團保成長的新加坡，如今已東西方文化兼容並包的國際都市。（圖源：杜晉軒／攝）

學、樹群小學就讀，在他離開新加坡前，始終未完成小學學業，最終是到廣州市就讀華僑小學。陳瑞生稱他之所以會回到「匪區」，是被林清祥[5]策動的。

熟悉新加坡歷史的新馬華人大多知道，林清祥是當年地位堪比新加坡前總理李光耀的政治人物，活躍於五〇至六〇年代。一九五四年十一月二十一日，林清祥、李光耀等人成立社會主義立場的人民行動黨，主張建立一個包含新加坡及馬來半島的獨立國家。根據調查局的筆錄記述，陳瑞生稱他父親立場親共，與人民行動黨的林清祥交往親密，甚至將他房間借予林清祥辦公，因此他家常有學生、工人來聚會，至於聚會內容他則不得而知。

一九五五年三月，陳瑞生稱在林清祥的拉攏下，他父子倆加入了行動黨。調查局問陳瑞生入黨後做了什麼事情，他稱學會了「秧歌舞」、唱《二郎山》，還到各工廠表演，以及閱讀中共出版的《新中華報》。弔詭的是，創立於抗日時期的《新中華報》已在一九四一年停刊，並與《今日新聞》合併為《解放日報》。[6] 無論陳瑞生是否為人民行動黨黨員，出生於殖民地時代的他注定碰上了新加坡邁向自治的時刻。

新加坡自一八一九年被萊佛士（Standford Raffles）「發現」後，自此是大英帝國

---

5 雖然林清祥曾和李光耀同一陣營，一同競選一九五五年的立法議會選舉，不過在一九六三年二月二日，李光耀政府發起打壓左派勢力的「冷藏行動」（Operation Coldstore）中，已在一九六一年與李光耀分道揚鑣的林清祥被新國政府以從事顛覆活動的罪名被捕入獄，最終一九六九年宣布退出政壇，一九九六年二月五日因心臟病逝。

6 新浪新聞中心，二〇〇八，〈《新中華報》（一九三七年一月二十九日～一九四一年五月十五日）〉，二〇一九年三月二十七日檢索，http://news.sina.com.cn/c/2008-01-03/173414660602.shtml。

的殖民地，直到一九四一年不敵日軍後便一度退出東南亞。一九四五年八月，英國重返東南亞，接著隔年將馬來半島的九個州與檳城、馬六甲二殖民地成立「馬來亞聯邦」（Malayan Union），而新加坡仍是英國統治的殖民地，由英國人擔任「總督」。英國先是在一九四八年允准在新加坡設立「立法議會」，但監督功能不足，直到一九五五年四月才舉行「立法議會」的普選，三十二名立法議員中有二十五位經由選舉產生，四位任命產生，另三位為政府官員兼任。這場選舉使新加坡由殖民地政府轉變為自治政府，首任總理為勞工陣線領導人大衛．紹烏．馬紹爾（David Saul Marshal），[7]而在野的人民行動黨的李光耀、林清祥也成功當選為立法會議員。

對於當時的選舉，調查局筆錄記述陳瑞生入黨後曾協助李光耀、林清祥的「馬來亞聯邦首席部長」競選活動，助選活動包括向武吉知嗎（Bukit Timah）地區居民宣傳李光耀、林清祥能替人民謀福利，並張貼選舉標語，不過標語內容陳瑞生已忘記，但他記得標語中有「閃電」和「斧頭」標誌。[8]至於人民行動黨和中國大陸共產黨有何關係，陳瑞生回答「不清楚」。

寫到這，又一矛盾的情況發生了，當時新加坡還未併入馬來亞聯邦，筆錄卻記述陳瑞生參與「馬來亞聯邦首席部長」競選活動。因此是否為陳瑞生記錯當時的選舉名稱，或純屬調查局捏造，就不得而知了。

此外，讀者或許覺得好奇，李光耀曾訪問台灣，部分軍隊如「星光部隊」也在台受訓，為何當時的國民黨會視新加坡人民行動黨為敵人？那是因為在新加坡未併入馬來西亞前的自治時期，屬左派的行動黨仍是在野黨，常被指控與共產黨有莫大的關係，國民黨當局為反共，甚至曾金援當時執政黨勞工陣線美金二十四萬元，[9]後來李光耀亦曾在一九五九年的第一次全國選舉中揭露此事。[10]

一九五九年新加坡實現完全自治，取得政權的人民行動黨也展開「反擊」國民黨

---

7 顧長永，《東南亞各國政府與政治：持續變遷》（台北市：臺灣商務印書館，二〇一三），頁九十四～九十七。

8 「閃電」屬人民行動黨的標誌，至於「斧頭」可能則屬左派陣營。

9 〈我政府與新加坡勞工陣線黨合作經過節畧〉（一九五八年七月十九日），〈星馬雜卷（二）〉，《外交部》，國史館藏，數位典藏號：020-010599-0003。

10 陳加昌，《我所知道的李光耀》（新加坡：玲子傳媒，二〇一六），頁一〇八。

「干涉內政」的行動，包括在一九六〇年逮捕了兩位馬國《虎報》駐新加坡記者，指控二人均在台灣接受過軍訓，並在新加坡從事「右翼顛覆活動」，包括發布扭曲新聞以使人民對新加坡政府不滿，目的在鼓動當地公民（華裔）效忠台灣政府。不過國民黨主張他倆並非黨員，事件遠因是李光耀不滿該報的負面報導而做出的報復。[11]

黃花崗的夏秋冬春

就在一九五五年四月激烈的立法議會選舉結束後，陳瑞生隨即在六月出發往廣州。陳瑞生先是搭船到香港九龍，接著經深圳進入廣州市，並入住廣州市的石牌華僑招待所。儘管當時馬來亞還沒獨立，新加坡人民也初嚐自治的滋味，但陳瑞生的父輩無疑應是以海外中國人、僑民的意識成長的一代，那陳瑞生「回」祖籍地廣東的心情是如何呢？當時他的國族認同是中國人，抑或是新加坡人呢？

至今，新加坡華裔是否被視為「中國人」，是相當敏感的話題。新加坡在一九九〇年十月三日才與中國大陸建交，而且是東協成員國中最後一個與中國大陸建交的國家，這當中有人民行動黨政府為避免引起周邊國家猜忌的考量，畢竟新加坡仍是以華裔族群為主的國家。對於影響力日增的中國大陸，新加坡官員不時提醒華裔公民已非中國的「華僑」，而是「新加坡人」[12]。

如果陳瑞生知道「黃花崗之役」這段歷史的話，說不定他在廣州華僑小學的時候，就會到附近的黃花崗公園遊覽，進一步了解二十世紀初那場有南洋華僑參與的決定性起義。也許陳瑞生對先輩成長的地方有所憧憬，然而當時中國大陸社會依舊一窮二白，社會條件也許比不上英屬殖民地的新加坡，很快失望的陳瑞生便想盡辦法離粵赴港，以重返新加坡老家。

調查局筆錄記述，當時中共當局規定入住華僑招待所的歸僑必須寫自傳，而招待所每週三有晚會，一同跳秧歌舞；每逢週一、四會進行檢討會，會議中要求眾人要注意反

11 〈星馬政情報告〉（一九六〇年十二月十二日），〈星馬事務雜卷（一）〉，《外交部》，國史館藏，數位典藏號：020-010699-0004。

12 聯合早報，二〇一六，〈楊莉明：具獨特身份認同和效忠 華族新加坡人是華裔而非華僑〉，二〇一九年二月二十八日檢索，https://www.zaobao.com.sg/zpolitics/news/story20160408-602475。

革命分子及自我檢討批評，這些過程陳瑞生都參與了。在招待所住了三個多月，陳瑞生才得以進入廣州華僑小學四年級就讀，當時陳瑞生應已十七歲了。由於陳瑞生經華僑小學老師的介紹下加入了中共的「少年先鋒隊」，這件事成了台灣調查局指控他是匪諜的依據。陳瑞生「供認」，他是被迫參加少年先鋒隊的，當時先鋒隊以每十人為一隊，正領隊為范姓的高棉金邊僑生，而他擔任副領隊，他們做過的活動包括滅四害。

一九五五年，毛澤東發起知青「上山下鄉」運動，這成了促使陳瑞生離開中國大陸的最後一根稻草。當時約莫一九五六年三月，因為陳瑞生不願意被分發去農場服務，就被學校開除了。起初陳瑞生申請港澳通行證到香港不被獲准，最後他再三請求才被允准，並在三月底抵達香港。[13]而陳瑞生離開的時間點，距離中國大陸一九五七年的「反右運動」爆發所引起的第一次大規模「逃港潮」僅有一年。

對於調查局做出的「接受共產黨任務潛台」的指控，陳瑞生堅稱他離開廣州前沒有接受任何任務，廣州公安局和華僑委員會並沒有沒找他談話。不過陳瑞生在筆錄中也坦言，華僑小學的曾姓會計在他離開前稱十年、八年後他們還會見面，並認定陳瑞生會對香港的情形「看不慣」。[14]

發起大陸逃港僑生回國觀光團

陳瑞生的筆錄中提到，逃港的僑生不止有他一人，還有余偉忠、林國良、劉元和黃國明等人。惟尚不得知他們是否同一時間離開廣州。到香港前，之前湊巧與陳瑞生搭同一艘船到廣州的新加坡華僑李仁治，給了陳瑞生一封信，他建議陳瑞生可到香港找其友人照顧。後來李仁治也到了香港，但隨後也返回新加坡了，因為他也受不了中國大陸困苦的生活。

陳瑞生抵港時身上只有港幣四元，當他到港島車干諾道的建國行見到李仁治的友人時，由於對方也無奈無處可收留，因此給十元讓陳瑞生另尋他處。陳瑞生只好到南華行找新加坡華僑李萬根，他比陳瑞生早兩年到廣州，之後也離開廣州到香港，陳瑞生就在

13 對於陳瑞生確切抵港時間，教育部公文的另一說法為陳瑞生曾在廣州勞改三個月，六月才逃港。

14 此處那位曾姓會計的意思，有可能指生活在共產主義社會的陳瑞生會不習慣英屬殖民地香港下的資本主義社會。

他那留宿了一段時間。

李萬根父親和陳瑞生父親是朋友，陳瑞生告訴調查局，李萬根畢業於立場「親共」的新加坡華中中學，但李並非共黨分子，因李曾聲稱討厭兩個中國。雖然李萬根也曾參與「大陸逃港僑生回國觀光團」，但最終還是留在了香港。而這「大陸逃港僑生回國觀光團」就是日後促使陳瑞生到台灣就學的轉捩點。

陳瑞生告訴調查局，他當時確實計劃從香港回新加坡，他在香港透過國民黨中央黨部工作人員李佐治（此名聽起來應是香港人）的協助下，向在港的「美國知識分子協會」（應為美國的援助中國知識分子協會，Aid Refugee Chinese Intellectuals, Inc.，簡稱為「援知會」）提出返新加坡的申請，而且之後還被安排在YMCA（青年國際旅館）住了四個月，只是在返新加坡的手續未完成前就到台灣「觀光」。援知會是一九五〇年代由一批親國府人士所組成的民間慈善團體，旨在於援助中國大陸「淪陷」後滯留港澳的中國知識分子，自一九五三年獲得美國華府資助後，陸續將約一萬四千名的流亡知識分子及家屬移民到台灣、美國、東南亞等地，因此背後亦有美國反共外交之目的之性質。[15]

原以為會直接返星洲的陳瑞生，經援知會安排與一眾逃港僑生到電台錄音廣播報告他們逃出「匪區」的經過後，在港的「中國大陸災胞救濟總會」卻又要求他們發起「匪區逃港僑生回國觀光團」。因此陳瑞生等十八位僑生在中國大陸災胞救濟總會、台灣僑委會的安排下，九月到台灣進行了二十多天「觀光」行程。最終因台灣僑委會稱「希望我們回祖國留學」，因此他們其中五人返港後再申請同年十一月「回祖國」求學。而台灣聯合報也對這觀光團有詳細的報導。

【中央社訊】自大陸逃到香港的東南亞僑生回國觀光團一行十七人，於十一月上午九時卅分返抵自由祖國，他們是於四川輪駛抵基隆外港後，先換乘快艇登岸，接受各界代表的熱烈歡迎。香港調景嶺難民營自治室副主任張健隨輪同來。

15 趙綺娜，〈冷戰與難民援助：美國「援助中國知識人士協會」，一九五二年～一九五九年〉，《歐美研究》第二十七卷第二期：六五～一〇八，一九九七，頁六十五。

十七位東南亞僑生都穿著白襯衫、灰長褲，胸前佩有青天白日的國徽，在鞭砲樂聲的交響中，他們所乘的船還未靠岸就遠遠地在海上向自由祖國和歡迎人群揮手，表示他們回到自由土地的歡欣鼓舞。當他們登岸時，無數青年男女學生的歡迎人潮亦紛紛湧到，為他們響起如雷般的掌聲和歡呼。他們每個八都分別在十七位女同學的手中接受了一束鮮花，持花含笑，十九歲的僑生代表余偉忠說：「我們實在太感動了，我們能夠逃出匪區，再回到自由祖國來觀光，並受到這樣熱烈的歡迎，我們只有說不出感動和感謝」。

在歡迎儀式中，青年學生代表江偉道，基隆市代表周世萬，救總祕書長方治，僑務委員會代表馮鎬，都曾先後致詞，代表各界人士竭誠歡迎他們回國觀光，並對他們逃出大陸的勇敢精神表示慰問。方治說：「我們歡迎你們奔向自由，因為你們代表了大陸匪區內千千萬萬的青年正在渴望獲得自由。我們歡迎一切奔向自由的人們到台灣來，百聞不如一見，你們現在就可以自由自在的親眼看看自由祖國各項進步的事實，是否和大陸匪區正為成為一個顯明的對照。」

十七位僑生於接受歡迎後，並曾與各界代表親切握手，然後換乘專車，轉來台北招待所休息，下午起展開觀光活動。

十七位僑生的名單為：黃明南，十七歲，廣東揭陽。事瑞達，二十二歲，廣東梅縣。蔣福，二十一歲，廈門市。黃國明，十七歲，廣東新會。甄少瑚，十七歲，廣東。李亞華，二十三歲，廣東新會。王光雄，二十一歲，福建福清。蘇莫華，十八歲，廣東揭陽。陳忠明，二十一歲，上海市。余偉忠，十九歲，廣東饒平。林國樑，十八歲福建。陳瑞生，十七歲，廣東大埔。賴進元，十八歲，廣東梅縣。劉元和，十七歲，廣東揭陽。李萬根，二十一歲，安徽。蔡四秀，二十一歲，廣東五華。吳秋光，十九歲，廣東。他們中有越南僑生一人，印尼僑生四人，新加坡僑生六人，馬來亞僑生三人，泰國僑生二人，北婆羅洲僑生一人。他們都是從民國四十年六月起分別被騙進入大陸，至四十四年六月認清共匪真面目後，再分別逃往香港。

【1956-09-12/聯合報/03版/】

新加坡的「同德書報社」，即是當年中國革命同盟會新加坡分會活動地，見證了新加坡華僑社會時期與北方的「祖國」關係之密切。（圖源：杜晉軒／攝）

由此可見，陳瑞生等眾僑生成了美國華府、國民黨當局手中的反共宣傳工具，時代的巨輪讓他們不得不成了冷戰各陣營的宣傳樣板。

八二三砲戰餘波

如果說，中共不信任有「海外關係」的華人的心理，那退居台灣的國民黨當局其實也不遑多讓。

一九五八年發生於金門的「八二三砲戰」，加劇了國民黨當局的不安，情治單位更惶恐潛台共產黨人會伺機而動。調查局在一九五九年五月一日的《會談工作報告》就明確指出，「針對當前大專學生之易被匪諜滲透劑反動分子所利用，特就大專畢業生中選取志願效忠黨國獻身情報工作之優秀黨員十二人（內二人為華僑），授以五週之專業訓練以調查偵防之實務為重點」。[16]而這批人就是所謂的「職業學生」，且亦明確指出

16《司法行政部調查局情報會談工作報告》，國史館藏，數位典藏號：005-010206-00093-004。

要吸納在台的僑生為眼線。也許陳瑞生就讀的板橋國立華僑中學也不乏職業學生混入其中。《會談工作報告》指出，中共利用僑生滲透台灣，包括他們掌握線索的莫氏（新民主主義青年團團員）與陳瑞生（少年先鋒隊），並稱他倆已供認有小組活動。

一九五九年十一月二十三日晚上十一時許，已來台三年的陳瑞生被捕，調查局以陳瑞生「在新加坡期間參加當地人民行動黨往大陸匪區後參加少年先鋒隊來台就讀為匪從事組織宣傳活動」為由進行調查。[17]到底為何陳瑞生離開了一個「鐵幕」後，又陷入「自由中國」上的「鐵幕」呢？無論檔案上記載的案情是否屬實，離開所謂「匪區」的陳瑞生，確實在台灣遇上國民黨的白色恐怖了。

陳瑞生進入華僑中學（以下簡稱僑中）後，認識了來自越南的鄧氏和同為來自新加坡的陳團保，調查局記錄陳瑞生稱「（我們）經常一起玩，感情很好」。鄧氏來自越南，但因未找到更多有關他的檔案，有可能是逃避局勢動盪的越南而來台的華僑。至於陳瑞生和陳團保的關係，筆錄中記述陳瑞生的說法，是自稱共產黨員的陳團保曾在宿舍對他和另一位逃港僑生黃國明說：「你們為什麼逃出來？本來我想赴中國大陸讀書」，以及指陳團保曾說應到工廠鼓動工潮。陳團保告訴我，他不是共產黨員，而有關陳團保的事蹟，會繼續在下一章細說。

筆錄中記述了約一九五七年某天晚上十時許，陳瑞生和鄧氏二人在華僑中學附近的滷仔檔談天論地，逃離大陸的陳瑞生與鄧氏卻聊起了共產黨的好處。鄧忽然說：「瑞生，你是不是共產黨派來台灣組織工作的？」，感到疑惑的陳瑞生說：「我不是呀！」鄧接著又言：「我不是傻瓜，你不要裝傻，我早已知道。」在鄧一再追問下，陳瑞生只好回道：「是的是的，我就是共產黨派來台灣工作的！」鄧氏聽後，便說：「那大家都是自己人，以後多多聯絡。」不曉得鄧氏是不是在開玩笑的陳瑞生，很快明白為何鄧會說「大家都是自己人」了。

之後鄧氏把是所謂的「同路人」介紹給陳瑞生，他們都是僑中學生，分別是來自泰國的錢氏和越南的莫氏，並稱他們三人曾在越南出版《團結報》與《快樂報》，成果還很好。鄧莫二人也曾向陳瑞生說，華僑中學裡的泰國、越南僑生打架事件，是他倆在背

17 「司法行政部調查局台灣省調查處繼續調查聲請書」（一九五九年十二月八日），〈陳瑞生案〉，《法務部調查局》，國發會檔案管理局藏，數位典藏號：A311010000F/0048/301/00188。

後鼓動的。

對於陳瑞生所涉入的「活動」，陳瑞生「承認」曾與鄧氏售賣假白蘭地酒，貨源來自曾和他一起逃港後來台的其中一僑生同學，但實際貨源不詳。此外，陳瑞生也「承認」暑假時曾在台北縣樹林參加太保組織「海盜幫」，老大為兵工學校學生，姓名不詳，參與者還有幾名僑生（沒提及鄧莫二人和陳團保）。

台灣教育部官員戴玉安在一九六〇年一月二十六日給韋國全（背景不詳）的公文[18]聲稱，陳瑞生在僑中期間成績不佳，被開除後轉校到台中一中卻未報到，反而在台中與前僑中史姓越南僑生加入台中飛龍幫會。該公文指出，陳瑞生爾後返回板橋，並跟同學稱台中一中管理嚴格而不願就讀。不過調查局筆錄則記述陳瑞生的說法為「台中一中不願收留他」。

儘管如此，以上他們「年少輕狂」的情節應不至於被情治單位逮捕，讓他們遭逮捕的緣由可能是金門「八二三砲戰」和「五二四事件」（又稱劉自然事件）的餘波。

陳瑞生的「自傳」言：「有一次金門砲戰時，陳團保及鄧〇〇兩個和我商談利用金門砲戰機會，用標語張貼後，因恐怕危險，所以我不同意而告作罷了[19]，但是之後鄧〇〇經常和我談起對政府不利的事情，並介紹和莫〇〇相識，告知大家都是自己人，去年九月左右，我想回香港，當時鄧氏和我曾商談去港找大公報聯絡。等以上一切都是我和鄧〇〇陳團保空談而言，絕無事實，因為我生長海外新加坡，對祖國一切都不了解，所以誤入歧途，做出對不起國家事情，希望政府姑年幼無知寬大處理，賜予自新機會，今後重新做人，為反共抗俄消滅共非而努力奮鬥，完成反共復國大業。」

教育部公文指出，八二三砲戰期間「有人謂」陳瑞生和前高二義學生鄧氏（疑當時已被開除學籍）、陳團保在湳仔橋有「不正當言論」，但因訓導人員未查獲具體實證而未立即採取行動。至於陳瑞生謂赴港聯繫《大公報》一事，陳瑞生稱莫氏給了他一份關於「五二四打美國大使館事件資料」，期望由陳瑞生送給香港《大公報》。筆錄中記述陳瑞生解釋那些資料是他叫莫氏蒐集，原本待他赴港再帶過去，但最終因不知道《大公

18 「陳瑞生案」（一九六〇年一月二十一日），〈陳瑞生案〉，《法務部調查局》，國發會檔案管理局藏，數位典藏號：A311010000F/0048/301/00188。

19 不過在調查局筆錄中則記錄，陳團保也提出反對，陳瑞生稱最終因沒有經費而未實行。

報》地址而作罷。

雖然當陳瑞生被問到組織成員時，僅稱組織有他、鄧氏、莫氏、陳團保共四人，且不分領導，但當陳瑞生進一步稱赴港的目的還打算跟《大公報》獲取活動經費時，僅說是他和鄧莫二人的活動經費，沒提及陳團保、和鄧氏所稱的另一「同路人」錢氏。香港的《大公報》是屬立場親中共的報章，故對於他們的組織是否和中共有聯繫，陳瑞生回答調查局說：「不清楚。」

從目前所蒐集到的文獻判斷，陳瑞生被捕前應無赴港。

尋找陳瑞生

二〇一八年九月訪問陳團保時，他告訴我完全沒有陳瑞生的消息，也不曉得他到底人在新加坡還是台灣。陳團保表示，他在台坐牢期間完全沒見過陳瑞生、鄧氏、莫氏，而本人蒐集到的文獻中，也毫無這三人曾服刑的跡象，這背後的真相就有待日後更多公開的檔案了。

二〇一九年二月，我有了陳瑞生「最新」的消息，不過那是在新加坡國立圖書館找到的舊報紙。一九九八年四月十九日，陳瑞生生母羅女士逝世，家屬在新加坡《聯合早報》刊登了訃聞。文中除顯示陳瑞生雙親名字外，在孝子一欄中，就有了陳瑞生名字，且掛號顯示「台灣」。[20]

由此可證，至少在一九九八年，陳瑞生還在台灣，或許也入籍了中華民國。最後，當我撥打那訃聞上的陳家聯繫電話時，話筒傳來的聲音告訴我那已是空號，那就待來日是否有緣在台灣遇到陳瑞生吧。

20 由於未能聯繫上陳瑞生家人並取得他們的同意，故本章不放入新聞剪報。

第五章

他媽的國民黨

「我說他媽的，原來你們國民黨是一塊豆腐哦！外面看漂亮！裡面媽的亂七八糟，不分青紅皂白的，事情要分嘛！」

——陳團保

二〇一八年九月八日，筆者赴新加坡訪問陳團保先生。（圖源：鄭宏信／攝）

當鄔來告訴我，他當年在台東泰源監獄認識了來自新加坡的陳團保後，我便著手尋找陳團保的下落。拜「谷歌大神」所賜，我最終聯繫上了陳團保，並在二〇一八年九月八日完成此次訪問。

一九七八年，鄔來曾到新加坡找陳團保，卻因在獄中忘了跟他拿地址而見不上面。當我透過谷歌輸入關鍵字「新加坡　陳團保」時，便找到了相關資訊，得知他曾擔任新加坡三江會館的財政、新加坡南洋湖北天門會館總務，再比對國防部判決書上的資訊，就認定是他了，因為判決書寫著陳團保祖籍：「湖北，天門縣」。

在此誠摯感謝新加坡中華總商會研究員陳丁輝老師，以及我大學好友鄭宏信、學妹羅芷慧，若沒有他們在新加坡的居中牽線，我就無法成功訪問陳團保前輩。

陳我赤子之心

一九三九年九月二十二日，比陳瑞生小一歲的陳團保出生，但其實陳團保並非出生於新加坡，而是馬來半島北部的吉蘭丹州，這裡就是日軍在一九四一年十二月八日南侵登陸馬來半島的地方。

在南洋的湖北人多來自天門縣，而且不少天門人從事牙科技師這一行業，陳團保的家族也是這背景，他本身也是退休的牙科技師。一般華東沿海省份下南洋的華人多是男性先到海外，再把妻兒接過來，不過來自較困苦的內陸省份的天門人則是一家大小或與友人同行，如陳團保的的父母便是與友人一同離鄉背井，先到粵北韶關，南下香港，再到婆羅洲沙巴的山打根、新加坡、吉蘭丹，最後才到新加坡定居。[1]

到新加坡定居前，陳團保曾在馬來亞森美蘭州（Sembilan）的首府芙蓉（Seremban）

1 印尼國際日報，二〇一四，〈湖北天門人移居南洋史〉，二〇一九年三月三十日檢索，http://guojiribao.com/shtml/girb/20141101/171112.shtml。

生活一段日子，他在當地華人民辦的高中「芙蓉中華中學」念初中（即台灣的國中部），最終因當地左翼學潮興起，陳團保才到新加坡念書。陳團保告訴我，他之所以選擇到台灣留學，就是因為當時他不認同共產主義。

一九五三年，陳團保就讀新加坡中正中學，然而五〇年代的新加坡也是學潮、工潮興起的年代，許多新馬的年輕人無不受到二戰結束後民族主義、共產主義浪潮的渲染。不過對陳團保而言，他當時是堅定反共的，甚至還與立場左派的「全星華校中學生聯合會」（簡稱「中學聯」）學生發生衝突，並遭校方記大過一次。[2]然而中學聯後來卻成了陳團保被國民黨當局指控參加所謂的「匪幫外圍組織」。

有關陳團保檔案所記述的「全星華校中學生聯合會」，其實際名稱應為「星洲華文中學生聯合會」，當地亦簡稱為「中學聯」，一九五五年十月七日獲新加坡政府批准成立。[3]然而中學聯的壽命不到一年，一九五六年九月二十五日就被時任新加坡首席部長林有福宣布解散，他宣稱中學聯是共產黨的外圍組織，不僅違反章程，還參加政治及工會活動，與其他共產黨外圍組織發動及參與政治性示威。[4]

為抗議林有福取締中學聯等左派組織，陳團保就讀的新加坡中正中學與華僑中學學生在校園發起靜坐抗議行動。在新加坡政府的最後通牒未果下，最終在十月二十六日爆發了學潮暴動。陳團保稱學潮引發的社會混亂，是促使他到台灣升學的重要因素。

當時的新馬華人為進一步接受完整的華文教育，立場左傾的人會選擇往中國大陸升學，反之則到台灣；且當時不少新馬華人仍保有身為「中國人」的國族認同，身為第二代華人移民的陳團保也不例外。

陳團保記得，親中共的一派是坐船去中國大陸，親國民黨的有坐船赴台，不過會先到香港，然後再搭船抵達基隆。而陳團保和五位新馬的學生因獲得僑委會保送的升學優惠，享有免費的來回機票，最終在一九五六年十月直接從新加坡赴台就讀台北縣板橋的

2 「台灣警備總司令部判決書」（一九六二年十一月二十七日），〈戒嚴時期案〉，《國立台北大學》，國發會檔案管理局藏，檔號：AA095G0000Q/0052/031001/02。

3 莊樂田等編（二〇一二），《英殖民地時代新加坡學生運動珍貴史料選（一九四五年九月～一九五六年十月）》，（新加坡：草根書室，二〇一二）。

4 新加坡文獻館，〈一九五六年九月二十四日解散中學生聯合會〉，二〇一九年四月二日檢索，https://www.sginsight.com/xjp/index.php?id=177。

陳團保前輩首次做口述歷史，對於那不幸的過去他仍感不平。（圖源：鄭宏信／攝）

國立華僑中學師範科。[5]

值得注意的是，陳團保赴台時的國籍身分仍是英屬馬來亞，他在新加坡定居時並非新加坡公民。因此當陳團保大約在一九五九年高中畢業返新加坡時，[6]馬來半島早已獨立為主權國家兩年，意味著帶「中國人」認同到台灣的陳團保，歸鄉時在法律上已成了馬來亞公民。一直到一九八六年，陳團保才入籍新加坡。

陳團保之所以返回新加坡，乃因當時華僑中學師範科規定，就讀大學前必須擔任兩年的教職工作，但華僑返「僑居地」服務只需一年。因此陳團保選擇到與新加坡僅一橋之隔的柔佛州振林山（Gelang Patah）的明德小學教書。

然而就在陳團保離台的同年十一月，他在華僑中學認識的同學陳瑞生與鄧氏就被台灣情治單位逮捕了，陳團保也完全不曉得同一時間台北的情況。陳團保原考慮就讀已在一九五五年開辦的東南亞第一所華文大學——新加坡南洋大學。但考量到自身英語底子不足，那再到台灣升學依然是不錯的選擇，因此陳團保在一九六〇年返回台灣就讀「台北市法商學院」的工商管理學系。[7]

陳團保認為，那個年代在台灣讀書的環境還是很好的，而年輕人會對現實有很多不滿，是因為國民黨實行白色恐怖。陳團保說：「只是沒想到去了（法商學院）發生那些事情。」

對於這段往事，陳團保被扣留後相當憤怒，他說：「我裡面罵他們咯！我說他媽

5 作者訪談，台灣新北市，二〇一八年九月八日。

6 訪談時陳團保稱一九五三年赴台，但判決書稱一九五六年，很大的可能是陳團保記錯，故推斷為一九六九年返新加坡。

7 前國立中興大學法商學院，現址為國立台北大學。

的，原來你們國民黨是一塊豆腐哦！外面看漂亮！裡面媽的亂七八糟，不分青紅皂白的，事情要分嘛！」

團結海內外華僑

陳團保記得，他被帶走時已大學二年級，那天他正在上課，調查局人員忽然到課室外，要他馬上出來，接著他就被押上吉普車離開校園了，當時身上沒帶任何東西。陳團保被帶到新店安坑招待所後，當局也允許他通信，同學和家人才得知情況。

調查員告訴陳團保，他除了是參與「劉自然事件」的「暴徒」嫌疑人外，還有在新加坡參與「匪幫外圍組織」，又在金門砲戰期間說了對政府不利的話，因此被檢舉為匪諜。陳團保被指控在新加坡時參加了「朱毛匪幫」在海外的學運外圍組織——「中學聯」，判決書記錄了上一章提到的越南僑生鄧氏在法庭上的證詞：「陳團保說，曾參加共產黨的學生自治會，並對我說三民主義、馬克思主義都很好」等語。[8]

根據警總的判決結果，陳團保因參加叛亂組織，處有期徒刑五年，褫奪公權一年，暴行脅迫部分無罪。對陳團保而言，最大的羞辱莫過於指控他參加共產黨，稱他參加「匪幫」中學聯是扣帽子的行徑——陳團保當初之所以「回」台灣求學就是因為他反共。此外，命運也對陳團保開了玩笑，儘管今天多數人認定戒嚴時期實行威權獨裁統治的國民黨，能完全「以黨領政」，但國民黨中央委員第三組海外工作委員會（簡稱「中三組海工會」）曾嘗試為陳團保說情卻不成。

判決書指出，中三組海工會在一九六二年十一月十一日曾來文稱：「全星華校學生聯合會是共匪利用學生之外圍組織，在一九五六年時，『全星華校中學生聯合會』，不論是否親共，均有參加，但大都係被迫參加，其中有反共青年滲入，陳生當時確有與『中學聯』分子發生衝突而遭訓育主任陳孟輝記大過一次。」同時也強調陳團保在馬國期間，確實有為立場反共的執政黨馬華公會青年團政治幹部上訓練課程，可證明他無參加「匪幫組織」。

---

8 「台灣警備總司令部判決書」（一九六二年十一月二十七日），〈戒嚴時期案〉，《國立台北大學》，國發會檔案管理局藏，檔號：AA095G0000Q/0052/031001/02。

在陳團保到柔佛州教書的那一年，陳團保同時也參與馬華公會的活動，為該黨青年團上課，主要是教導社團經營。當時馬華公會不僅是立場反共的執政黨，同時該黨不少黨員也曾是國民黨的海外黨員，因此中三組海工會才得以確認了陳團保在馬國無參加共黨的情形。

不過，最終法庭還是採納鄧氏的說辭，並稱無證據證明陳團保在警總的審訊受到脅迫，而國民黨中三組的說法只能作為量刑上的參考，且中三組也無法證明陳團保是被迫參與中學聯的。也許考量到判刑會帶來外交風波，抑或是國民黨高層背後施加壓力，最終法庭以考量陳團保「參加」中學聯時只有十四歲，「係識淺寡慮之兒童，誤受匪誘惑，衡情可憫」，以及指控陳團保參加「匪新民主主義青年團」屬誤會，因此減刑為有期徒刑五年。至於劉自然案，「（陳團保）隨眾侵入該處，於多眾集合為暴力行為脅迫時附和隨行，將打字機搗毀洩憤等情，軍事檢察官依暴行脅迫提起公訴」，不過法庭向華僑中學求證後，因罪證不足而不起訴，判決書也記錄了鄧氏在庭上稱：「四十六年五月二十四日，學校不准出來，當天根本沒有人來台北。」

前一章提到，莫氏交予陳瑞生一批劉自然事件的資料，由陳瑞生帶到香港轉交給

《大公報》，有可能相關單位藉此調查陳團保有無涉入其中。陳團保回憶道：「劉自然案我們並沒有參加，但是我們確實聽到這消息，我認為他是對的。美軍殺人嘛，同情那些嘛，但是後來根據我所知，這案子都是國民黨自己策劃的。」

一九六二年十二月四日，陳團保收到上述的判決書後，隨即在十二月十五日提出了軍法聲請覆判書狀。陳團保在覆判書狀強調，對於他參加中學聯的事蹟，他不服法庭對他所請求調查之人證和物證不加以傳訊採證，人證包括和他同來台灣的三位新加坡同學，物證為他留在馬國的馬華公會青年團訓練課程的計劃大綱底稿。陳團保在覆判書狀中重申，他從小受反共思想的家父熏陶，其自白書是受到疲勞審訊、利誘等不正當手法才寫出的，所謂當過中學聯幹事、跳過秧歌舞、閱讀左傾書籍等情節是對他的污衊。

陳團保指控檢察官，當他在收押廳否認參加新民主主義青年團和打美國新聞處時，檢察官發脾氣拍桌子對他說：「你在調查局都有承認，現在不承認，我打電話去調查局的人來問……」，他因擔心檢察官把他送回調查局，只好取巧地「承認」：「但是聲請人在十月二十四日第一次偵查庭特別強調所參加的學生組織不是『中學聯』，而是自由學生組成的『星洲青年學術研究會』。」

對於覆判書狀提及遭到利誘的情節，當時國民黨告訴陳團保只要說出一個人的名字，就可以放他出來，而他也照做了——此事讓陳團保悔恨至今。陳團保依稀記得，那人名字有點像魯迅，來自哈爾濱，是跟隨國民政府來台的外省人子弟。「我記得有兩兄弟，他哥哥做官，他自己也是在教育部做事情的。因為我們去過他家裡的，我們僑生過年過節，變成認識了。」陳團保表示，他被利誘之下就把那友人拉了進去：「很冤枉啊，這一生人做了這個事情。不應該把他拉下來，但是沒有辦法了……」陳團保懊悔地說。

另一方面，對於和陳瑞生、鄧氏的關係，陳團保在覆判書狀控訴：「陳瑞生與鄧氏對聲請人不利之措辭、因渠等曾在調查局關過數月，受調查局之利用，純屬自私和誣害。」陳團保也在覆判書狀中另指出，他與鄧氏一定是因為追同一少女的關係，才招致鄧氏的誣害。陳團保在覆判書狀鉅細靡遺地寫說：「鄧〇〇曾暗示說『如果我追不到王淑女，我再不追女孩子了，但是我也不會讓他人得到她。』我曾向他說：『如果我追到了，你怎麼辦呢？』他苦笑地回答：『如果王淑女真的喜歡你，我當然沒辦法了。』這些話是在四十七年暑假時談的，聲請人以前不曾想到，只以為是談笑而已，今聞鄧〇〇在法庭上誣害我，聲請人才回憶起來，一定是鄧〇〇懷恨設陷阱害我，一定是為了王淑女愛我，鄧〇〇失戀而生嫉妒之心。」

對於這情節，我向陳團保求證時，他才赫然想起原來寫過這段往事，也不諱言這情節有誇大之處，當時為說服法官釋放他，情急之下才這麼寫。陳團保說：「沒有啦，沒有追求，我只是把她當作小妹妹。她有到安坑看我，到後來啊，他的父親呀，這小妹妹是萬國戲院的老闆的女兒，」又說：「不過老實說他（鄧氏）也喜歡這女孩子，是事實。而且我只是把她當作小妹妹。因為她的父母對我很好。」陳團保記得，王淑女曾多次到安坑探望他，但後來就到日本留學了。

陳團保在二〇〇四年到台灣領取政治受難者補償金時，原本打算聯繫王淑女，不過友人告訴他王淑女已嫁人，就不打擾她了。

保衛中華民國

中華民國五十一年十二月二十七日，國防部駁回陳團保的聲請覆判，理由與判決書一致，即國民黨中三組海工會的說法只能作為量刑上的參考，且已考量了陳團保「參加」中學聯時的年紀尚小，已做了較輕的判刑。[9]

一九六三年一月十二日這天，是陳團保的確定判刑日與刑期起始日，刑期期滿日為一九六六年一月十日。[10]陳團保已忘了失去自由的日子是哪一天開始的，不過幸運的是，最終他在一九六六年之前就被提早釋放了。至於提早被釋放的原因為何，目前完全沒有官方檔案披露緣由，不過根據我的判斷，是國際政治因素起了作用。

不少被國民黨政治迫害的東南亞政治犯遭逮捕後，雖然極力主張他們非中華民國公民，國民黨不應隨意逮捕，但國民黨總是以：「你有中國人的血，所以你是中國人！」為由反駁。陳團保被扣留後也表達了這立場：「哪裡沒有抗議，跟他拍桌子！他媽的！我說你們這班國民黨，現在真正了解到，你們是一塊豆腐，一弄就散，我說你們好看不好吃！」陳團保激動地說。雖然陳團保一開始就是因國族認同上是「中國人」才到台灣讀高中的，但他被捕時已是馬國公民，以此據理力爭的他最終得到了母國馬來亞的護僑援助。

陳團保稱他回馬國為馬華公會青年團上課的那年，就是為時任柔佛州居鑾（Kluang）南區國會議員曾崇文服務，當時曾崇文是也是馬華公會的高層，任該黨的宣傳總長，故陳團保父親得知他出事後便向曾崇文求助。曾崇文親自告訴陳團保，他到台灣當面對蔣經國批評國民黨人不講道理，還拍桌子說：「他（陳團保）的前途給你這樣毀掉了！」，並強力要求國民黨應立即放人。儘管有來自馬國的壓力，但國民黨當局還是拖了幾年才釋放陳團保，也許這背後有台馬兩方的外交角力。根據公開的資料，曾崇文確實在一九六二年十一月二十日來台，並赴總統府會見了蔣介石。[11]可以確定當時陳團保已被扣押，但這時間點來台的曾崇文是否為解救他則不得而知，而陳團保本身也不太記得是幾年幾月被釋放，他依稀記得在安坑待了一年，之後在台東泰源監獄也約莫

9 「覆判陳團保叛亂一案」（一九六二年十二月二十七日），〈陳團保叛亂案〉，《國防部軍法局》，國發會檔案管理局藏，檔號：B3750347701/0051/278.11/362。

10 「台灣警備總司令部軍法處執行書」（一九六三年一月二十一日），〈鍾亦平等人判決暨執行案〉，《國防部軍務局》，國發會檔案管理局藏，檔號：B3750187701/0048/1571/82110010/189/011。

11 「總統蔣中正與馬來西亞國會議員曾崇文合影」（一九六二年十一月二十日），〈領袖照片資料輯集（四十六）／〇三二〉，《蔣中正總統文物／照片／主題／總類》，國史館藏，檔號：002-050101-00048-031。

當年曾崇文是馬國柔佛州居鑾南區國會議員，居鑾也是個華人聚集的城市，因此也少不了國民黨人的踪跡，如圖中居鑾老街的「張秀科街」上仍可看到國民黨黨徽，據悉此處曾是國民黨支部。（圖源：杜晉軒／攝）

待了一年左右。

由此判斷，約在一九六二年失去自由的陳團保，最終可能是在一九六四年被釋放的，這可能與同年十一月，中華民國政府成功在馬國首都吉隆坡設立領事館有莫大的關係。國民黨當局極有可能為避免更多外交風波，為順利讓「駐吉隆坡領事館」落成而提早釋放陳團保，這意味著當時陳團保可能成了中華民國對馬外交博弈的「棋子」。對於這個推論，陳團保表示不清楚是否有這一回事，不過他曉得當時的僑委會副委員長李樸生曾為他與中央政府協調返回新加坡的行程，然而不知為何，當局卻不願直接把他遣返新加坡。最終在李樸生的爭取下，陳團保先被送到香港，再從香港搭飛機返新加坡。

離開泰源監獄後，陳團保被安排住在警備總部，大概住了兩週。陳團保回憶道：「當時候身邊很多穿西裝的人員，大概三四十歲的，他們說你要吃什麼就拿。他（警總）開單的嘛，我就知道這班傢伙是要菸嘛，就拿幾包去塞給他們。」某天李樸生找陳團保吃飯，還稱本來蔣經國想請陳團保吃飯但最後沒空，當時陳團保也不懂李樸生的話是否能當真。不過，最令陳團保感到驚訝與憤怒的是，那場飯局中李樸生居然也把鄧氏找來了。陳團保認為李樸生應該是誤以為鄧氏和他的關係依然要好，他說：「這班人不知道案情的啦。我看蔣經國也不會知道的，手下的人為了接案亂七八糟。」當時怒火中燒的陳團保站起來，大罵鄧氏為什麼要陷害他，然而鄧氏卻不吭一聲轉身離去了，陳團保也沒有追上去。從此陳團保就再也沒見到鄧氏和陳瑞生。陳團保說似乎有在安坑見過他倆，但那段記憶已相當模糊，不過肯定沒在泰源監獄見過他們。

弔詭的是，陳瑞生與鄧氏在一九五九年十一月被逮捕，比陳團保早被逮捕至少兩

陳團保稱馬國前國會議員曾崇文曾赴台見蔣經國，試圖營救他，圖為曾崇文一九六二年在台北與蔣介石合影。（圖源：國史館）

年，為何警總卻遲至一九六二年才逮捕陳團保？至今，沒任何官方檔案記錄他倆最終是否有被判刑，這依然是未解之謎。

未完成的回憶錄

寫到這，讀者應該注意到這一章的子標題組合起來，就是「陳團保」。

一開始採訪陳團保時，看到年邁的他明顯身心憔悴，但對往事依然能滔滔不絕，彷彿等了很多年，終於等到了一位能聽懂他故事的人。陳團保與我分享當初「回國（中華民國）」是如何自我介紹的：「我的名陳團保，我很愛國，『陳我赤子之心』，我還寫下來，『團結海內外華僑，保衛中華民國！』」當下我回應說：「（馬來亞未獨立前）海外華僑確實會支持中華民國……」，他趕緊又說：「他媽的！給變成這樣什麼的！太大的諷刺！簡直太大的諷刺……」陳團保釋出沉重的感嘆後，彼此沉默了幾秒，接著他說：「最近我看中國通史故事，有講到二二八……」已入暮年的陳團保一生經歷了各時代的大小事件，當年不幸的遭遇更讓他對台灣政治有另一番體悟。

許多上一輩的新馬華人，儘管多已從血統主義上的「中國人」身分，過渡到如今以主權國家為疆界的公民身分，但在情感認同上多保有「大一統中國」的情意結，陳團保也不例外。陳團保回到新加坡後，擔任了籍貫鄉會的理事，當他到中國大陸參訪、湖北尋根時，無不受到當地僑辦的熱烈招待。不過對於台獨課題，儘管許多上一輩的新馬華人多持強烈批判的態度，但對陳團保而言，他表示多少能理解台獨運動者的想法。

當我問陳團保對現在的國民黨還有什麼看法時，他說：「現在的國民黨有什麼好記恨，都完了嘛。現在台灣（國民黨）這一班，就是在討好中國罷了嘛。其實他們也不能夠公開地說台獨，台灣許多外省不見得不支持台獨，也有支持三民主義統一中國，但是什麼主義都是假的。他們有這個思想（台獨），也是很悲慘，因為被很多國家殖民了，到了清朝才被劃為疆土。我看台灣人民對蔣介石不見得有好感，但對蔣經國多多少少還有些懷念，因為很多功勞，沒有他就沒有今天的台灣。要不是他放棄反攻大陸，今年什麼年，明年什麼年！媽的，我在那邊十多年就是聽到顯（無聊）了。不過不這樣也不行啦……」

陳團保提到，他在泰源監獄服刑時期，是不太願意跟獄中統派的政治犯走在一起的，也許當時被國民黨陷害的他心裡多少還有「三民主義統一中國」的信仰。另一方面，恰好與陳團保同房的是施明德的兄弟施明正、施明雄，他反而因緣巧合地在獄中和獨派政治犯較熟。陳團保向我提到，起初他答應受訪後，便著手整理當年的檔案，整理的過程中他找到一些台獨方面的書籍，便回憶起從前獨派獄友到新加坡時都會找他。後來我成功聯繫上遠在多倫多的施明雄先生，他在電郵中回覆：「我當然還記得陳團保先生，那時我們通常叫他『阿保』或『阿寶』，他是僑生，家境很好，人長的斯文瘦高，好像戴著黑框近視眼鏡，人很健談，和難友很好作伙，常說笑話也愛聊他的情史，我在泰源監獄三年多，擔任送郵件和管理難友不能帶進牢房的寄存雜物的倉庫，以及收放新難友送別期滿出獄難友的外役工作，沒有看到阿保他出來當過外役，他好像有家人的接濟，祝福他能自由回到新加坡。」文末，施明雄說他很想念陳團保，並請我寄幾張陳團保的生活照片給他。

對於那些塵封多年的檔案，曾有馬國記者願意協助陳團保寫回憶錄，但最後卻不了了之，因此陳團保曾打算乾脆將這些檔案燒毀。不過我建議陳團保不妨將這些文獻交予新加坡或台灣的相關單位，作為歷史研究的考證。陳團保表示，這些年他只是輕描淡寫地讓身邊親友知道他的過往，說太多會讓人家覺得「好練」（當地俚語「吹牛」的意思），因此一直以來沒做過口述歷史記錄。

和陳團保見面時，高齡八旬的他記憶已不若往昔，訪談過程中偶有部分重述與矛盾之處。當問到為何牽扯上劉自然案時，身形佝僂的陳團保嘆了口氣跟我說：「很亂啊，你現在沒有講我都記不起，還好我沒失去記憶力。」身體狀況欠佳的陳團保前輩，無論是我首次從台北撥打國際長途電話時，或是在新加坡與我見面時，他常掛在嘴邊的一句話是：「我都不懂能不能活到明天。」

第六章

祖國的遺威

「一人不能事二主，不能同時效忠兩個國家。華人應表態效忠馬來亞以馬來亞為永遠家鄉，在政治上成為公民，在民族特性上保留自己的文化。」

——陳禎祿

一九四九年中國大陸的政權色變，讓曾是泱泱大國的中華民國處於風雨飄搖的困境中，在國際外交處境上處於劣勢的國民政府，為有外交突破，因此加緊對東南亞新興獨立國家的「統戰」工作，如一九五七年獨立的馬來亞聯合邦。當時中華民國與東南亞的關係上，有邦交關係的有泰國、南越、菲律賓，其中尤其與菲律賓關係最為緊密，因為台菲同為美國的反共同盟。至於東南亞最大的國家印度尼西亞，由於蘇卡諾政府親共，因此僅承認中華人民共和國政府。

那剩下最有機會拉攏的，就是「僑胞」比例頗高的馬來西亞和新加坡了。

國民黨在星馬

一九四九年二月二十七日是陳欽生的生日，而與他的生日「同年同月同日」的，是「馬來西亞華人公會」（簡稱「馬華公會」）。在第五章提到，馬華公會國會議員曾崇文在一九六二年來台要求蔣經國釋放陳團保，最終這外交壓力也在某種程度上奏效了。這箇中緣由，乃因無論是馬來西亞與中華民國的外交關係，或是中華民國與馬國華人的

馬華公會中央黨部位於吉隆坡安邦路，其黨部門口可見那「恰似」國民黨黨旗的馬華公會黨旗。（圖源：杜晉軒／攝）

「僑務」關係，馬華公會都曾在其中扮演了重要角色。

不過，儘管草創時期的馬華公會中有不少人曾是國民黨員，但馬華公會和國民黨的關係也並非全然和諧，這是受到了不同年代與階段的台馬外交關係所影響。要探討馬華公會和國民黨的關係，就必須先了解馬來亞在一九五七年八月三十日獨立前，國民黨在馬來亞的歷史。

為維繫與海外華僑的關係，中華民國建國後持續運用早在光緒四年（一八七八年）就設置的新加坡領事館[1]、駐檳榔嶼領事館。一九〇五年五月，國民黨的前身中國同盟會在東京成立，同年底新加坡同盟會也成立了，接著同盟會各分會在與新加坡一衣帶水的馬來半島散枝開花。[2]而國民黨在新馬的黨員基礎，即是民國成立前的南洋同盟會成員。

新馬國民黨支部的主要任務就是維持華僑與中國的密切關係，鼓勵僑民效忠中國、回中國投資發展，而在抗日時更發揮了鼓勵僑民出錢出力救國的功能。不過，國民黨海外支部的發展也與中國大陸的政治發展息息相關，隨著英國承認稱帝的袁世凱為中國合法政府，傾向「倒袁」的國民黨海外支部便受到英殖民政府打壓，一九一四年至一九一九年間，只能以「中華革命黨」的名義祕密活動。[3]

一九二四年，隨著孫中山提出聯俄容共政策，新馬國民黨支部也被左翼分子滲透，國共合作連帶影響了新馬華文學校的課本出現左傾內容，包括出現英國當局最不願見到的馬克思與列寧頭像，因為當時不少華文學校教師多是南來文人，有的已受共產主義影響，因此英殖民政府開始實行學校及教師登記、實施學校津貼、課本審查制度等各類限制華僑教育的政策，以免過於激進的華僑民族主義危及英國人的殖民統治。[4]最終，為抑制左翼勢力滲透華校與中國民族主義的滋長，英殖民政府在一九二五年十月下令禁止國民黨活動。

一直到一九三七年國民政府開始抗日後，新馬國民黨支部才開始復甦，在鼓勵華僑抗日活動中扮演積極角色。[5]抗日時期，馬來亞華人的抗日力量，大致可分為兩股勢力，一是由國民黨人所組成的「華僑抗日軍」，華僑抗日軍也合併了由天地會所組成的洪門游擊隊，主要是在馬來半島北部一帶進行抗日活動，而另一股勢力則是由馬共所控

1 陳鴻瑜，《中華民國與東南亞各國外交關係史（一九一二～二〇〇〇）》（台北市：國立編譯館，二〇〇四），頁九。

2 蔣有川，《新加坡華僑與中國革命運動》，私立中國文化學院民族與華僑研究所碩士學位論文，一九七四，頁五十八、頁六十八。

3 崔貴強，〈華人的政治意識與政治組織〉，《馬來西亞華人史》（吉隆坡：馬來西亞留台校友會聯合總會，一九八四），頁五十六。

4 甘德政，《我們是誰？中英博弈與馬來西亞華人的身份認同》（吉隆坡：南大教育與研究基金會，二〇一六），頁二二五～二二六。

5 崔貴強，〈華人的政治意識與政治組織〉，《馬來西亞華人史》（吉隆坡：馬來西亞留台校友會聯合總會，一九八四），頁五十六。

國民黨在馬來亞的各州支部被禁止活動後，紛紛轉為「俱樂部」的形式生存，如怡保黨部轉為「唯誠俱樂部」，已解散的「唯誠俱樂部」辦公室曾設於怡保番禺會館大樓內。（圖源：杜晉軒／攝）

制的「馬來亞人民抗日軍」，其活動地帶則以馬來半島中部和南部為主。[6]

不過二戰結束後，中國旋即爆發了內戰，一九四九年中國的政局丕變又再改變了英國對國民黨的態度。一九四九年，英殖民政府決定禁止外國人在星馬地區從事政黨活動，新馬國民黨二度被宣布為非法組織，而這些黨部分原領導人則加入馬華公會，以繼續反共的工作。[7]儘管國民黨支部遭強制解散，但國民黨的人員實際上仍以不同形式繼續活動，包括控制各州的中華公會、鄉團、商會以及一些俱樂部，而不少華人社團依然慶祝「雙十國慶」、蔣介石壽辰，當地的國民黨員甚至致電或派代表赴台祝賀。[8]

到了一九五〇年，英國承認北京政權，導致了中華民國原在馬來半島的吉隆坡總領事館、怡保領事館、馬六甲領事館、檳榔嶼領事館皆告關閉。[9]因此原保護馬來亞華

---

6 蔡史君，〈戰時馬來亞的華人〉，《馬來西亞華人史》（吉隆坡：馬來西亞留台校友會聯合總會，一九八四）頁八十六。

7 C.F. YONG and R.B. McKENNA, The Kuomintang Movement in British Malaya 1912-1949, Singapore: Singapore University Press (1990). P. 221.

8 馬華公會，《為國為民：馬華公會五十週年黨慶紀念特刊》（吉隆坡：馬華公會，一九九九），頁八十二。

9 陳鴻瑜，《中華民國與東南亞各國外交關係史（一九一二～二〇〇〇）》（台北市：國立編譯館，二〇〇四），頁二十九。

人的角色就從中華民國駐馬來亞的領事館，由馬華公會接替了。[10]

我們的黨旗沒抄襲國民黨

如果了解中華民國歷史的人，一看到馬華公會的黨徽時，多半會訝異怎麼跟國民黨黨徽那麼像？雖然馬華公會黨徽的創作者否認參考國民黨，但背後確有深厚的淵源。

馬華公會黨徽的創作者莫源和簡彩生成長在英殖民時代的檳城，年輕時他倆於一九四〇年回中國報考廣州的黃埔第四分校，參加過國民革命軍。一九五〇年回到了馬來亞，並加入了馬華公會，最終在一九五八年設計了黨徽，與中華民國政府在一九二八年訂定的《中華民國國徽國旗法》以青天白日為國徽相距了三十年。馬華公會黨章規定，該黨黨旗、標誌、圖案及黨徽，必須採用藍底配以黃色十四角之星形圖樣，那十四角代表了馬國十三州與聯邦政府，而國民黨的「青天白日」只有十二角。莫源和簡彩生曾對外說明，馬華公會黨徽是取自於馬來西亞國旗中藍底黃星部分，不被採用的彎月是因為代表了伊斯蘭，而多數馬國華人非穆斯林。[11]不過莫源和簡彩生曾是中華民國國民革命軍的背景，始終讓外界留了不少想像的空間，畢竟若在馬來亞建國初期公然承認就是參考國民黨黨徽的話，難免遭受其他族群對國家忠誠度的猜疑。

因此要華人效忠馬來亞，還是要持續向北方的「祖國」表忠，不僅是當年馬華公會內的路線之爭，也是至今馬國族群關係中的敏感話題。

馬華公會的「省籍鬥爭」

台灣政治有本省人與外省人的「省籍」鬥爭，而馬華公會誕生至馬來亞建國初期，馬華公會也有類似台灣省籍鬥爭的情況，即是在當地生根了好幾代的「土生華人」，與清末民初南來的華人「新客」之爭。

10 張曉威，〈二戰後「馬來亞華人公會」的成立於馬來亞華人的政治發展（一九四六～一九五七）〉，《中央大學人文學報》第六十三期：一五五～一八〇，二〇一七，頁一五五。

11 光明日報，二〇〇七，〈馬華黨旗飄揚五十年，二抗日老英雄聯手設計〉，二〇一九年四月三日檢索，http://www.guangming.com.my/node/368909。

記得有一位和我一樣在台灣求學的印尼華人朋友說過，他覺得很奇怪，為何台灣也叫他們「僑生」？後來發覺此僑生非彼僑生。中華民國的「僑生」是指「華僑學生」，然而在新加坡、馬來西亞、印尼等地，「僑生」卻是土生華人的別稱之一[12]，其特色為後代與當地族群通婚，多已不通曉華語，但在文化習慣上仍保留中華文化，且國族認同多以認同當地為主，或較認同殖民宗主國。

雖然土生華人移民的歷史久遠，但相比清末民初大規模南來的「新客」，土生華人在人數上處於劣勢，同時新客因多為第一、二代移民，又通曉華語，因此多關注中國政治的發展，國族認同上也傾向北方的中國。

學者王賡武將東南亞華人群體分為甲乙丙三個集團，甲集團的華人多與中國政治保持直接和間接的關係，並關注自身與中國的命運，其政治色彩最為鮮明；而丙集團屬於小而不穩的集團，因為無法把握自身的特性，但一般都保有對當地的忠誠，進而與當地融為一體；至於乙集團的華人則處於甲丙之間，較「講求實際」，最關心的是貿易和社會團體的低姿態與間接政治，常給予不問政治的印象，很少就政治理想與政治目標表態。[13]

王賡武的理論運用在馬來亞的情景，即甲集團華人往往無視或輕視其他種族集團的政治發展，認為與他們的生活無關；而乙集團是在利益受到明顯侵犯時才對其他種族集團的政治活動稍加關注；丙集團的華人則會對馬來人的政治權力比較敏感。[14]不過王賡武也強調這三個集團的華人狀態不是靜止的，甲乙或乙丙之間的界線往往難以劃分[15]。就如到了現今的馬來西亞華人群體中，由於第一、二代華人逐漸凋零，新一代華人對祖輩的中國記憶漸淡，儘管保留了中華文化，但多以投身馬國的政治發展，追求自身在當地的權利平等，就可被歸類為丙集團，甲集團也不再是多數。

而馬華公會內的「省籍鬥爭」，即是甲乙丙集團之間的角力。

12 崔貴強，〈華人的政治意識與政治組織〉，《馬來西亞華人史》（吉隆坡：馬來西亞留台校友會聯合總會，一九八四），頁六十。

13 王賡武，《移民與興起的中國》（新加坡：八方文化創作室，二〇〇五），頁二二九～二三〇。

14 王賡武，《移民與興起的中國》（新加坡：八方文化創作室，二〇〇五），頁二二九～二三〇，頁三十。

15 王賡武，《移民與興起的中國》（新加坡：八方文化創作室，二〇〇五），頁二二九～二三〇，頁三十。

馬華公會在一九四九年的創立，與英殖民政府宣布的「緊急狀態時期」息息相關。由於馬共在二戰期間抗日有功，因此戰後曾短暫地被英殖民政府承認為合法政黨，但因馬共始終不放棄武裝鬥爭，最終英殖民政府宣布馬共為非法組織，並在一九四八年六月宣布全馬來亞進入「緊急狀態時期」，以及推出「畢利斯計劃（Briggs Plan）」，即前後將大約六十萬華人強迫移居到全馬各地大約六百多個「新村」（New Village）裡。[16] 新村周圍被鐵絲網、英軍圍籬，以隔絕華人支援馬共活動。

善於對不同族群「分而治之」（Divide and Rule）的英國，之所以支持馬華公會的成立，是因為需要新的能代表馬來亞華人族群的團體對抗以華人為主的馬共。而馬華公會的成員多又以受英語教育、商人階層為主，且意識形態上又屬右派保守陣營（這點也是馬華公會與國民黨的共同點），自然符合英國的期待。

馬華公會的發起人是土生華人陳禎祿，在他呼籲創辦團結馬來亞華人的團體之初，雖然得到了十六位華裔聯合邦立法議會議員的響應，但他們多是英殖民政府官方委任的，又與陳禎祿一樣都是受英文教育的商人或專業人士，他們所屬的丙集團與傳統華人社會的基層未有足夠深厚的聯繫。為使馬華公會能廣泛代表馬來亞華人，陳禎祿透過尋求有國民黨背景的華人社團領袖支持，方使馬華公會得到了非共產黨華人的支持。[17]

一開始，馬華公會的存在類似社會福利機構，主要目的是在新村項目下管理華人族群相關的社會及福利事務，包括發行彩票。直到一九五一年，陳禎祿才宣布馬華公會成為政黨，並由他任首任總會長。雖然馬華公會領導層結構仍是由受英文教育的專業人士和企業界控制，但畢竟陳禎祿所屬的土生華人群體在黨內終究是少數派，因此馬華公會各州的正副主席或黨內要職，依舊被國民黨的人把持著。[18]因此陳禎祿上任後得面對國民黨人的鬥爭，而國民黨人多主張應爭取雙重國籍，若處理不善，恐影響爭取馬來亞獨立的過程中馬來族群對華人忠誠度的猜疑。

---

16 陳劍虹，〈戰後大馬華人的政治發展〉，《馬來西亞華人史》（吉隆坡：馬來西亞留台校友會聯合總會，一九八四），頁一〇二。

17 張曉威，〈二戰後「馬來亞華人公會」的成立於馬來亞華人的政治發展（一九四六～一九五七）〉，《中央大學人文學報》第六十三期：一五五～一八〇，二〇一七，頁一六三～一六四。

18 張曉威，《「馬來西亞華人公會」與馬來西亞華人社會之研究》，國立中央大學歷史研究所碩士學位論文，一九九八，頁七十一。

曾任馬華公會霹靂州主席的劉伯群是知名「僑領」，劉伯群曾於一九六三年赴台會見蔣介石。（圖源：國史館）

如主張雙重國籍的馬華公會副會長兼霹靂州分會主席的劉伯群（曾任廣東省臨時參議會議員），在五〇年代竟「代表」馬來亞華人向蔣介石獻上一柄金劍以示敬意，並呈文表示支持國民黨政府。[19][20]因此陳禎祿曾於一九五二年透過他所掌控的馬華公會中委會發出「馬華公會會員不得自稱華僑」、「馬華公會會員既然要取馬來亞公民地位，就不得舉辦中華民國的雙十國慶，或致電報台灣慶賀」等指示。[21]

另一知名的國民黨人是林蒼佑，他在獨立後的一九五八年三月的黨選中擊敗陳禎祿，成為馬華公會第二任總會長，他曾是中華民國國防部長陳誠的私人醫生。[22]不過在馬來亞獨立前，已涉入馬來亞政治的林蒼佑也開始撇清自身的「國民黨」色彩，包括指責國民黨員劉伯群在一九五六年，打算與拉曼赴倫敦為馬國獨立請願，將使馬國獨立成為爭議問題。[23]國民黨當局認為當時拉曼誤以為劉伯群仍是中華

---

19 馬華公會，《為國為民：馬華公會五十週年黨慶紀念特刊》（吉隆坡：馬華公會，一九九九），頁八十二。

20 黨史未明確指出劉伯群何時獻金劍，不過蔣介石一九五〇年六月二十日發表的《告南洋各地僑胞書》提到「最近我們馬來亞僑胞推陳國楚、劉伯羣兩位先生前來台北，代表我們馬來亞僑胞，向中正贈送寶劍及簽名手冊的盛意」。中華民國僑務委員會華僑通訊社，《中華民國僑務發展歷程：攜手走過的歲月》（台北市：中華民國僑務委員會華僑通訊社，一九九〇），頁三二四。

21 郭仁德，〈敦陳禎祿傳〉（吉隆坡：馬來西亞華人文化協會，一九九四），頁八十九。

22 林水檺，《林蒼佑：幾度升沉的悲情人物》，收錄於何啟良主編《匡政與流變 馬來西亞華人歷史與人物：政治篇》（台北市：中央研究院東南亞區域研究計劃，二〇〇一），頁一五三。

23 馬來西亞東方日報，二〇一五，〈馬華要向國民黨取什麼經？〉，二〇一九年四月四日檢索，http://www.orientaldaily.com.my/s/62708。

民國中央監察委員，拉曼才憤而中止原準備到訪台灣的馬來官員觀光團。[24]此外，後來因政爭而成為在野黨議員的林蒼佑，也曾在國會批評馬國政府在台北設立領事館的規劃是浪費公帑。[25]

其他國民黨的人還有擔任過馬六甲州首席部長的梁宇皋，他曾是雲南佛海縣縣長；馬國首位財政部長李孝式曾任國民黨陸軍上校。儘管他們有著甲集團的色彩，曾長期在中國從事政治、軍事活動，但他們既然已成為了執政黨要員，因此他們在甲乙集團間的界線是模糊的。

馬華公會內的本土派與國民黨派的鬥爭，主要發生在獨立前。最終馬華公會黨中央為消除各界對華人忠誠度的猜疑，決定開除擅自赴英請願的劉伯群等國民黨派的黨籍。直至一九五七年八月三十一日馬國獨立後的同年十月，黨中央才以劉伯群等人在獨立後表現良好為由，而收回開除黨籍的決定，僅以記警告了事，此舉也被視為本土派的黨中央仍需依靠這批國民黨的人保持與馬國華人社會基層的關係，同時國民黨派也對雙重國籍的立場趨緩和，畢竟馬國獨立後華裔族群的公民權問題已定案。[26]

直到今天，儘管馬國已獨立了六十二年，但台灣的僑委會（無論是國民黨或民進黨執政）依然把馬國華人社團組織視為其「僑團」，然而馬國華人早非所謂的「僑胞」。也許因為馬國與中華民國斷交後，台灣問題已不再是馬國政治領域的重要問題，況且曾是反共的馬華公會也隨著馬國外交政策的改變，也逐漸與中共改善關係了，故馬國官方不再關注華人對台灣國民黨的忠誠度問題，「台灣因素」更顯得微不足道了。

「中（華民）國因素」

今天媒體界和學界在探討「中國因素」的時候，多為探討中共政府對他國政治的影

24 〈星馬政情報告〉（一九六〇年十二月十二日），〈星馬事務雜卷（一）〉，《外交部》，國史館藏，數位典藏號：020-010699-0004。

25 〈駐吉隆坡領事館政情報告（二）〉（一九六七），《外交部》，國史館藏，數位典藏號：020-091101-0139。

26 張曉威，《「馬來西亞華人公會」與馬來西亞華人社會之研究》，國立中央大學歷史研究所碩士學位論文，一九九八，頁七十五。

響面，如習近平提出的「一帶一路」倡議對周邊國家的影響。至於在台灣的國民政府，其實在冷戰時期也曾是東南亞政局中不可忽視的「中（華民）國因素」，是未結束的國共內戰外延至海外的鬥爭。

馬來西亞是在二〇一八年五月成功實現建國以來首次政權輪替，在此前一甲子的歲月裡，主要是由代表馬來人的馬來民族統一機構（United Malays National Organization，簡稱「巫統」）、代表華裔的馬華公會與代表印度裔的馬來西亞印度國民大會（Malaysia India Congress，簡稱「國大黨」）等單一族群性政黨組成執政聯盟，而這聯盟當中也有包括其他小型政黨，如東馬二州的地方性政黨。

在馬國獨立前的一九五一年，巫統的前領袖拿督翁（Dato' Sir Onn bin Ja'afa）離開巫統，另立多元族群政黨——馬來亞獨立黨（Independence of Malaya Party），不過他仍身兼殖民政府的內政部長一職。當時拿督翁的獨立黨獲得馬華公會總會長陳禎祿的支持，決定在來臨的一九五二年吉隆坡市議會選舉中合作。不過，由於拿督翁在獨立黨成立大會上沒有邀請另一馬華公會巨頭、有國民黨背景的李孝式出席，不請自來的李孝式只被安排在後面，備受冷落，兩人因而埋下心結。因此身為馬華公會雪蘭莪州主席的李孝式，自行決定與巫統合作，最終在市議會選舉中，獨立黨出師不利，「馬華＋巫統」的模式不僅大勝，更奠定了未來組成三大族群政黨的聯盟基礎。[27]

覺得遭到馬華公會背叛的拿督翁進而調整其多元族群的路線，開始發表迎合馬來民族主義者的言論。拿督翁為指責馬華公會與國民黨有聯繫，企圖將馬來亞變為中國的第二十個省，而巫統會為了政治利益出賣國家給華人，以引起巫統內部的恐懼，加深馬來人對華人的戒心。然而，拿督翁的言行舉動卻產生了反效果，不僅激化了馬華公會與巫統的合作，也激怒了早期支持他的陳禎祿，導致陳禎祿與拿督翁分道揚鑣，馬華公會也決意與巫統合作聯盟。[28]

雖然最終拿督翁指控馬華公會要讓馬來亞變成中國一省一事不了了之，但這並不意味國民黨對馬華公會的統戰空穴來風，只是統戰的目的是不為了讓馬來亞成為中華民國

---

27 馬來西亞東方日報，二〇一五，〈馬華要向國民黨取什麼經？〉，二〇一九年四月四日檢索，http://www.orientaldaily.com.my/s/62708。

28 張曉威，〈二戰後「馬來亞華人公會」的成立於馬來亞華人的政治發展（一九四六～一九五七）〉，《中央大學人文學報》第六十三期：一五五～一八〇，二〇一七，頁一七〇～一七一。

一九六四年，馬華公會總會長敦陳禎祿贈送一張簽名照予蔣介石。（圖源：國史館）

的一省，而是建立外交關係。儘管中華民國駐馬來亞領事館在一九五〇年因英國承認北京政權而被迫閉館，但英國也未就此讓中共政府在新馬設領事館，畢竟屬西方反共陣營的英國也不樂見東南亞被「赤化」。馬國獨立後，第一任首相、國父東姑阿都拉曼（Tunku Abdul Rahman）也承襲英國政策，沒準備與任何一個中國政權建立外交關係。

值得一提的是，雖然東姑阿都拉曼也是意識形態上反共的政治人物，但不意味著對國民黨完全友好。一九五七年八月三十一日的馬來亞獨立慶典上，其中一位來賓竟是海外台獨運動者領袖廖文毅，[29]而廖文毅又在一九六〇年獲東姑推薦前往聯合國總部演講，這讓國民黨當局相當緊張。[30]

為尋求與馬國建立外交關係的突破口，國民黨當局將目光放到了馬華公會上，如當時的馬國司法部長梁宇皋。梁宇皋一八八八年出生於馬來亞霹靂州北沙力（Salak），兒時回到廣州受教育，十三歲再返回怡保市英華中學、檳榔嶼聖哲華書院讀書，畢業後獲獎學金赴英國倫敦大學深造，獲法學士學位。[31]一九三二年，梁宇皋再回到中國大

---

29 「有關廖文毅赴馬來亞參加獨立典禮事」（一九五七年十月五日），〈台灣獨立運動（六）〉，《外交部》，國發會檔案管理局藏，檔號：A303000000B/0046/006.3/007/1-01/017。

30 不過廖文毅卻因國民黨當局向美國提出不再行使否決權阻止外蒙古進入聯合國，美方禁止廖文毅入境，被擋在機場的廖文毅只好回日本。羅福全先生採訪記錄，收錄於《海外台獨運動相關人士口述史.續編》（台北：中央研究院近代史研究所，二〇一二年），頁二四一。

31 陳中和，〈從華僑、華人到馬來亞人：梁宇皋認同轉變的生命歷程〉，《百年尋繹：馬新歷史人物研究》（馬來西亞雪蘭莪：拉曼大學中華研究中心，二〇一三），頁二十三～二十四。

陸發展，曾與天津的同窗友人陶孟和合著《中國的鄉村和城鎮生活》，此著作被譽為是「中國人社會學的開山之作」。[32]梁宇皋直到二戰後再重返馬來亞，後擔任了馬六甲州首席部長與馬國司法部長。

一九五九年十月，台灣國安局致函外交部稱，著名歷史學者黎東方可協助外交部接洽梁宇皐談建交事宜。當時黎東方正任馬六甲育民中學校長，[33]他稱雖然梁宇皐在雲南擔縣長時，因為梁宇皋與汪精衛的關係而受牽連[34]，被政府拘捕一次而猶有餘恨，但仍是反共者，且與東姑阿都拉曼關係佳，因此黎東方建議「似可從梁宇皐處側面著手」進行建交事宜。[35]

最終在一九六四年十一月二十六日，中華民國獲准在吉隆坡設立領事館，工作重點包括增進「中馬」貿易關係、經濟技術合作、促成馬國官員訪台、爭取巫人青年領袖，以及「加強華裔人士對我之向心力」。[36]當時首相東姑阿都拉曼於同年十二月十六日的國會上表示：「領事館不是外交代表團，它有助於雙邊的旅遊和商業往來。任何人訪問台灣或日本，為何一定是個錯誤？有一天，假如我有時間的話，我會訪問台灣度幾天假。」[37]

一九六七年二月二十日，馬國在台北設立領事館，而中華民國原在吉隆坡的領事館也在一九六九年三月，獲准升格為「總領事館」。一直到一九七四年五月，馬國與中華

---

32 陳中和，〈從華僑、華人到馬來亞人：梁宇皋認同轉變的生命歷程〉，《百年尋繹：馬新歷史人物研究》（馬來西亞雪蘭莪：拉曼大學中華研究中心，二〇一三），頁二十五。

33 任職時間為一九六六至一九六〇年，馬六甲育民國民型中學官網，〈育中校史〉，二〇一九年六月七日檢索，http://www.smjk.edu.my/school/about.php?schid=48&schidx=594&page_type=pageid&pgid=A。

34 梁宇皋和表妹陳璧君曾有婚約，然而一九〇六年八月孫中山和汪精衛到檳城宣揚革命運動時，陳璧君因愛上汪精衛，並加入同盟會，最終經得梁宇皋同意方告解除婚約，故汪精衛是梁宇皋的表妹夫。陳中和，〈從華僑、華人到馬來亞人：梁宇皋認同轉變的生命歷程〉，《百年尋繹：馬新歷史人物研究》（馬來西亞雪蘭莪：拉曼大學中華研究中心，二〇一三），頁二十三~二十四。

35 〈星馬事務雜卷（三）〉（一九五九年十月二十二日），《外交部》，國史館藏，檔號：020-010699-0006。

36 〈馬來西亞簡介及參考資料〉，《外交部》，國史館藏，數位典藏號：020-010699-0009。

37 陳鴻瑜，《中華民國與東南亞各國外交關係史（一九一二~二〇〇〇）》。（台北市：國立編譯館，二〇〇四），頁二十九~三十。

人民共和國建交，與中華民國結束了「領事關係」，才結束了中華民國領事館在馬來西亞的黃金十年。

雖然無直接證據揭露國民黨在設立中華民國駐馬領事館的過程中，有無馬華公會國民黨人的一臂之力，但國民黨欲對馬華公會施加影響力的企圖，卻是不爭的事實。

別讓高信不高興

一九六九年，想必心裡很不高興的台灣僑委會委員長高信，告誡了有國民黨背景的馬華公會元老李孝式，須警惕馬華公會內有三位共產黨分子，他們分別是胡靈雨、呂鴻元、張火森。[38]

當時馬國和台灣都屬反共陣營，因此當國民政府自一九六四年在馬國重開領事館後，兩國在國防與反共領域的合作就有了進展，包括蔣介石在一九六五年核准軍援馬國軍火的「明駝計劃」，以及在一九六八年應拉曼政府要求，派出專家前往馬國協助執政黨爭取華裔及防共工作，費用由馬方負擔。[39]不過，顯然台馬兩方的防共情報合作出了問題，因為高信給予李孝式的反共情報是錯誤的。

一九六九年六月十七日，駐吉隆坡總領事張仲仁函告訴高信關於上述三位「共黨分子」的情報進展。[40]首先是胡靈雨，原名胡欣平，胡若谷及胡靈雨是他的別名，他更為人知的筆名是司馬長風，著作有《中國新文學史》。胡靈雨出生於哈爾濱，一九四五年畢業於國立西北大學歷史系和文學系，一九四九年成了到香港的南來文人。隨後胡靈雨與友人創辦了「友聯出版社」，因為立場反共也反國民黨，屬「第三勢力」，而這「第三勢力」的背後是由美國扶持，美方目的是為尋求國民黨以外能取代中共的力量，但最終無疾而終。

高信之所以指控胡靈雨是共產黨人，想必應是胡靈雨發表過批評國民黨的言論，才

---

38 〈東南亞華僑涉嫌（一）〉（一九六九年六月十七日），《外交部》，國史館藏，數位典藏號：020-990600-2917。

39 陳鴻瑜，《中華民國與東南亞各國外交關係史（一九一二～二〇〇〇）》（台北市：國立編譯館，二〇〇四），頁三十。

40 張仲仁在同年四月曾返回台北參加外交部使節會議，有可能在當時接到了高信的請求。

讓高信不高興。諷刺的是，胡靈雨之所以赴馬，是為馬華公會的「政治生活營」講授反共的理論。第八章將會提到的馬華公會資深黨員陳駒騰先生曾參與這政治生活營，他表示除胡靈雨外，主講者還有香港的作家燕歸來以及政論家奚哥（奚會璋），他形容胡靈雨相當高大，一派學者風範。[41]

張仲仁向高信報告稱，由於該年適逢馬國第三屆全國大選，而胡靈雨被反對黨指控干涉內政與指揮選舉，因此「聽聞」胡靈雨很快將被解職離馬。一九六九年五月十一日馬國全國選舉結果，是由馬國反對黨首次成功獲得過半得票率，雖無獲得足夠議席執政，但隨之而來慶祝勝利的遊行在十三日卻引發了兩派衝突，最終從吉隆坡開始的族群暴動波及全國，拉曼政府宣布全國進入「緊急狀態」，史稱「五一三事件」。因此胡靈雨有可能在政局不穩定狀況下離開了馬國。

當時馬華公會總會長是陳修信，他同時也是馬國財長部長。對於反對黨領袖林吉祥（民主行動黨）稱胡靈雨干預馬國選舉的指控，陳修信的回應反映了他當時堅定的反共立場，他說：「我們認為在暫時的制度下聘請外國人進行高度專門的研究工作是沒什麼錯處的，我不必為我的行動辯護，我經常會公開聲明。我已對一部分人民不只公開表明是共產黨，而且還是歸順中國共產黨的言行而感到極度不安，這部分人民可能是馬來西亞公民。我很有理由相信這只是一個很少數者，但他們積極的言行，如果不受到我們的反擊，將會破壞其他馬來西亞華裔公民的效忠心。」[42]

而另一位呂鴻元可能和胡靈雨有莫大的關係。關於呂鴻元的背景資料不多，許多上一輩的馬國華人僅知道他是陳修信的政治祕書。張仲仁告訴高信，呂鴻元深得陳修信的信任，而呂也曾在東馬砂勝越州發表「污衊我領袖之言論」，因此張仲仁向頗不高興的高信保證會繼續蒐集呂的資料來運用。

陳駒騰認為高信指控胡靈雨和呂鴻元是共產黨人，凸顯了國民黨情報工作的失敗。陳駒騰為此寫了文章說明呂鴻元的背景，陳駒騰記得似乎來自河北的呂鴻元曾向馬華公會的友人透露，他在一九四九年逃到香港後，被安排入住難民營調景嶺，以擔任打巨石

41 作者訪問，二〇一八年二月二十七日。

42 南洋商報，〈敦陳修信昨日發表聲明 胡靈雨在馬華受薪 並無參加競選工作〉，一九六九年五月三日，第五頁。

的工作謀生，後來才透過關係到馬來亞吉隆坡的某中學任教。[43]

台灣政治大學畢業的前霹靂州民政黨州議員蕭國根告訴我，呂鴻元是北京人，從北京到香港後參加了友聯書局，呂鴻元在擔任陳修信政治祕書前，曾在怡保市三德中學當老師。[44]由此判斷，有可能是胡靈雨透過同為「第三勢力」背景的友聯書局的呂鴻元，才到馬華公會講授反共理論。

值得一提的是，陳欽生一九六六年畢業於三德中學，當我把高信的指控告訴他時，他表示似乎在初中時期有上過呂鴻元的英文課。當下我聯想到的是，陳欽生當年就是被調查局指控參加了小學副校長的共黨小組，才落入白色恐怖的冤獄，當時我回答陳欽生：「幸好調查局不知道生哥你和呂鴻元的關聯性啊⋯⋯。」

至於張火森，很有可能是不高興的高信對一個曾是留台僑生的年輕人「殺雞儆猴」的政治指控，而張火森的事蹟我會在第八章詳細說明。

---

43 〈呂鴻元是「共產黨員」？〉，星洲日報，森美蘭州地方版，第二頁，二〇一八年三月十三日。

44 作者訪問，二〇一八年九月四日。

第七章

為黨國發聲

「我們可以說，今天全球一千三百萬華僑，百分之九十八以上，都是堅決反抗共匪暴政，竭誠擁護中華民國政府，忠貞愛國的國民。因為他們對於中華民國，是有歷史、有情感，而且其對中華民國的成敗榮辱，都是休戚相關的。」

——蔣介石

陳駒騰先生。（圖源：杜晉軒／攝）

在中共政府僑務政策的傳統語境中，有所謂僑（華）社有「三寶」一說，即「僑團、僑校、僑報」，對發展僑務比中共還要早的國民黨而言，自然明白這箇中道理，要統戰海外華僑社群，就必須掌握這「三寶」，尤其掌握宣傳機器——「僑報」。

對黨國機器而言，除必須掌控境內的媒體外，也需監控海外僑社的輿情，並要求他們成為祖國的喉舌，為黨國「發聲」。然而對海外的中文媒體而言，畢竟「天高皇帝遠」，黨國機器黑手的力道終究有限。

以下本章要講述的是陳駒騰（馬來西亞）、徐瑛（模里西斯），于長庚、于長城兄弟（菲律賓）等媒體人的事蹟，顯示了當時國民黨如何介入海外中文媒體。

忘恩負義的僑生

乒乓球運動是一場短兵相接的競技，然而球速的來回跳動似乎也快不過一九七一年國際局勢的劇變。美蘇冷戰下，美國為對抗蘇聯，轉而拉攏中華人民共和國以聯中制蘇。一九七一年四月十日，一眾美國桌球協會運動員抵達北京，為中美間的「乒乓外交」開啟了序幕，美中關係迅速升溫。

一九七一年七月十五日，當美國總統尼克森宣布即將訪問北京的當天，阿爾巴尼亞、阿爾及利亞等國向聯合國提出決議草案「兩阿提案」，要求「恢復中華人民共和國在聯合國組織中的合法權利」。同年底十月二十五日，聯合國大會通過第二七五八號決議，中華民國憤而宣布「退出聯合國」。

然而國民黨當局的怨氣在「退出」聯合國後仍在延燒，其中遷怒的對象，就是海外的中文媒體。黨國一體下，當年派駐吉隆坡的中央社記者也得為黨國服務，在當地做輿情蒐集與分析。一九七一年十月二十七日，中華民國退出聯合國後兩天，駐吉隆坡中央社人員即向外交部提供內參《馬國朝野對匪極盡阿諛》，回報馬國朝野與媒體的反應。[1]

內參中稱多數馬國中文報紙在這議題上立場已親中共，而在報導呈現上，特別強調除《星洲日報》和《星檳日報》外，其他中文報紙都以特大字為標題來報導，尤其是《中國報》。被中央社點名的還有《通報》、《南洋商報》和《光華日報》，而《光華日報》是由孫中山於一九一〇年十二月二十日在檳城創辦的。

首先《星洲日報》和《星檳日報》在標題上分別下了〈聯大通過恢復中國合法席位〉和〈邀中華人民共和國加入聯合國〉，明顯較輕描淡寫，不觸及台灣是被「逐出」還是「退出」；同時，這兩家媒體是由立場親國民黨的東南亞富豪胡文虎所創立[2]，雖然他早在一九五四年過世了，但旗下的「星系」報業仍屬於胡氏家族，故有可能在中華民國退出聯合國議題上不敢得罪國民黨。

至於特別被點名的《中國報》，其標題是〈中國獲進入聯合國，台灣被逐出會〉。儘管《中國報》是由國民黨人背景的馬華公會元老李孝式在一九四七年創辦的，其成立用意是為在輿論戰上與馬共相庭抗禮，但即使《中國報》立場親國民黨，在這議題上的表態卻不為國民黨所接受。

國民黨當局不滿的導火線，是源自於《中國報》在當年九月十二日的〈評台官員投奔中國〉一文，認為該文攻擊了中華民國：「台灣在對外外交方面的顢頇無能，對內採取蒙蔽民間政策，對民心方面的影響，已產生了極大之惡果。」[3]這一篇評論文章出自於《中國報》記者陳駒騰，當時中央社已查知陳駒騰曾在台灣留學，故批評他忘恩負義，文中稱「據中國報內人士說，中國報內目前思想最左傾者即係一批曾留學我國的僑生，我國為培植僑生接受高等教育，每年所費金錢、精力殊為可觀，有時還被受惠國家

---

1 〈東南亞華僑涉嫌（四）〉（一九七一年十月二十七日），《外交部》，國史館藏，數位典藏號：020-990600-2920。

2 一九四九兩岸巨變後，胡文虎在大陸的財產因遭中共充公，蒙受巨額損失的胡文虎因而更一面倒地傾向退走台灣的蔣介石。鄭宏泰，《虎豹家族：起落興衰的探索和思考》（香港：中華書局（香港）有限公司，二〇一八），頁一二六～一二七。

3 同註1。

所不諒解，而此等僑生返回僑居地後，竟有對我橫加抨擊者殊屬可嘆！」

同年十一月十三日，台灣外交部去函駐吉隆坡領事館，要求館方持續將陳駒騰及其「同路人」的個人資料呈上來，並將該函副本抄送給陸海光（海外對中共鬥爭工作統一指導委員會）、警總、調查局、國安局、中三組、救國團等情治單位與國民黨附隨組織。不意外地，陳駒騰這名被視為「忘恩負義」的僑生就成了國民黨的眼中釘。

三民主義獎學金得獎者

芙蓉市（Seremban）位於馬來半島西海岸中部，緊鄰雪蘭莪州的芙蓉是森美蘭州的首府，與怡保一樣皆因錫礦業而生，最終成了一個以華人為主的城市。也因為森美蘭擁有眾多華人移民的緣故，這裡也少不了保皇黨、革命黨人相遇，更少不了國共兩黨鬥爭的故事。

出生於廣東的鄧澤如，是後來南下馬來亞經商致富的華商，一九〇七年加入孫中山創辦的「中國同盟會」，後負責協助孫中山創立的「中華革命黨」在南洋地區的黨務工作。[4]至於共產黨方面，一九三〇年四月三十日，馬來亞共產黨就在位於芙蓉以東約三十公里的瓜拉比拉（Kuala Pilah）鄉村成立。

二〇一八年二月二十七日，我第一次來到了芙蓉這城市，為的就是與被國民黨標籤為「附匪者」的陳駒騰先生見一面。好在現代網路發達，讓我順利地聯繫上陳駒騰先生。陳駒騰離開《中國報》後經商，退休後仍不忘動筆寫下對馬國、台海兩岸時事之所見，因此我才得以在《星洲日報》森美蘭州地方版見到了他的專欄，最終聯繫上了他。

在未與陳駒騰先生見面前，我先將相關檔案傳給他。陳駒騰看完檔案後驚訝不已，對國民黨的指控感到不悅的他就在專欄上發表數篇文章反駁。陳駒騰語帶嘲諷地寫：「陳老何其有幸，竟在四十三年前當小蔣執政時期，被在島內享有崇高學術地位的國史館，把自己的名字被列入檔案而尚未自知。」[5]

4 陳士源，《分歧的「愛國」華僑——民初華僑對祖國政治之態度》（台北市：財團法人海華文教基金會，二〇〇二），頁九十五。

5 星洲日報，二〇一八，〈我被標籤為「附匪者」〉，二〇一九年四月九日檢索，http://www.sinchew.com.my/node/1719733。

陳駒騰先生對中華民國有一定的認同感，但他對國民黨當局標籤他為「附匪者」感到相當失望。（圖源：杜晉軒／攝）

一九五八年，陳駒騰赴台就讀僑生先修班就學一年，再考上了政治大學新聞系，他畢業於芙蓉中華中學，而陳團保也在這裡度過幾年的初中生涯，因此陳團保可謂是陳駒騰的學長。雖然他倆多少是較認同中華民國才赴台留學，但陳團保赴台時仍是「中國人」的身分，而陳駒騰赴台時馬來亞已獨立一年了。

「不妨告訴你，當時候大部分同年人都想回中國大陸。」陳駒騰不諱言地說。不過陳駒騰也感慨幸虧沒去成，因為他們當時完全不了解中國大陸在大鳴大放、人民公社、三面紅旗的時代，回去後是沒東西吃的。陳駒騰指出，當時已經回中國大陸的馬來亞學生，即使成績優良、左派的，也想盡辦法回來馬來亞，因為受不了苦。

祖籍廣東台山的陳駒騰，是因為父親也阻止了他，最終才選擇到台灣留學。當下我就聯想到那曾回大陸求學，後逃到香港的新加坡人陳瑞生。

在台求學時，陳駒騰也面對過被校內國民黨職業學生提出入黨邀請，但他拒絕了，因為陳駒騰堅持他已是馬來亞公民，外國人不應加入國民黨。陳駒騰說：「當時找一個大學生入黨可得積分一分，僑生則是三分，這是招我的黨員學生說的。」[6]

陳駒騰和我分享，他寫的文章刊出來後，身邊友人為他憤憤不平，因為他們都曉得陳駒騰家族有國民黨背景，陳駒騰在政治立場上也反對民進黨的台獨主張，沒想到多年後才恍然大悟被國民黨抹紅了。陳駒騰很不滿意國民黨如此標籤他，一來他父親曾是芙蓉當地的忠貞海外黨員，二來他在政大求學時贏了不少台生，考到了「三民主義」獎學金，足以證明他非「附匪者」，即便他當時對國民黨有許多不滿之處。

6 作者訪問，二〇一八年二月二十七日。

對於陳駒騰父親是國民黨海外黨員這點，我問陳駒騰，難道令尊沒建議他入黨嗎？原來在陳駒騰赴台留學前，他父親就過世了。陳駒騰回憶道，他父親生前給他留了許多受用的書，如蔣介石著作《蘇俄在中國》，他說：「我在這（馬國）接觸的不是左派書籍，而是這本書。這書幫助了我很多，當時《三民主義》是必修課，我當時全班得到最高分，因為我引用很多這書的內容，並拿到三民主義獎學金。」

順帶一提，台灣總統府宣傳外交綜合研究組曾研擬將《蘇俄在中國》翻譯為印尼文或馬來文，甚至阿拉伯文譯本，為的是「以增進馬來亞人士對反共問題之認識，及對我領袖之崇敬」，對等回報為在台出版馬國國父東姑阿都拉曼著作。[7]

因此對於國民黨對陳駒騰「忘恩負義」的指控，他強調：「老實講，我們在台灣念書，不是托台灣的福，而是托美國人的福！」當時陳駒騰就讀的政大的校長就是蔣介石，陳駒騰稱他不僅見過蔣介石，還見過美國總統，他相當了解僑生政策背後的「美國因素」。

一九六〇年六月十八日，美國總統艾森豪訪問台北，成為首位訪問台灣的在任美國總統。當日旁晚，艾森豪到總統府前廣場對台灣群眾發表演說，而陳駒騰也在人群之中。陳駒騰記得，蔣介石原本要帶艾森豪在總統府二樓對群眾演講，但艾森豪堅持要到台下看人民，他清楚記得，不得已也下來的政大校長蔣介石在他身邊經過。

美國對台灣僑教的「美援」在一九六五年才結束，因此那期間在台受教育的陳駒騰相當清楚，要不是沒有美國避免東南亞被赤化的戰略意圖，光憑國民黨是無法吸引海外華僑「回國」升學的。

險遭白色恐怖

憑著在政大新聞系優異的成績，身為三民主義獎學金得主的陳駒騰畢業後被老師指定進入《中央日報》實習。在政治立場早被肯定情況下，陳駒騰認為當局將他列為「傾共」是一件很好笑的事情。

7 〈現階段對馬來亞聯邦宣傳與工作方式研究〉（一九六三年二月二十六日），〈對馬來亞工作實施方案〉，《外交部》，國史館藏，數位典藏號：020-010602-0307。

當時陳駒騰的志願還是想要回馬來西亞，因此只在《中央日報》實習兩個月就返馬了。一九六四年陳駒騰返馬後，經友人的推薦下成了親國民黨的《中國報》記者，他記得馬華公會元老李孝式相當看重他，還特意親自前來和他面試。陳駒騰表示，《中國報》立場是完全傾向中華民國的，當時許多報紙也是親國民黨的，《中國報》辦事處還曾因此被馬共分子拋手榴彈攻擊。[8]

此外，陳駒騰曾擔任馬華公會森美蘭州中委，他提到馬華公會在一九四九年成立時，就有不少馬來亞「三民主義青年團」的國民黨人加入，雖然國民黨被英國殖民政府禁止活動，但他父親並未加入馬華公會。而在陳駒騰返馬的同年十一月，中華民國領事館在吉隆坡安邦路（Jalan Ampang）成立，陳駒騰人也在現場採訪。當時陳駒騰也不會想到，未來他會成為被中華民國駐馬情報人員列為情蒐的對象。

對於當年被國民黨點名批評的的文章，陳駒騰稱當時因為發生一名台灣官員投奔中國大陸與台灣被驅逐出聯合國等事件後，他就以新聞報導的角度敘寫，沒有特別偏袒國民黨或中共，單純就事論事。陳駒騰不諱言，他以前寫過不少為台灣說好話的文章，但國民黨卻只看到他對上述事件「據實陳述」文章的負面部分而已。

在我還沒到芙蓉與陳駒騰見面前，深感不平的陳駒騰就在《星洲日報》專欄「爆料」了他在八〇年代單獨赴台的往事。[9]

約莫一九八四年，陳駒騰受芙蓉當地的國民黨元老之託，交予他一封密函，請他務必交給國民黨中央黨部第三組（海工會）的某領導人。陳駒騰並不認識那位領導，他一到國民黨於台北市新公園的中央黨部，見到對方之後，對方也很熱絡地與他握手，但沒想到彼此坐下之後，對方卻旋即換了另一副嚴肅的臉孔，把陳駒騰給臭罵一頓：「陳駒騰呀、陳駒騰，我們等你來台灣很久了，你知道嗎？這些年你在海外寫了不少對我們不利的文章，我們這裡都有你的剪報。」那領導說完，接著數落陳駒騰忘恩負義之處。陳駒騰一時無言以對，不過也是有脾氣的陳駒騰當下反駁：「你錯了，我是美國的資金才來（台灣）的，我是受惠於美國，不是國民黨。如果沒有美援資助僑生政策，很多大學大樓就蓋不起來了。」

8 一九五〇年五月二十三日，《中國報》的印刷部慘遭馬共投擲手榴彈，一名印刷部守衛遭鎗斃。

9 〈我被標籤為「附匪者」〉，星洲日報，森美蘭州地方版，第二頁，二〇一八年一月十六日。

陳駒騰認為，也許那中三組的領導意識到他懂的「真相」也不少，也就無話可說了。隨後那領導帶陳駒騰進入黨部內一處更大的辦公室，並說：「這裡面工作的全部是政大的學生，有的是你的學長和學弟，有的是博士。」陳駒騰聽後當下只是點點頭，接著就回酒店了。陳駒騰認為，當時那領導的一番話，就是「提醒」他寫文章時，也要為政大的學長姐和學弟妹的工作著想。

他們的會面結束時，陳駒騰抱著極不愉快的心情與對方握手告別。不過陳駒騰沒料到，當晚他獨自一人在酒店時，那領導竟然敲門進來。當時台灣還未解嚴，幸運的是陳駒騰沒被國民黨當局強行帶走。那忽然出現的領導，原來是為了表達歉意，並誠懇地邀請陳駒騰到酒樓吃飯。陳駒騰記得，吃飯的時候他們都對白天見面時不愉快的過程隻字不提。

直言不諱的陳駒騰的境遇還算幸運的了，畢竟當時已接近解嚴，情況與陳駒騰相似的模里西斯華僑徐瑛，其下場就比陳駒騰更糟了。

被迫放棄英國國籍的徐瑛

模里西斯（Mauritius）是位於非洲大陸東南邊的島嶼，該島在十六世紀被葡萄牙船員「發現」時，島上無任何居民。[10] 該島在法國、英國人的殖民時期，歐洲人為發展農業，就開始從印度、中國引入勞工，其中許多中國移民並非一開始就從中國大陸直接前往，而是由歐洲殖民者再從東南亞各地招募華工後「再移民」的。

大約一八四〇年左右，才首次有廣東人被歐洲貨船護送到模里西斯[11]，近九十年後的一九二九年，徐瑛在此出生，此時英國仍殖民模里西斯。徐瑛家族中，第一位移民到模里西斯的是徐瑛的曾祖父。徐瑛的祖籍為廣東省蕉嶺縣，其家族史也可謂再現了中國人下南洋後，後代開枝散葉的移民狀態，除模里西斯外，徐家亦遍布泰國、印尼，徐瑛稱其家族都是在當地有頭有臉的。[12]

10 陳英東，《模里西斯華僑概況》（台北市：正中書局，一九八九），頁十三。
11 陳英東，《模里西斯華僑概況》（台北市：正中書局，一九八九），頁三十一～三十二。
12 國家人權博物館，二〇一四，〈徐瑛先生訪問記錄〉，第二頁，二〇一九年四月九日檢索，https://issuu.com/nhrm/docs/______a5c09406b9a9d。

雖然徐瑛領的是英國護照，但他小時候就跟父親到泰國南部的城市合艾（Hatyai）生活。當時中華民國與泰國仍有邦交，後來徐瑛也成了「僑生」，只不過並非來台求學，而是選擇到北京大學念新聞系。

徐瑛約莫在一九五一年到中國大陸留學，其初衷除為精進新聞專業外，還有看不慣國民黨派駐泰國的官員工作能力低落，無法保障華僑的權利等因素。當時徐瑛認為，雖然老一輩華僑仍有忠貞支持國民黨的，但年輕人多看不慣國民黨政權的做法而傾向支持共產黨。[13]

徐瑛自北大新聞系畢業後就返回老家模里西斯，直到被捕前，他已成為當地《中央日報》的總編輯。約莫在一九六七年十一月，徐瑛從東京到香港轉機時，經朋友建議，就順道來台灣走走，並在台北參加蔣介石接見海外新聞記者的聚會。席間，蔣介石問與會者對「自由祖國」有什麼看法？輪到徐瑛發言的時候，他沒想太多就提出建議，希望將來來自「自由祖國」的稿件中若有「匪」字的話，可改為「中共」二字，以免激化當地僑社對立。

此前徐瑛也曾跟中共政府建議不要用「蔣匪」字眼，他不曉得中共是否真的聽取了他的建議，但後來中共新聞界用語果真就改成了「蔣介石集團」，因此他以為在「自由祖國」向蔣介石提出此建議是行得通的。徐瑛記得，當時滿口假牙的蔣介石說出「好好」。沒想到最終依然因言獲罪，當晚徐瑛的住處被一群壯漢破門而入，並強行將徐瑛扣押至警備總部。[14]

最終徐瑛被判有期徒刑十五年，罪名包括被控曾在泰國參加共產黨，後經泰國政府驅逐出境至汕頭，並派至「匪偽僑委會第三司教育科」服務，負責僑生之思想考核工作。[15] 徐瑛曾抗議判決書上稱他是廣東省蕉嶺縣人，無視他擁有英國國籍的事實，當時法官們曾對他坦言：「我知道你是英籍華僑，但你的祖籍有中國人的血統，所以就這點來看，你有中國人的身分！」[16]

---

13 同上註。

14 國家人權博物館，二〇一四，〈徐瑛先生訪問記錄〉，第三頁，二〇一九年四月九日檢索，https://issuu.com/nhrm/docs/__________a5c094066b9a9d。

15 國防部判決，五十七年十月十五日判決（57）覆普沅字第十一號。

16 國家人權博物館，二〇一四，〈徐瑛先生訪問記錄〉，第八頁，二〇一九年四月九日檢索，https://issuu.com/nhrm/docs/__________a5c094066b9a9d。

一九六八年三月十二日這一天，正是模里西斯脫離英國殖民的獨立日，我不曉得模里西斯共和國成立是否會給徐瑛帶來任何影響，但國民黨當局當時確實擔心徐瑛所擁有英國國籍可能會帶來外交爭議[17]。徐瑛被送到泰源監獄服刑後，警總曾迫使徐瑛放棄英國國籍，但徐瑛不願屈就，因此國民黨當局就擅自替他加入中華民國籍了。[18]

徐瑛在一九八二年十一月出獄後，當局給他下了五年管制期的禁令，讓徐瑛無法回模里西斯。而如今徐瑛前輩已高齡九十歲，目前仍在台北定居，惟徐瑛前輩身體狀況不佳，至截稿前我始終無法順利約訪徐瑛前輩，好在徐瑛前輩在二〇一四年已接受國家人權博物館口述歷史訪問，有興趣的讀者可上網閱覽。

得罪黨國的于氏兄弟

在過去遭國民黨白色恐怖的東南亞華人案例中，尤以一九七〇年菲律賓的「于氏兄弟案」最為轟動，雖然當事人于長城（兄）、于長庚（弟）已過世，但當年該案受關注程度高，因此無論是當事人的口述歷史或相關研究文獻，[19]都已相當豐富。

當時于長城任《華僑商報》社長兼總經理，總編輯則是于長庚，兄弟倆因透過《商報》鼓吹菲律賓華人（以下簡稱菲華）融入當地的「融合」（Integration）理念，即菲國華僑應融合於當地主流社會，政治上認同菲國，這與中華民國僑務政策相違背，因而成了時任台灣駐菲大使陳質平、國民黨駐菲總支部的眼中釘。

當時菲律賓除《商報》外，還有在國民黨辦的《大中華日報》、《公理報》，但銷量不及《商報》。由於《商報》是當地暢銷的中文報，又不受台北當局掌控，如《商報》堅持採用外電稿的用詞，如「毛澤東」一名不使用中華民國所稱「毛匪澤東」，以及報導大陸的政治、民生情況，自然被國民黨歸類為「親匪」媒體。不過《商報》之所以出事，其不願跟從國民黨當局的僑務政策立場，鼓勵菲華同化，與駐菲大使館欲阻止

17 當時英國在台北淡水仍設有領事館。

18 國家人權博物館，二〇一四，〈徐瑛先生訪問記錄〉，第十頁，二〇一九年四月九日檢索，https://issuu.com/nhrm/docs/______a5c094066b9a9d。

19 如台灣中研院已對于氏兄弟做口述歷史，而廈門大學出版的《菲律賓華人通史》中，也有一節是專談多名菲華遭遣送到台灣的白色恐怖案。

菲華加入菲國籍相違背，才是招致國民黨當局攻擊的重要因素。[20]

一九六二年三月八日凌晨，菲國軍部情報處（Intelligence Service of the Armed Force）工作隊以《商報》成員利用報社作有利共產黨的宣傳、企圖淆亂菲國華僑視聽、激勵華僑思想左傾，以及曾祕密鼓勵與協助華僑青年返中國「受訓」為由，將社長于長城、總編輯于長庚等人逮捕，菲方曾打算將他倆遣送來台。不過最終菲國總統馬可仕決定讓于氏兄弟登報道歉以了結此案，[21]兄弟倆也被限制不得離開馬尼拉方圓十公里內，且每週得到警局報到一次。[22]

無辜受冤的于長庚曾說，他們被送到台北前，心中一直都以中華民國為祖國，雖然《商報》始終站在菲華的立場，但從未間斷採訪中華民國駐菲大使館的新聞，報章依然採用民國紀年。[23]

當時其中一個所謂「為匪宣傳」的證據，是中共統戰部長李維漢的信件，但這卻是國民黨特務偽造後偷放在于長城的辦公桌內的，不過最終因證據不足而未讓國民黨得逞。然而，由於于氏兄弟早已被列入台菲祕密交易的「遣配名單」，儘管于氏兄弟被遣送前宣布放棄中華民國國籍，但最終還是在蔣介石政府與馬可仕政府的合作下，一九七〇年被菲方以近綁架的手段，以軍機連夜押送到了「祖國」台灣。

由於于氏兄弟與國際新聞協會、菲律賓國家記者公會，以及馬尼拉海外記者協會等團體的關係密切，且該案嚴重侵犯新聞自由，因此國民黨當局在國際輿論壓力下，雖然警總軍法處起初以《懲治叛亂條例》「為匪宣傳」罪起訴，但最終只用《檢肅匪諜條例》從輕發落，于長庚和于長城分別交付感化三年及二年。

根據于長庚的口述歷史記錄，他提到菲國軍官曾在一九七二年到板橋生產教育所探望他，並跟他說：「你們兄弟倡導的融合政策，馬可仕總統已付諸實施，希望你能夠返回菲國，共同為菲華社群融入主流社會的建國盡力。」[24]

---

20 〈菲律賓華僑商報案（三）〉，《外交部》，國史館藏，數位典藏號：020-010708-0069。

21 楊秀菁，〈菲律賓《華僑商報》案與新聞自由問題〉，《政大史粹》第九期：一四五～一七九，二〇〇五，頁一四七～一四九。

22 莊國土、陳華岳，《菲律賓華人通史》（廈門市：廈門大學出版社，二〇一二），頁四五六。

23 潘露莉、張存武、朱浤源，《菲律賓華僑華人訪問記錄》（台北：中央研究院近代史研究所，一九九六），頁三三三。

24 潘露莉、張存武、朱浤源，《菲律賓華僑華人訪問記錄》（台北：中央研究院近代史研究所，一九九六），頁三三三、頁三一九。

夾在「祖國」與「僑居地」間的海外華人

簡而言之，「于氏兄弟案」的起因也離不開國民黨當局對海外華人的「祖國情結」，但這又於新加坡、馬來西亞的情況不太一樣。

首先，雖然新馬兩地在二戰後相繼獨立為主權國家，當地華人也因政府的單一國籍政策規定，而選擇入籍為當地公民，但一九四六年獨立的菲律賓，卻在政策上不輕易允許當地生根了好幾代的華人入籍，[25]因此當時菲華在屬人主義的中華民國《國籍法》下，確實屬於中華民國國民。

另一方面，新馬沒有與中華民國建立邦交關係，且國民黨支部早在英國殖民時期被宣布為非法組織了，故國民黨對當地華社的滲透能力始終有限，這與菲律賓的情況完全相反。中華民國早於一九四五年在馬尼拉設總領事館，一九五三年獲升格為大使館，[26]且國民黨在一九一二年就在馬尼拉設有支部，[27]對菲華的滲透程度遠比新馬兩地來得深。重要的是，由於美國在菲律賓設有美軍基地，與菲律賓同屬美國反共陣營的中華民國，可得以跟菲國當局有更多反共合作，也因而造就了多宗菲華的白色恐怖冤案。

自一九五九年台菲簽署了「遣僑協議備忘錄」後，至一九七四年為止共有三百六十三人遭遣送來台。[28]在那期間，國民黨當局也清楚當中所謂的「涉共」菲華是菲方製造的假案，無止境地接收「涉共」菲華只會徒增台灣的資源壓力，因此台北當局曾要求駐菲大使館向菲方交涉改善。[29]

---

25 菲律賓在一九七五年六月九日與中華民國斷交，此前菲國政府方完成便利旅菲華僑申請成為菲國公民的法令，以防患與中華人民共和國建交後所形成的華僑國籍問題。陳鴻瑜，《中華民國與東南亞各國外交關係史（一九一二～二〇〇〇）》（台北市：國立編譯館，二〇〇四），頁五十二。

26 陳鴻瑜，《中華民國與東南亞各國外交關係史（一九一二～二〇〇〇）》（台北市：國立編譯館，二〇〇四），頁三十九～四十。

27 莊國土、陳華岳，《菲律賓華人通史》（廈門市：廈門大學出版社，二〇一二），頁三六七。

28 儘管有三百六十三名菲華遭遣送來台，但並非每一位都有遭判刑，筆者根據目前有限的資料研究得悉，最終遭判刑的菲國華人約有二十六人，見多維新聞網〈白色恐怖——被遺忘的外籍受難者〉，https://duoweicn.dwnews.com/CN-2018%E5%B9%B4031%E6%9C%9F/10006158.html。

29 陳鴻瑜，《中華民國與東南亞各國外交關係史（一九一二～二〇〇〇）》（台北市：國立編譯館，二〇〇四），第四八～四九頁。

此外，雖然馬國政府建國後仍延續英殖民政府的政策，將境內馬共分子「遣返」到中國大陸，但一九五八年中共政府就宣布不願再接收馬國華人了，因為他們已是馬國公民。[30]故首相拉曼為解決華人「涉共」問題，曾跟中華民國駐泰大使杭立武提議將境內共產黨人送台「再教育」，可依法審訊後送到綠島關押，[31]不過當局也許考量到台灣資源有限，因此決議僅派出專家赴馬國協助「再教育」，馬方也對此表示歡迎。[32]

最後，以王賡武把海外華人國族認同分甲乙丙三集團為例，當時于氏兄弟鼓吹菲華融合當地的理念，可歸類為乙丙集團，他們的白色恐怖經歷，除為大時代下冷戰鬥爭的悲劇外，也反映了那年代海外華人被「祖國」與「僑居地」不信任的無奈。

30 魯虎，〈新馬華人的中國觀之研究（一九四九～一九六五）〉（新加坡：新躍大學新躍中華學術中心，二〇一四），頁九十八。

31 〈外交部收電〉（一九六二年五月三十日），〈派情報專家赴馬來西亞考察中共滲透情形〉，《外交部》，中研院近代史研究所藏，數位典藏號：11-01-20-03-01-003。

32 〈海指（52）發字17A〉（一九六三年六月十九日），〈馬來西亞（馬來西亞）工作實施方案〉《外交部》，國史館藏，數位典藏號：020-010602-0037。

第八章

廢除僑委會

「國家對於僑居國外之國民，應扶助並保護其經濟事業之發展。」

——中華民國憲法第一百五十一條

每當我分享台灣的白色恐怖事件中有馬來西亞學生被政治迫害的事蹟時，最常被問到的一個問題是，為何馬國華人家長明知來台升學有風險，但依然把孩子送來台灣呢？

首先，當時資訊不發達，馬國社會未必知曉台灣的狀況，況且在國民黨對媒體的嚴密監控下，一般台灣社會大眾也不曉得發生什麼事。不過最重要的因素是，如果馬國華校畢業的學生欲繼續接受完整的中文大專教育的話，能選擇的不多，雖然新加坡曾有南洋大學，但名額有限；同時中國大陸又處於文革時期，那只能選擇以「僑生」身分「回」到以「自由祖國」自居的台灣了，其他東南亞國家的華裔學生也面對類似的抉擇。

韓戰救了僑委會

試想一下，如果一九四九年國民黨沒敗逃台灣，繼續統治中國大陸的話，那回「祖國」留學的僑生可能不是去台灣的「台政清交成」，或甚至也非北京大學、清華大學，而是去開辦給華僑子弟的福建廈門大學和廣州暨南大學了。

不過歷史沒有如果，國民黨退居台灣後，原本曾因財政困難而打算廢除僑委會，但因一九五〇年韓戰爆發，在美國援助下，不僅救了地位岌岌可危的蔣介石，也救了險遭裁併的僑委會。一九五三年，時任美國副總統尼克森（Richard Nixon）在東南亞各國的考察行程，目睹了東南亞華僑受到共產主義的號召而前往中國求學，他對此現象感到憂心，於是他返美後建議美國政府，應援助中華民國政府招收僑生回國升學，以免東南亞遭到共產勢力赤化。[1]

在美援的挹注下，協助國民黨發展僑教以此吸引東南亞華僑來台留學，避免這些華僑受共產主義影響。在發展僑教的過程中，雖然一些僑生都知道僑教其實都是「美援」，但國民黨對外仍是以「祖國」心態宣稱是為了協助海外華僑而實行僑教，也稱僑生之所以願意來台都是因為「心系祖國」。實際上，上述論述多是僑委會在內的黨國機器對台灣社會的洗腦話術，遺憾的是這種心態與話術至今依然在已民主化的台灣延續著，台灣學者也多不會對此提出反駁與省思，反倒是有過僑生背景的馬國學者敢對僑教

1 郁漢良，《華僑教育發展史》（台北：編譯館，二〇〇一），頁四七二～四七三。

背後的政治意識形態提出批判與檢討。[2]

也許有的僑生真的是「心系祖國」才選擇來台，但有各時代的「時效」和「地域」的局限性。前者是僑生來台時其原居地未獨立為主權國家，如陳團保赴台讀高中時新馬尚未獨立，而後者如泰緬地區的僑生，有可能是國民黨孤軍的後裔，國民政府確實也該負上照顧他們的道義。

還是要提醒的是，近年來台求學的僑生大部分都是不具中華民國國籍的非僑胞，如多年來位居僑生來源國榜首的馬國。[3]馬國學生之所以會選擇來台，並非如國民黨所言認同「自由祖國」，更多考量的是台灣高教水準與在東亞屬「物美價廉」的收費，以及銜接中文高等教育的適應性。來自香港的台灣中研院研究員黃庭康，就對戒嚴時期「爭取華僑學生是為了促進台灣與全球華人整體利益」的說法做出了批評，他稱各方在解嚴後依然在複製國民黨主導的說法，即認為僑生政策除彰顯國民黨統治的合法性外，是黨、政、教育部門及海外華社都一直支持的政策，他認為這些論述都忽略當時台灣內部對僑生政策的分歧。[4]

有鑑於國民黨來台初期因資源不足，連帶台灣內部教育資源也緊張，而國民政府內除有業績壓力的僑委會外，教育部和各大學基本上是不支持僑生政策的，如當時台大校長傅斯年不願意犧牲招生自主權，以降低入學標準接收僑生，而僑委會又以「僑界」不滿名額少、條件嚴的理由對教育廳施壓。[5]

不過，直到一九五四年爭取到美援後，各大學的態度因美援的利益才做出妥協，期

---

2 吳子文，〈僑生教育與中華民國：台灣國族想像的轉變（一九五一～二〇〇八）〉，《文化研究》第十期：一〇三～一三八，二〇一〇，頁一〇五。

3 一九七四年馬台斷交後，當時國民黨政府內部統計共有二千一百二十八位馬國學生在台留學，且百分之九十九以上均為馬籍，個人認為實際上就是百分之百。〈有關馬來西亞學生問題會議議程〉（一九七四年六月二十日），〈馬匪建交後僑生教育問題〉，《外交部》，國史館藏，檔號：020-010605-0010。

4 黃庭康，〈反思台灣威權時期僑生政策的形成：以五〇年代為例〉，《族群、民族與現代國家：經驗與理論的反思》（台北市：中央研究院社會學研究所，二〇一六），頁八十四。

5 黃庭康，〈反思台灣威權時期僑生政策的形成：以五〇年代為例〉，《族群、民族與現代國家：經驗與理論的反思》（台北市：中央研究院社會學研究所，二〇一六）頁九十～九十一。

望招收更多僑生以獲得發展校務預算[6]。同時間，僑生人數也隨著美援的到來，從一九五三年的四百二十七人躍升至一九五四年的一千〇五十八人，此後一直到一九六五年美援完全停止，每年赴台升學的僑生人數都穩定維持在一、二千人左右。[7]黃庭康認為，僅把僑生政策視為國民黨一黨之私的觀點，妨礙了審視僑生政策背後更複雜的統治集團角力，也忽略了站在僑生政策最前線的學校，不應假設學校理所當然會積極執行僑生計劃，因學校本身有利益及理念考量。[8]

此外，雖然現今的僑生早已不若當年的僑生來台有許多補助及加分，但這政策的影響力卻造就今天台灣社會仍有人認為僑生是靠加分入學，以及素質低落的刻板印象，外界無法客觀審視僑生內部多元化的國籍與社群。就如有的國家僑生可能紀律欠佳，又因僑生來源國以東南亞國家為主，造成了全東南亞國家學生被貼上負面標籤，又或因有的東南亞國家學生當地的高中教育水平較低，連帶使得高中教育水平較高的馬來西亞和新加坡學生遭歧視。

「僑生」乃僑委會自身生存利益而延續至今的扶助政策，反倒成了一個被標籤化及刻板印象化的群體。

不入黨不軍訓的僑生不愛國

為了解早期馬國僑生在台灣求學的情況，我回母校育才獨中拜訪華文老師龔群美。[9]

龔群美一九六八年到台大念中文系，她記得開學的那一天到教務處報到的時候，學生得一關一關地在各「攤位」繳交註冊資料。當龔群美到最後一關的時候，看起來像是學生的人問她要不要加入國民黨？龔群美當時不曉得這人是否是教務處職員。

---

6 黃庭康，〈反思台灣威權時期僑生政策的形成：以五〇年代為例〉，《族群、民族與現代國家：經驗與理論的反思》（台北市：中央研究院社會學研究所，二〇一六），頁一〇六。

7 吳子文，〈僑生教育與中華民國：台灣國族想像的轉變（一九五一～二〇〇八）〉，《文化研究》第十期：一〇三～一三八，二〇一〇，頁一一五。

8 黃庭康，〈反思台灣威權時期僑生政策的形成：以五〇年代為例〉，《族群、民族與現代國家：經驗與理論的反思》（台北市：中央研究院社會學研究所，二〇一六），頁一一〇。

9 作者訪問，馬來西亞怡保市，二〇一八年二月十四日。

當時台大的馬來西亞會長對新來台的同鄉學弟妹作出切勿觸碰台灣政治的提醒，因為馬國政府對此相當敏感，「不能參與這些東西（政治），不能玩的啊，玩的話我們政府會對付我們。」龔群美說。因此龔群美當下就拒絕了入黨邀請，沒想到對方卻說：「你們華僑不愛國。」除此之外，龔群美還記得，有一晚很多人遊行到總統府，因為許多僑生也參與了保釣運動。由於當時中華民國在聯合國席位岌岌可危，又面臨釣魚台主權爭議，島上籠罩的不安全感也促使了一些仍心系中國的僑生參與「保釣運動」[10]。對一些馬國僑生而言，參與這類活動有可能會讓他們陷於無法回馬國的處境，因為當時馬國政府仍質疑國民黨當局把馬國華裔視為「僑民」，其中最讓馬國政府不滿的就是當局強制僑生接受軍訓。

一九六六年，台灣教育部頒定《專科以上學校僑生暑期集訓通知》，規定所有僑生必須參加為期八週的暑期集訓，而且只有成績及格者才能畢業，這改變了此前僑生可憑個人意志自由參加暑期軍訓的狀態。[11]曾就讀成大的陳欽生記得，他在一九六八年的暑假被迫到成功嶺參加軍訓，也記得他是最後一屆接受軍訓的僑生。

雖然當時馬國和台灣在國防上有反共的合作，但不意味著馬方能接受華裔公民在台灣受軍訓。在第六章提過的民政黨前州議員蕭國根就認為，雖然拉曼政府承襲了英國分而治之的手法，即使願意跟中華民國有情報合作，也不願樂見華人在軍事上壯大實力。[12]出於在《專科以上學校僑生暑期集訓通知》頒定前蕭國根就畢業了，因此他未參加軍訓。

當時《中華民國憲法》讓國民黨當局仍視僑生為國民，蕭國根回憶道：「假如你願意給五塊錢（台幣），就可以拿到身分證，在讀書期間就可以申請……有兩個選擇，去板橋拿僑生居留證，另一個選擇是五塊錢，申請成為中華民國國民。大多數馬來西亞學

---

10 一九七一年四月十五日，人數約不到一千人的政大、台大、師大的僑生（包含香港、澳門、韓國、印尼、緬甸、泰國、越南和東南雅各地的僑生），到北門的美國駐華大使館抗議。最早出現的保釣標語，是香港的德明中學校友會所貼出的，而香港和韓國僑生扮演急先鋒角色。邱立本，〈僑生是台灣保釣運動的先鋒〉，《啟蒙・狂飆・反思：保釣運動四十年》（新竹市：清華大學，二〇一〇），頁一五六～一五七。

11 郁漢良，《華僑教育發展史》（台北：編譯館，二〇〇一），頁五七六。

12 作者訪問，馬來西亞怡保市，二〇一八年九月四日。

曾任霹靂留台同學會、民政黨州議員的蕭國根先生，向作者分享了六〇年代初的僑生生活樣態。（圖源：杜晉軒／攝）

生拿僑生居留證，會怕（馬國）領事館，馬來西亞不承認雙重國籍，怕被取消（馬國）國籍。」

蕭國根記得，曾有兩位怡保學生未完成政大的學業，一位是將在第十三章提到的李宗舜，而另一位就是在第六章提過，被僑委會委員長高信指控是共產黨人的張火森。值得一提的是，張火森畢業於怡保三德中學，意即他是陳欽生的高中學長，不過陳欽生表示他並不認識張火森，但當年在台南有聽說過張火森的存在。蕭國根表示，當時是「星馬學生會」會長的張火森是應馬國駐台北領事館要求，去跟僑委會抗議馬國華裔公民不應接受軍訓而遭到對付。當時大一的張火森回馬過暑假，國民黨趁他準備返台開學時禁止他入境，張火森因而未能完成政大外交系的學業。

國安局曾告訴台灣外交部，馬國國防部是在接獲張火森反對軍訓的投訴信後，才開始向台灣交涉。[13] 而台灣駐馬總領事館也反映，馬方針對在台華裔學生遭強迫接受軍訓，在台巫裔學生卻免除的情況表達不滿，因此要求無論是馬國華裔或巫裔學生，都不應接受軍訓。[14] 儘管當時台灣官方一再強調暑期集訓非服兵役，乃屬必修課程軍訓教育的一部分，但軍訓課程卻免除了非華裔外國學生參與，這政策明顯地充斥著鮮明的「種族主義」色彩，強迫屬「漢人」的馬國華裔效忠中華民國。

想必當年被張火森抗議的僑委會委員長高信心裡很不高興，高信應是從中華民國駐馬領事館的情報得知了張火森被「輟學」後，輾轉到了馬華公會怡保黨部任黨工，才跟李孝式「告發」張火森之所以被政大開除，乃因「發傳單攻擊政府……挑撥中馬兩國關

13〈國安局（函）〉（一九六七年二月二十四日），〈馬來西亞僑生軍訓及海外青年講習會（一）〉，《外交部》，國史館藏，數位典藏號：020-010605-0005。

14 同註13。

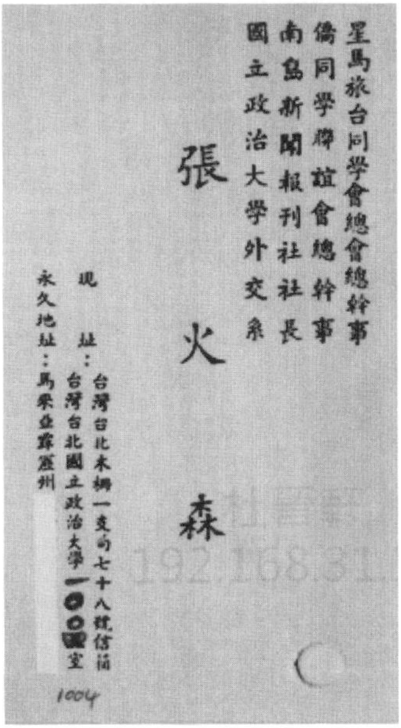

圖為被僑委會抹紅為「馬共」的張火森的學生時期名片。（圖源：國史館）

係」。[15]從張仲仁給高信的信函研判，無法確定李孝式是否已知道張火森是因為抗議軍訓問題才被開除的，不過經本人詢問那年代在台留學的學長姐後，得知張火森的遭遇在當時頗為轟動，惟他們並不曉得高信宣稱張火森為共產黨人的政治指控。例如，和張火森同期就讀政大的馬來西亞留台校友會聯合總會[16]前總會長饒仁毅先生告訴我，他記得當時張火森是唯一一位敢公開就僑生身分認定問題、軍訓爭議公開批評的大馬學生，其具體行動包括在校園發表演講、分發傳單表達抗議。[17]

我的高中老師龔群美記得，張火森的太太曾在育才獨中教書，但張火森大約在二〇一六年過世了。直至本書付梓前，我還是沒辦法聯繫上張火森的家人，故無法了解張火森在當年是否知道高信對他的指控。蕭國根認為張火森並不是左派，是因為反對僑委會才被禁止入境而已，「當時思想左派偏激的不會去台灣的。」蕭國根說。

關於張火森被禁止入境的時間點，僅知他在九月秋季開學前被禁止入境，而馬國駐台領事館設於一九六七年一月，張仲仁給高信的信函則寄於一九六九年六月，因此合理推論應事發於一九六七或一九六八年的暑假。綜合各方說法，高信的指控根本子虛烏有，若張火森立場左傾，應不會被馬國駐台領事館看上，更不可能在日後加入反共的馬

15 〈東南亞華僑涉嫌（一）〉（一九六九年六月十七日），《外交部》，國史館藏，數位典藏號：020-990600-2917。

16 馬來西亞留台校友會聯合總會簡稱「留台聯總」，成立於一九七五年，多年來與僑委會有密切的關係，如負責保送馬國華裔學生以「僑生」身分來台升學，被僑委會視為「僑團」。而畢業於政大法律系的曉仁毅曾任第五屆總會長。

17 作者電話訪問，二〇一九年六月二十八日。

華公會。因此從僑委會對張火森的「用心良苦」，可見高信好不高興呀。

不曉得當時馬華公會第三任總會長陳修信是否知道張火森這一號人物？也不曉得陳修信是否知道，當年張火森是因協助馬國駐台領事館抗議軍訓政策而受對付的？無論如何，最終軍訓問題確實引起了陳修信的強烈不滿，他憤而發表僑委會該被廢除的言論。

馬華公會：僑委會干涉內政

一九六九年二月六日，當時中國大陸仍處於文革時期，也許馬國首相拉曼擔心文革餘波會蔓延至境內，他在記者招待會上公開指責北平政府向馬國人民「洗腦」、干涉人民自由。不過拉曼也說：「從另一個中國方面，我們也具有同樣的經驗，他們試圖使我們的學生到他們那裡去深造，使他們對現在的中國國民黨政權忠誠。我們已經在處理這問題。我們的抗議，是由於數千名學生本身的控訴所引起的。」[18]

儘管馬國駐台北領事館自一九六七年設館後，一直在努力爭取豁免馬國華裔學生接受軍訓，並要求僑委會解決，但以「祖國」之仲介自居的僑委會卻不在乎，不怕「業績」受創的僑委會反而回覆領事館，表示若不滿意中華民國政府的措施，馬方可禁止學生來台。[19]

不過拉曼在二月六日的記者會提到，馬國政府不會阻止學生來台求學，但會試圖擬定最佳的辦法解決軍訓爭議。[20]結果隔月六日，馬國駐台北領事館展開行動，發出公告予在台的馬國公民，要求馬國學生勿參加台灣軍訓，否則將面對國籍被撤銷的風險。[21]接著隔日三月七日，陳修信在馬華公會第十九屆中央代表大會的開幕典禮致辭時「建議」，在台灣的中華民國政府應廢棄僑務委員會，因為該組織的存在已使得擁有

18 〈中央社參考消息〉（一九六九年二月六日），〈馬來西亞僑生軍訓及海外青年講習會（一）〉，《外交部》，國史館藏，數位典藏號：020-010605-0005。

19 〈外交部收電〉（一九六九年三月四日），〈馬來西亞僑生軍訓及海外青年講習會（二）〉，《外交部》，國史館藏，數位典藏號：020-010605-0006。

20 同註18。

21 〈致在台之所有馬來西亞公民〉（一九六九年三月六日），〈馬來西亞僑生軍訓及海外青年講習會（一）〉，《外交部》，國史館藏，數位典藏號：020-010605-0005。

眾多華族人口的東南亞國家產生猜疑與顧忌。[22]

陳修信的父親就是馬華公會首任總會長陳禎祿，故父子倆都擁有強烈本土政治認同的丙集團，同樣呼籲華裔應效忠馬國，及強烈反對「中國」再干涉馬國華裔事務。當時陳修信說：「台灣政府把大馬的華裔公民，看作是僑居外國的中國國民，不但會損壞大馬與台灣之間的關係，同時使別人對大馬華裔公民的效忠產生懷疑。」陳修信認為唯一的辦法就是廢除僑委會。[23]

值得注意的是，雖然從陳修信公開呼籲廢除僑委會，可見其累積的不滿由來已久，但馬國學生受軍訓的爭議可能只是導火線之一，因為同年五月是馬國全國大選，族群問題更顯敏感，故背後也許顧慮到馬來族群對大馬華裔在台受軍訓的觀感，若處理不好，可能國民黨當局就真的陷大馬華裔於不義了，因為這一年的五月就發生了「五一三事件」。

對於陳修信的表態，當時僑委會竟反控陳修信「干涉台灣內政」，對此馬華公會總祕書甘文華反譏僑委會的言論「實在令人好笑」，甘文華指僑委會才是企圖顛覆在台灣的大馬華裔學生的思想，顛覆馬國公民。[24]此外，日後甘文化還協助陳欽生兄長陳亞華發函給台駐馬總領事館，要求國民黨當局解釋失聯半年的陳欽生下落。[25]

來自東馬砂拉越州的阿里學長（化名）的遭遇，正說明了國民黨當局如何「企圖顛覆」大馬華裔學生的思想。[26]在軍訓的過程中，最受爭議的環節就是僑生必須向蔣介石肖像、中華民國國旗敬禮以表效忠。本人回馬國各地採訪那年代畢業的留台學長姐時，認識了一位六〇年代末在台就讀的阿里學長，他稱在軍訓中感受到了「白色恐怖」。阿里剛到台灣時才十九歲，對當地政治不了解，就簽了上軍訓課的同意書，他沒想到當時馬國政府對台灣的軍訓課安排是有抗議的。[27]

一九六八年的暑假，阿里只好硬著頭皮到成功嶺受軍訓，否則無法畢業。不過阿里

22 南洋商報，〈敦陳修信強調華裔公民效忠本國 不容造成猜疑〉，一九六九年三月八日，頁五。

23 同註22。

24 南洋商報，〈甘文華指台灣政府措施係干預馬事務〉，一九六九年三十一日，頁五。

25 〈中華民國駐吉隆坡總領事館（代電）〉（一九七一年九月七日），〈馬來西亞僑生陳水祥陳欽生案〉，《外交部》，國史館藏，數位典藏號：020-010609-0005。

26 由於這位學者不願具名受訪，故以化名阿里取代。

27 作者訪問，馬來西亞美里市，二〇一九年二月十四日。

首相東姑阿都拉曼在記者招待會上發表談話。

東姑華誕前夕・暢談國內問題

揭露台灣當局

迫留學生歸附

希望外國政府・勿影響馬人民

沙巴問題

防務問題

任內愉快

當年馬國政府積極反對國民黨政府以強迫軍訓等手段，要求旅台馬國華裔學生效忠中華民國。（圖源：國史館）

和幾位馬國僑生堅決不對蔣介石肖像舉手敬禮，以捍衛自身還尚存的些許原則，結果阿里和幾位馬國僑生在軍訓期間有兩週遭到軍方審訊。雖然阿里被審訊的方式不是被羈押在牢房或禁閉室，每天依然可和同學一同上軍訓課，唯有在理論課時才被叫去受審，但有時晚上也會忽然被叫出宿舍。最可怕的是，有軍官掏出手槍瞄準他頭額，威脅稱他一定是有共產黨思想，企圖為他扣上共匪的帽子，對此阿里至今仍心有餘悸。

某天蔣介石真的到了軍營視察，阿里記得幾位原堅持不敬禮的馬國僑生嚇得棄守了立場，而他依然不為所動。阿里稱最終軍訓結業時，有位軍官私底下跟他表示歉意，只是無法以白紙黑字給他致歉，他也只能接受。此外，畢業於台中某國立大學的阿里學長提到，他並不認識張火森，但他當時確實曾聽說在台北的張火森抗議軍訓的事蹟。

筆者相信阿里的白色恐怖經歷肯定非單一個案，馬國駐台領事許英喜在一九六七曾致電台灣省政府外事室，控訴有位師大的馬國學生林整塔，在軍訓時遭教官毆打。[28]

28 〈臺灣省政府（函）〉（一九六七年十一月八日），〈馬來西亞僑生軍訓及海外青年講習會（一）〉，《外交部》，國史館藏，數位典藏號：020-010605-0005。

至於馬台雙方的後續處理為何，由於檔案未透露更多，我也未能找到當事人，就不得而知了。

也許張火森的「犧牲」與陳修信「廢除僑委會」的言論起了些作用，讓國民黨當局終於意識到馬國政府對軍訓爭議的反彈會傷害自身利益。一九六九年三月十日，張仲仁電報外交部稱，陳修信及當前的馬華公會基本上對中華民國算是友好的，此前均支持中華民國駐吉隆坡領事館升格及給予台灣旅客免簽，因此呼籲「我方」（指僑委會）勿視陳修信的言論出自惡意；由於當時馬國開始顯露欲跟中共政府建立外交關係的跡象，對於台馬間的軍訓爭議，張仲仁提醒「那並非與我生存有關或違反我重大國策問題」，他希望台北當局勿因小失大。[29]

很快地，同年三月二十四日，蔣介石對於僑生軍訓宣誓所造成的效忠問題，核定僑務政策應通盤檢討，且強調中華民國向來鼓勵當地華僑取得當地國國籍。[30]最終當局自一九七〇開始另外為馬國僑生開設「海外青年講習會」（簡稱「海青會」），講習內容包括一般體能訓練、反共鬥爭及訓育活動等三部分，成績不及格者，同樣無法順利畢業。[31]

儘管海青會不再有宣誓效忠的環節，但當時許英喜領事依舊向省政府外事室表達不滿，他強調重點在於僑委會依然不將馬國華裔學生視為外人看待，若身分認定問題懸而未決將影響馬台兩國關係。[32]為抗議當局不果斷處理僑生身分認定問題，馬方規定中央社駐馬特派員的簽證改為每月申請延期、關閉行政院新聞局駐馬的中華新聞處，以示報復。[33]不過，馬國僑生強制性參加海青會的規定，在一九七四年馬台斷交後仍延續著，直到九〇年代才結束。

龔群美回憶道，馬國政府抗議成功後，僑生就不再去成功嶺受軍訓，改到南投縣中

---

29 〈外交部收電〉（一九六九年三月十日），〈馬來西亞僑生軍訓及海外青年講習會（一）〉，《外交部》，國史館藏，數位典藏號：020-010605-0005。

30 〈總統府宣傳外交綜合研究組〉（一九六九年三月二十四日），〈馬來西亞學生會〉，《外交部》，國史館藏，數位典藏號：020-010605-0009。

31 郁漢良，《華僑教育發展史》（台北：編譯館，二〇〇一），頁五七七。

32 〈臺灣省政府外事室簽呈〉（一九七〇年六月十九日）數位典藏號：020-010605-0009。

33 〈駐馬主管人員會報記錄〉（一九七一年六月十四日），〈駐吉隆坡總領事館會報紀錄〉，《外交部》，中研院近史所檔案館，數位典藏號：11-01-20-05-01-028。

陳欽生記得，當年馬台兩國政府為軍訓問題吵得不可開交，而他到成功嶺參加的軍訓應是最後一年的強制性軍訓，往後僑生改為參加屬夏令營形式的「海青會」。（圖源：陳欽生提供）

興新村參加海青會，與軍訓差別在於沒持槍，但還是得接受《三民主義》和軍事理論課程。龔群美說，女僑生暑假時就會浩浩蕩蕩地到中興新村拜訪男僑生同學。由此可見，在整個軍訓爭議發酵的過程中，僑委會的態度是最為堅決的，相比中華民國駐馬領事館，甚至比蔣介石的態度更顯得「老頑固」，才使本該是小事的僑生政策問題成了馬台兩國間的「大事」。另一方面，從一九六九年三月陳修信發表廢除僑委會的言論，再到同年六月張仲仁回報高信指控馬華公會有三位共產黨人，可見即使馬華公會一再堅決反對僑委會再干涉馬國華人事務，但以「祖國」心態自居的僑委會仍舊冥頑不靈。

馬來西亞旅台同學會

眼看六〇年代結束時，台馬雙方就馬國公民受軍訓問題已有了共識，但很快又出現了影響雙方關係的新考驗。

一九七三年，不僅意味著馬來亞獨立了十六年，馬來西亞成立了十年，[34]更意味著旅台的馬國僑生已從早期帶著「回國升學」心態的一代，更迭至經過馬來西亞國族主義洗禮的一代，更視自身為「留學生」，而非「華僑學生」。在這一年的五月，「馬來西亞在台學生校際聯誼會」（簡稱聯誼會）在台成立。然而聯誼會的成立並非一蹴而

34　一九八三年，婆羅洲的沙巴、砂拉越與新加坡與馬來半島的馬來亞組成「馬來西亞」，新加坡在一九六五年退出而獨立建國。

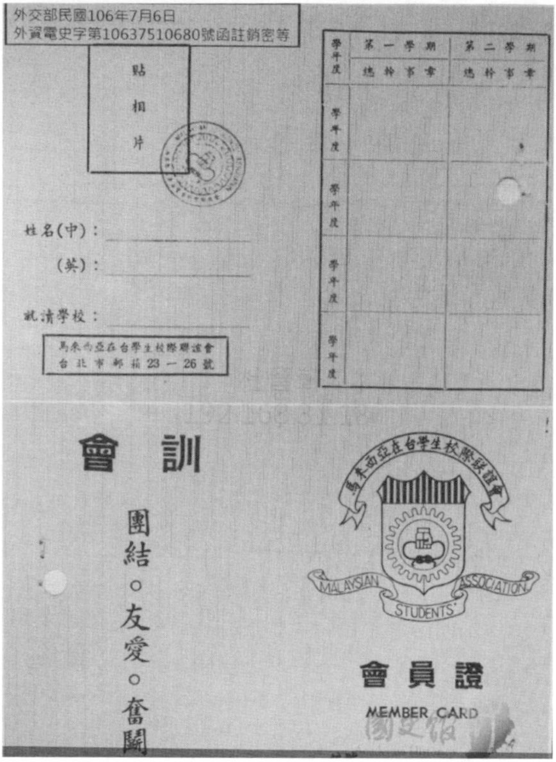

圖為「馬來西亞在台學生校際聯誼會」的會員證。（圖源：國史館）

就，外有國際局勢的變化，內有國民黨當局的統治合法性問題。

首先國際局勢變化上，一九六三年馬來西亞成立，一九六五年新加坡退出馬來西亞，連帶影響了原在台灣由僑委會以《僑生社團組設及輔導通知》設置的「星馬學生會」、「沙巴學生會」、「砂勞越學生會」。[35]

一九六七年馬國駐

台領事館在台北成立，馬方為阻止僑委會管理馬國公民，以及切斷國民黨當局對馬國公民強迫上軍訓、三民主義課程等「洗腦」行徑，許英喜領事除呼籲學生們不參加軍訓外，也向當局提出組織馬來西亞學生會、馬來西亞學生活動中心、開設馬來文班的要求，而當時配合許英喜上述行動的，就是不幸日後被國民黨禁止入境的「星馬學生會」會長張火森。

對於馬國學生的訴求，國民黨當局拖了好幾年才允許組織成立，這當中的糾葛乃當局視自身為「祖國」的統治合法性問題。起初當局內部的討論是，「外國留學生團體之會員」應以教育部核准的「外國人身分來華留學生」為準，然而馬國華裔學生是依僑委會的「僑生」管道入學的，因此拒絕了馬國學生的組織申請。[36]

35 國民黨一九四九年敗退台灣，五〇年代重振僑生政策，因此馬國在一九五七年獨立前，星馬兩地就有學生來台留學，故有星馬、沙巴、砂勞越等三個僑委會輔導的學生會存在。

36 〈海指（57）發字二二九號〉（一九六八年八月十七日），〈馬來西亞學生會〉，《外交部》，國史館藏，數位典藏號：020-010605-0009。

由於當時國民黨仍基於憲法是以血統主義角度視所有海外華人為「僑民」，因此在國民黨的「世界觀」裡，僑生並非「留學生」，既然是「回國」升學，又何必再另設同學會呢？雖然當時國民黨中三組海工會負責人谷振海建議，未來政府可朝馬國華裔僑生身分變更為「外籍留華學生」的方向改革，但可惜此具前瞻性的建言沒被接納，[37]以「祖國」之仲介自居的僑委會就是絆腳石。

另一方面，台灣內部政治局勢也是阻礙馬來西亞學生會成立的重要因素。對內實行獨裁統治的蔣政權，對於任何有規模的組織之出現都是戒慎恐懼的。由於一九六九年至一九七一年間，調查局曾遣返與關押多名「涉匪」的馬國學生，因此當局有共產黨人可能會透過馬國學生滲透台灣之疑慮，因此當局的思維是既然已不允許台灣人民自由結社，何以「雙重標準」允許「僑民」有結社自由呢？

一九七一年四月，當時馬國中文報章突然報導有十名旅台學生因在台非法收聽北京廣播電台而遭台灣政府逮捕，該報導震驚了台馬兩國。同年七月時任首相敦拉薩在國會說明，經了解後是兩位學生遭逮捕。[38]而這兩位學生在報導中沒披露名字，其實就是陳水祥與陳欽生，後續再說明他們的故事。

當時馬國教育部長敦胡申翁也在國會報告，他稱雖然台灣政府答應允許馬國留台學生組織「學生睦鄰會」，但馬方不會接受台灣設下「學生睦鄰會」須同時向僑委會註冊之條件，因為這等同於分散馬國學生的效忠。[39]馬方為給當局壓力，便警告張仲仁若台灣不允許同學會的成立，將影響兩國的邦交關係，[40]因為同年底聯合國大會將討論「兩阿提案」，當局對馬國的立場相當重視。

儘管一九七一年底馬國在聯合國大會上還是投贊成票支持中華人民共和國入聯，但最終馬台雙方經多番協商下，「馬來西亞在台學生校際聯誼會」還是在一九七三年五月十七日成立了。協商結果是「名不正言不順」的僑委會被排除在外，聯誼會得同時向

---

37 同註30。

38 剪報（一九七一年七月九日），〈馬來西亞學生會〉，《外交部》，國史館藏，數位典藏號：020-010605-0009。

39 同註38。

40 〈教育部從政黨員（函）〉（一九七四年五月二十八日），〈馬匪建交後僑生教育問〉，《外交部》，國史館藏，數位典藏號：020-010605-0010。

台灣教育部以及馬國駐台領事館註冊，而組織命名中有「聯誼」二字是為彰顯其「非政治性質」[41]；聯誼會會務上，包括改選、通訊刊物也需獲得國民黨當局「政治介入」之同意。[42]至於馬來西亞學生活動中心與馬來文班的開設，當局稱馬方若要舉行活動可使用台灣現有的設施，如台大校園內的僑光堂。不過當局背後的考量依然是避免「共匪」滲透，擔心馬國學生有自身的活動範圍後可不受「祖國」的掌控，以及擔心馬來文班會演變成左翼滲透的「讀書會」。[43]

雖然起初聯誼會的成立背後是由馬駐台領事館推動的，但成立聯誼會的性質也非全然由上而下發生的，此時留台馬生們的國族認同已趨於穩定，加上當時在馬國學生常受到其他東南亞國家學生欺凌，因此也欲組織同學會「抵禦外辱」[44]，如一九七四年的《國立成功大學大同專案處理報告》揭露當時成大爆發越南僑生與馬國僑生的毆鬥事件，同時也顯示了國民黨的「祖國」思維。

該報告稱事件爆發的原因為：「自從馬來西亞同學會，發展為全國性組織，被允許作校際『聯誼』活動後，馬來西亞僑生，更覺得有所依侍，儼然以留學生姿態在僑生中炫耀，該會不僅不接受學校僑生聯誼會之約束，甚且連學校僑生輔導室亦不放在眼裡，台北的馬來西亞同學總會，明顯的變成了全國馬來西亞僑生團結中心，總幹事陳銀圖更是以『老大』自居，掛聯誼之名行操縱之實，南來北往，縱橫捭闔，助長了馬來西亞僑生的氣焰。」[45]由此可見，國民黨認為馬國學生「儼然以留學生姿態」就是對「祖國」不敬，加上當時馬台已「斷交」，這其中不乏當局仍想與馬國爭取華裔學生效忠的意味。

41 吳欣怡，《同胞與外人之間：馬來西亞「僑生」的身份與認同》，國立臺灣大學人類學系碩士學位論文（二〇一〇），頁六十。

42 〈商討有關馬來西亞在台學生問題會議議程〉（一九七四年四月九日），〈馬匪建交後僑生教育問題〉，《外交部》，國史館藏，數位典藏號：020-010605-0010。

43 〈參加研討「馬來西亞在台學生校際同學」聯誼會輔導要點草案會議報告〉（一九七三年一月十六日），數位典藏號：020-010605-0009。

44 馬來西亞旅台同學會官網，〈關於馬來西亞旅台同學會〉，二〇一九年四月八日檢索，https://msait95.wixsite.com/msait/blank-ig0m8。

45 〈國立成功大學大同專案處理報告〉（一九七四年十一月十五日），〈馬匪建交後僑生教育問題〉，《外交部》，國史館藏，數位典藏號：020-010605-0010。

第十二屆馬來西亞旅台同學會內閣幹事大合影。（圖源：馬來西亞旅台同學會）

聯誼會好景並不長，一九七四年五月三十一日，馬國與中華人民共和國建交，與中華民國結束了領事關係，一夕間聯誼會卻成了在台唯一的馬國「半官方」組織，協助馬國學生處理護照延期與更新、開立單身證明等事宜，直至馬國駐台友誼及貿易中心在台成立。[46]

於此同時，隨著兩國領事關係結束，原是向台灣教育部註冊的聯誼會，反而被迫在僑委會同年修正發布之《僑生社團組織及輔導辦法》下註冊，並更名為「馬來西亞學生聯誼會」[47]，僑委會終於「失而復得」。後來「馬來西亞學生聯誼會」又更名為「馬來西亞旅台同學會」（簡稱大馬總會），但依然是僑委會底下「輔導設立」的「僑生社團」，「回歸祖國」至今。

不合時宜的《僑生「回國」就學及輔導辦法》

一九八三年，馬方在台北設立準官方性質的友誼及貿易中心（簡稱駐台代表處），恢復了雙邊官方聯繫管道。不過對於大馬總會的歸屬問題，卻未見馬方再積極爭取管轄權，箇中原因也許是新的主事者不了解背後的歷史脈絡。

例如在二〇一七年八月一日，馬國駐台代表馮淑娟女士率領代表處成員拜訪時任僑委會委員長吳新興，結果事後僑委會在官方臉書發文稱：「雙方就臺馬經貿、文化及僑

46 吳欣怡，《同胞與外人之間：馬來西亞「僑生」的身份與認同》，國立臺灣大學人類學系碩士學位論文（二〇一〇），頁六十一。

47 〈教育部函〉（一九七四年七月十六日），數位典藏號：020-010605-0010。

生回國升學、海青班等業務進行廣泛交流。」當下我便留言質疑，僑委會在他國學生的母國官方代表前稱「回國升學」是不恰當的，僑委會臉書小編回覆我的留言：「您好，有關雙方會談討論『僑生回國就學及輔導辦法』內容，爰謹以法令用詞表示，謝謝您的寶貴意見。」[48]

《僑生回國就學及輔導辦法》始於一九五八年，諷刺的是，僑生群體中大多數並未有中華民國國籍，又以馬國學生佔過半。[49]在台馬國學生除了常聽到僑委會說「歡迎回國」等令人一頭霧水的政治話術外，還得常面對台灣社會對「僑生」二字刻板印象與歧視[50]，不合時宜的《僑生回國就學及輔導辦法》早該「正名」或廢除了。

馬國就要求當局讓馬來西亞學生聯誼會成立的爭議出現後，國民黨當局內部曾一度考慮放寬讓馬國華裔學生選擇以僑生或外籍生來台，[51]如中三組曾謂蔣介石已表態過不必過於糾結是「僑生」或「留學生」的立場，只要馬國華裔學生能在台受教育就好，不過僑委會也以「領袖（蔣介石）一再訓示海外僑民為反共復國三大力量之一」為由反駁[52]，不高興的高信極力反對放寬僑生身分認定，他稱：「如此我炎黃子孫回國升學則全部變為外國留學生，不但忠貞僑胞群相責難，更予當前在海外推行復興中華文化之

48 僑委會官方臉書，二〇一九年四月八日檢索，https://www.facebook.com/iocac/posts/1575755195776374?__tn__=H-R。

49 根據教育部統計，一〇七學年度的全台僑生有二萬四千五百七十五人，扣除香港學生七千六百五十九人、澳門學生四千六百八十四人（香港、澳門在回歸大陸後，實質上已由陸委會管轄），總人數七千八百九十四的馬國學生已佔整體僑生六成。

50 由於戒嚴時期僑教獲得美援與台灣政府的優待，同時「僑生」又是具有「大中國主義」的政治符碼，因此一九八七年解嚴後，本土意識抬頭的台灣社會對僑生政策做出批評，提出限縮給僑生的保障名額、要求僑生參加聯考等訴求，此為第一波僑教風波；接著二〇〇〇年民進黨執政後，雖然獨派的扁政府曾揚言廢除僑委會，但終究保留了下來，不過開始限縮僑生福利，引起那時期的僑生不滿，直至馬政府後上台後，才對僑生福利開始「平衡」。雖然蔡英文政府因推行「新南向政策」而延續僑生政策，不過時代力量曾要求民進黨政府對「僑胞」、「華僑」、「台僑」作明確定義。只要「僑生」定義一日未改，在台求學的僑生們隨時可能會意外被捲入政治口水戰當中，僑委會得負滿大責任。

51 這也是一九九七年至今的狀況，馬國學生已能自由選取身分，但仍未開放可在就學期間轉換。

52 〈外交部有關馬來西亞學生會會議記錄〉（一九七一年六月三十日），數位典藏號：020-010605-0009。

一群馬國旅台生曾在一九八三年推出《大馬青年》雜誌，當中不乏關注馬國政治發展的文章，彷彿告別了馬國旅台生不再視中華民國為「祖國」的時代。（圖源：翻攝自《大馬青年》創刊號封面）

莫大諷刺，即今後我亦無僑教可言，正予共匪統戰分子可乘之機」。[53]

如今「正予共匪統戰分子可乘之機」可謂假議題，雖然中國大陸官方也有僑生政策，但該政策是謹守中華人民共和國的單一國籍法原則的，意即在海外仍擁有該國國籍的華僑學生才能申請「僑生」。因此若台灣僑委會仍以改革僑生身分會有利於對岸為由，實際上只是為爭取預算，為了不讓僑委會被裁併的藉口。雖然在民進黨執政下的「民共」對抗，僑生偶爾也被捲入戰場，宛如還在延續國民黨一黨專政時期兩岸的「正統中國」之爭，如僑委會委員長吳新興呼籲留台校友捍衛台灣的自由民主[54]，行政院也稱要以民主自由爭取僑生，[55]但如今冷戰已過，對實質上多非僑民的僑生政策早該有所改變。當年台灣一度出現過改革僑生身分定義的契機，蔣介石的立場也非毫無討論的空間，從各公開文獻可見是僑委會的固執才讓僑生政策這「活化石」得以延續至今。

歸根究底，至今未被裁併的僑委會面對著沒有業績就沒有預算、沒預算組織就得面臨被裁併的結構性難題，而每年大量來台留學的東南亞僑生就是僑委會最大的「業績」之一，也是僑委會對外反駁不能被裁撤的重要依據。僑委會前員長鄭彥棻有句名言：

---

53 〈僑委委員會用箋〉（一九七一年七月十六日），數位典藏號：020-010605-0009。

54 僑務電子報，二〇一六，〈吳新興勉留台校友捍衛自由民主價值〉，二〇一九年四月八日檢索，https://www.ocacnews.net/overseascommunity/article/article_story.jsp?id=201829。

55 中央通訊社，二〇一七，〈新南向 政院：以民主自由爭取東南亞僑生〉，二〇一九年四月八日檢索，https://www.cna.com.tw/news/aipl/201703090278.aspx。

「無僑教即無僑務」，也許從「業績」的角度而言，就是這意思了。

簡而言之，時至今日多數僑生已不再是華僑，《僑生回國就學及輔導辦法》已不適用。雖然本人也曾是以僑生身分在台求學的畢業生，但僑委會勿因業績考量而不改華僑生的身分認定，應讓不具有中華民國國籍的海外華裔學生僅能以外籍生身分入學，既可摒棄祖國心態，也可不再讓兩岸統獨爭議「消費」了外籍華裔生。

僑生身分的轉型正義

提到馬來西亞歌手，目前最為港台大眾所知的大概就屬黃明志了，除創作不少具有爭議性、搞怪的音樂作品外，「大言不慚」也是他的特色。黃明志曾在其粉絲專頁轉載了《星洲日報》的一篇報導，該報導內容為前總統馬英九接見馬國留台校友會聯合總會參訪團的新聞，當時馬英九讚揚馬國僑生在台灣各領域有亮眼的表現。

一般讀者大概以為這只是篇傳達「正能量」的普通新聞，不過黃明志直言不諱地稱：「看到了這篇報導，我只想說……謝謝台灣對馬來西亞學生的照顧。但我們不是僑生，也不叫華僑，因為我們沒有僑居在別人的國家，馬來西亞是我們的國家。你可以叫我們馬來西亞人，大馬人，或者馬來西亞華裔／華人。」[56]

黃明志大概是在二〇一二年來台留學，他會有上述看法並不意外，這確實是不少當代留學台灣的馬國華裔學生的心聲。

多年來僑委會一直以帶「祖國遺緒」的《僑生回國就學及輔導辦法》招收海外僑生，而且「一日僑生，終身僑生」，就算僑生在休學、轉學、升研究所階段時想變更身分為「外籍生」也與法不容（外籍生反之亦然）。也許解嚴後的台灣在本土意識的抬頭下，進而鬆動了多年來僑委會對僑生堅持的「正統祖國」論述，台灣官方在一九九八年起才開放馬國華人以「外籍學生」身分來台留學。[57]雖然僑生政策至今沒有被廢除，

56 黃明志官方臉書，二〇一九年四月八日檢索，https://www.facebook.com/namewee/photos/a.391268503428/10152201739488429/?type=3&theater。

57 吳欣怡，《同胞與外人之間：馬來西亞「僑生」的身份與認同》，國立臺灣大學人類學系碩士學位論文（二〇一〇），頁一二〇。

或進一步跟隨《國籍法》修正為僑生僅限於有中華民國國籍者，但一九九八年對馬國華裔學生能以外籍生身分來台的開放，無疑推動了削弱僑生政策「合理性」的道路。同時，我之所以特別強調大馬總會的歷史，除了凸顯國民黨如何維繫自身「正統中國」的動作外，其實我自己也是大馬總會的第四十二屆副總會長（二〇一四年）。

自加入大馬總會後，我有過不少與僑委會「長官」打交道的心得。歷經三次政黨輪替的台灣已民主化，公務人員也歷經時代洗禮，除了老一輩或意識形態偏藍的僑委會官員外，幾乎沒有太多要把僑生「再中國化」的企圖心，也許考進僑委會的公務員只求一個「鐵飯碗」，他們對僑生政策歷史也不太熟悉，更遑論曉得過去馬國政府與僑委會的恩怨情仇了。

平心而言，我在擔任副會長期間沒感受到僑委會的長官有展現太多「祖國的威嚴」。不過，少數的相關經驗還是有的，如曾有負責僑生業務的小官員對大馬總會與母國的互動表示關切，並向時任總會長提出同學會在接待馬國官員或朝野政治人物前，能知會僑委會的要求。對當時的我和總會長而言，與母國的任何交流都是我們「馬來西亞人」的事，因此也不太重視上述關切。

雖然筆者曾是以「僑生」這個管道來台求學的外籍華人，但我絕非「僑胞」。而且在研究了戒嚴時期遭到國民黨白色恐怖的「僑生」學長姐事蹟後，更讓我意識到「僑生」身分政策早該「轉型正義」了，未來「僑生」政策應朝持有中華民國國籍的海外僑民才能申請的方向做改革，招收外籍學生應採屬地主義的思維，無論來者是否為華裔，只要不具有中華民國國籍，就不應被視為「僑生」。

這不僅是為解決不少東南亞華裔學生對「華僑」、「僑生」一詞的反感，更是位居「祖國」仲介的僑委會，該為過去白色恐怖冤案負上的部分責任。

第九章

左派讀書會

「生在大時代，身不由己。」

——肖南

北京電台廣播

台扣留十餘名旅台學生

張仲仁總領事表示不知情

傳關閉領事館非官方消息

（本報吉隆坡十二日訊）此間中華民國總領事張仲仁今日針對一項有關大馬十多名留台學生因涉嫌收聽北京電台廣播而被台灣政府扣留的報導表示稱：他至今並未接獲該國對此事的通知，所以他對此事一無所知。

他答覆記者的詢問時稱，該國的法律有明文規定收聽北京電台是違法的，至於對犯法者將作如何處置，這是由法庭加以審裁而定。

他指出此法律是適用於所有在台灣居留的人，這包括外來公民及留台學生在內。

對有關新近一項消息謂大馬政府欲關閉在台灣的領事館事，他否認稱，大馬政府經已日前作出澄清說此消息並非是來自官方的消息。

他表示稱他看不出大馬在台灣設有領事館有甚麼壞處。

他指出近年來大馬與中華民國的貿易關係非常密切，這是很好的現象。

他引述兩國在近年來的貿易總額時稱，一九六七年是六千九百萬元，六八年是八千七百萬元，六九年是一萬萬元，七〇年是一萬萬四千萬元。

他指出一九六五年至七〇年雙方的貿易平衡，大馬是佔有利地位，大馬是出超。

他強調稱，大馬在台灣設有領事館並沒有甚麼壞處。

他說大馬購入台灣的產品有化學品，紡織品，罐頭等。近年來兩國有進行有關鋼鐵與化學品的聯營投資。

這足以證明兩國的貿易關係是非常密切的。

一九六九年五名來自芙蓉市的學生被遣返，以及後來蔡勝添、陳水祥、陳欽生的被捕，在資訊封閉的情況下形成了當時馬國媒體報導「十餘名學生被捕」的「傳聞」。（圖源：國史館）

雖然第七章提到的《中國報》前記者陳駒騰被中華民國駐吉隆坡總領事館監控，但他不是白色恐怖受難者，我之所以還是想到芙蓉拜訪他，除想了解當年國民黨當局對海外中文媒體的控制手法外，其實也是為透過陳駒騰先生，找到一批當年被驅逐出境的馬來西亞僑生。

一九六九年上半年，國民黨當局宣稱「偵破」了一宗由五名馬國僑生組成的「匪黨」組織，當局稱他們思想左傾，在馬國組過「讀書會」等云云，而這五位學生的共同點，都是畢業於森美蘭州芙蓉中華中學，也就是陳駒騰的母校。

當我看到陳駒騰與這五位學長姐們的共同點時，便聯想到，雖然陳駒騰先生和這幾位當事人赴台的升學時間相差約十年，但陳駒騰不僅是當地人，又是記者出身，說不定他會有線索？當我將部分檔案供陳駒騰參考後，果真他認識其中兩位。不過，由於當事人不願多談，為保護當事人隱私，故本章將當事人以化名處理。

「鎮」壓「海」外華僑的「祖國」

一九六九年一月十七日，警總召開一場祕密座談會，探討如何逮捕五名思想左傾的馬國僑生。出席單位包括國民黨中央黨部第三組與第六組、僑委會、知識青年黨部、教育部軍訓處、外交部亞太司、國安局（列席指導）等，當局將該場會議命名為「鎮海專案座談會」。

為何稱為「鎮海專案」，目前公開的檔案未多作說明，但憑表面上的字義，不禁讓人想到，或許這當中有當局欲「『鎮』壓『海』外華僑」之意涵，抑或是「鎮」住

「海」外關係？如果沒有更多還未被發現的「鎮壓」案例，那在「鎮海專案」發生之前被當局扣押的馬國學生案例，就屬一九六四年離開台灣的陳團保了，中間已相隔了五年。值得注意的是，這五年馬國和台灣雙邊關係的變化起伏，也影響了國民黨統治集團內涉外部門間的政治角力。

「鎮海專案座談會」共召開了兩次。首次會議決議了由警總、教育部軍訓處、知識青年黨部負責協調逮捕行動，該祕密行動以不在校內和公共場所逮捕對象為原則，並決議扣押後將人押送至軍法處收案，再由警總保安處偵訊。列席指導的國安局還稱「本案可能為匪黨變型之組織，請警備總部徹底澄清……請各支援單位與警總密切協同配合進行，防止意外演變。在外交、僑情及國內反應方面妥為肆應。」

雖然最終五位馬國學生被遣返了，但實際上涉案的共有十一人，其中三人被國民黨當局認定情節較嚴重，被列入第一波逮捕的對象，另外兩人可能在二月才遭到逮捕，其餘六人經調查後被認定未受左傾思想影響而不被扣押。

第一波逮捕行動發生於鎮海專案座談會之後的第三天，警總在一月二十日晚上六點半，首先逮捕了就讀台北文化大學的肖南。整起案件看來，警總視肖南為「組織」的領導人。在同一晚，一過了凌晨零時，就讀成大的汪榮和中興大學的曉嵐先後被帶走。第二波逮捕行動則在二月八日晚上，被帶走的是就讀台大的嚴平和小美。

偵訊筆錄中透露，一九六六年五人畢業於芙蓉中華中學後，是經同學柳元的兄長柳宗的「誘惑」下，閱讀了《浪花》、《黃黎園罷工特輯》、《毛語錄》、「匪作家」魯迅等人「匪書」才開始思想左傾；具體行動包括在曉嵐家中設立小型圖書館辦「讀書會」，相互研究「匪書」與交換心得。不過到了一九六七年六月二十五日，該「讀書會」被馬國政治部發現，曉嵐家遭搜查。報告稱由於曉嵐的二哥是執政黨中人（有可能為馬華公會）而得以免於牢獄之災，因為當時馬國政府也極為反共，馬國當局僅以口頭警告責令曉嵐二哥。

當時中國大陸正值文化大革命，左派的馬國華裔學生也難以赴大陸留學。報告指控肖南等五人在一九六七年八月赴台留學前，柳宗「命」他們要堅定政治思想，因為台灣是反動政權、資本主義社會，並期待他們未來返國（文件中特地括號指馬國為「僑居地」）後跟隨他從事社會主義運動。

肖南等五人來台留學後，警總稱他們常在假日聚會，還與柳宗、柳元二人保持通信聯繫，同時柳宗還寄馬國報章剪報與「毛語錄」給他們，不過已公開官方檔案收錄剪報或「毛語錄」等檔案，故尚不得知這情節的真偽。

在肖南等五人被捕前的兩個月，即一九六八年十一月底，肖南收到友人和四兄的來信，報告稱信上的郵票背面有字跡，訊息為柳宗已在十一月九日被馬國政府逮捕，因此肖南函告知其他人應「沉著應對」。

馬來西亞華文教育困局

根據警總的偵訊報告可見他們五人是被分開偵訊的，警總稱五人的口供相當「吻合」。警總的研析結果指出，由於馬國政府實行對「華僑」歧視的政策下，他們透過閱讀「匪書」、收聽「匪播」，又受到友人柳宗影響，導致思想「傾匪」。至於對他們五人的指控，多源自於他們在馬國求學時期的事蹟，一定程度反映了那時代新馬華人亟受左翼思潮影響。

儘管當時馬國聯盟政府內有華人政黨馬華公會，但在最大的馬來裔政黨巫統推崇的

「單一源流教育」思維下，少數民族的母語教育權遭受打壓，包括華文教育（以下簡稱「華教」）。

一九六〇年，馬國教育部發表《拉曼達立報告書》[1]，決定不再舉辦以華文為媒介語的中學公共考試，只以官方語文——馬來文或英文作為考試媒介，同時規定中學以此為原則接受官方的「津貼」，成為「國民型中學」；因此許多原有的華文中學為捍衛母語教育，決定不接受政府津貼，而以「獨立中學」（簡稱獨中）的私立學校形式存在，不過也有一些決定接受津貼的中學再另設獨中，[2]而芙蓉中華中學屬前者。

國民黨情治單位對馬國政情研究指出，「因華文獨立中學師生素對馬政府教育歧視，並且對語文不平等政策深表不滿，故最易受馬共之煽動與利用」。[3]因此警總在

1 拉曼達立為時任馬國教育部長阿都拉曼達立（Abdul Rahman Talib）。

2 莫順生，《馬來西亞教育史（一四〇〇～一九九九）》（吉隆坡：馬來西亞華校教師會總會（教總），二〇〇〇），頁七十八～八十二。

3 〈共匪對馬來西亞滲透活動〉（一九六九），〈馬來西亞簡介及參考資料〉，《外交部》，國史館藏，數位典藏號：020-010699-0009。

圖為芙蓉中華中學校門口，除五位被遣返的學生外，陳團保也曾在此就讀初中部。（圖源：杜晋軒／攝）

偵訊報告中謂這五位學生「對社會之黑暗面深感厭惡，乃萌長左傾思想」，是有其背景脈絡可尋的。

肖南等五人是在一九六七年秋季來台升學。這一年，馬國國會通過一項國語法案，把馬來文列為唯一的官方語文，同時馬國教育部宣布所有高中畢業生，若欲到海外大學深造，必須通過在馬來西亞教育文憑（如同台灣高中聯考）的馬來文試卷考獲優等成績的條件。這政策意味著獨中生的高等教育出路，被獨尊「國語（馬來語）」的馬國政府給箝制了。[4]

有鑑於此，一九六六年赴吉隆坡任副領事的前副總統蕭萬長，眼見馬國華裔族群的華教生存空間日漸收縮，以及華人社會日趨左傾，因此蕭萬長便向馬國政治部建議，不妨讓華裔高中畢業生到同樣反共的台灣留學，可避免當地華人社會進一步被赤化，因此馬方聽取蕭萬長的建議後，也鼓勵馬國華裔赴台留學。[5] 此前台灣僑教在馬國華校間的資訊傳遞是相當低調的，這是為避免引起極端的馬來政治領袖的不良反應。[6]

不過，儘管蕭萬長順水推舟助地緩解了當地華人的升學難題，也迎合了仍視東南亞華人為「僑胞」的僑委會之業績需求，但並不意味著國民黨當局有意願「輔導」在台的左傾馬國學生。以上述五位學生的遭遇，以及接續會提到的陳欽生等馬國學生之遭遇為

4 莫順生，《馬來西亞教育史（一四〇〇～一九九九）》（吉隆坡：馬來西亞華校教師會總會（教總），二〇〇〇），頁一四五。

5 蕭萬長，《微笑的力量：蕭萬長 公職之路五十年》（台北市：天下雜誌股份有限公司，二〇一二），頁六十六～六十七。

6 藍元鴻，《戰後中華民國「僑生政策」對馬來西亞華文教育發展的影響（一九五四～一九七四）》，國立政治大學文學院歷史學系碩士學位論文，二〇一三，頁十二。

例，國民黨當局採取的方式不是遣返，就是製造冤案判刑，無助於推廣僑生政策上所謂避免東南亞華人遭「赤化」的初衷。

投名狀

一九六九年三月，對於要如何處理這五位學生，國民黨政府內各部門各有所顧忌，主要是因為台灣與馬國關係正處於重要的時刻。當時中華民國駐吉隆坡領事館獲馬國政府允准升格為「總領事館」，國民黨深怕任何風吹草動會讓「中馬關係」倒退。

首先在二月十日，外交部亞太司副司長項司揆回函告知警總，對於請外交部轉交肖南、曉嵐、汪榮等三人的自白書給馬方，以及協調馬方給予柳宗資料的要求，項司揆認為「不甚相宜」，因為稍早前的二月六日，馬國首相東姑阿都拉曼才召開記者會抨擊台灣干涉馬華社會（第八章曾提及）。

二月二十八日，警總函告外交部與僑委會委員長高信，稱五位僑生傳訊結果中，已承認閱讀左派書籍、收聽廣播，在「僑居地」受到柳宗思想影響，勉勵他們「抵台後會互相互相通信交換傾匪思想，並相互勉勵學習，並常藉假期見面交換心得，惟否認曾參加匪幫組織等情況」。

接著在三月七日，即馬華公會總會長陳修信要求廢除僑委會的隔日，當局各單位召開第二次「鎮海專案」會議，這也是首次逮捕行動後的首次會議，地點在警總兵棋室。對於如何處置這五位學生，該臣服於「祖國」的法威，還是該遣送回「僑居地」，會議記錄寫下了各方的分歧。

也許顧忌到馬國「僑情」的不良反應，甚至擔心未來會影響招收馬國僑生的「業績」，僑委會表達了該遣返的立場。僑委會的韓繼伍表示，遣返前應告訴學生家人，如果學生家人有不便之處，則應讓五位學生自動請求退學較妥。韓繼伍認為，若由學校開除學生，也可減少僑務處和學校的困擾。

然而國民黨知識青年黨部的汪崇仁對此提出異議，他認為採取遣返的做法過於草率，他堅決此事件不應姑息，應予以法辦。接著外交部項司揆就台灣當前的國際環境提出看法，他提醒最近馬國政府因「僑生集訓宣誓效忠問題」已產生許多「誤會」，項司揆建議應由外交部辦妥軍訓爭議後，再遣送會比較妥當，以免在與馬國關係上「火上加油」。項司揆說：「雖然兩案無直接關係，但有間接關係。」項司揆背後的意思，應是指當局逮捕五位學生的舉動，還是會引起馬國政府對國民黨將在台馬國學生視為「公民犯罪」的猜疑。

出席第二次「鎮海專案」會議的國民黨組織，除知識青年黨部外，還有中三組和中六組，但後兩者立場較知識青年黨部緩和，尤其長期經營海外關係的中三組對「僑界」反應較敏感。如中三組的萬國柱同意該遣返學生，因為不論法辦或遣返都不失為一種處分。萬國柱強調，過去總裁（蔣介石）對於馬國的問題曾有指示：「勿與馬發生誤會，要爭取馬之邦交」。因此萬國柱附議項司揆遣返時間該稍緩，以免影響「中馬邦交」。

而中六組的陳綏民也指出，採取遣返有尊重馬國政府之含義，因為馬方已認定五位學生為馬國國民，陳綏民說：「基於邦交關係，對彼等以『外籍留學生』身分做處理，自無不當，蓋中常會最高當局曾指示：馬來西亞僑生之身分，不必嚴格認定與劃分其係『僑生』抑或『外籍留學生』，本案之處分，與此決策精神吻合。」

陳綏民的意思是，將他們遣返回國，可讓馬國政府意會到國民黨沒把馬國華裔留學生視為「僑民」。不過造化弄人的是，一九七〇後遭逮捕的蔡勝添、陳水祥、陳欽生卻又被國民黨當局以「都是中國人」為由不進行遣返，筆者會在後續章節說明。最後，第二次「鎮海專案」會議主席徐人雋少將決議，將遣返五名學生，同時基於維護「中馬邦交」，如果時間不過長以致拖延的話，將稍緩執行遣返。

由此可見，從會議中國民黨中三組與中六組的立場，可見當時蔣介石已注意到若與馬國的關係持續惡化的話，自一九六四年起在馬國設領事館的邦交成果也許會付諸東流。因此中六組所謂遣返有尊重馬國政府之含義，也許是為馬台兩國對大馬華人身分認定爭議上暫時退讓，遣返的決定是為換取穩定馬國邦交穩定的「投名狀」。

遣送回國

一九六九年三月十三日，中華民國外交部函告駐馬總領事館通知馬外交部，將有五名學生被遣返。接著四月一日，台灣省政府外事室去函警總，稱馬駐台北領事館要求給予五名學生案情資料，因為馬方對此資料極為關注。

四月十日，外交部去函警總稱關於「僑生集訓宣誓效忠問題」已告一段落，似可執行遣返的工作。同時，由於中華民國駐吉隆坡領事館三月升格為「總領事館」，故甫榮陞為「總領事」的張仲仁返台參加外交部使節會議，並回報稱馬國政府對五位學生被扣押無不良反應。

最終在四月二十五日，警總在這一天的下午四時遣返肖南等五名學生，並派員監護搭乘招商局的海亞輪回「僑居地」，且行前已函告學生們的家長將在新加坡上岸。警總在四月三十日發給各部會的報告中稱，未來這五位馬國學生將被禁止入境台灣，至於其他涉案的六位馬國學生，將由知識青年黨部「並予教育」，以轉變「不正思想」。

一九六九年六月三日，肖南等五人回國一個月半後，馬國駐台領事去函警總，表示已收到五位學生資料，並期望日後相關部門在偵查左傾學生方面上能提供合作。

一切隨風

一九六九年四月二十五日，肖南等五人離開台灣，對於他們返回馬國後的境遇，我並不清楚他們有無立即遭馬國政治部調查，但可以肯定的是他們或許未預料到一場影響馬國未來半世紀的暴風雨，即將在這一年的「春夏之交」來臨，可能他們的命運也由此受到了影響。

他們回到馬國後不到二十天，就遇上馬國第三屆全國選舉。五月十一日的全國選舉結果，是由反對黨陣營首次奪下過半的得票率，雖然執政聯盟仍保有過半的席次得以延續政權，但接下來二日因反對黨支持者慶祝佳績的遊行引發了兩派衝突，最終多個城市爆發族群暴動，史稱「五一三事件」。五月十四日，拉曼政府宣布全國戒嚴。

「五一三事件」起因之官方說法，無論是暴動後馬國政府成立的架空首相拉曼職權的「全國行動理事會」（National Operations Council 1969）報告書、拉曼自述的版本（Abdul Rahman 1969），或學者的分析，其怪罪對象均是在選後勝利遊行中，對馬來人挑釁的在野黨——民主行動黨和民政黨的支持群眾，以及隱藏於背後的「馬共黑手」和華裔私會黨徒。[7]

7 王國璋，《馬來西亞民主轉型：族群與宗教之困》（香港：香港城市大學出版社，二〇一八），頁三十九。

我並不曉得那五位被遣返的學長姐當時回到一片混亂的馬國後命運為何，僅能從陳駒騰先生那略知一二。陳駒騰所認識的友人就是肖南與嚴平，然而直至截稿前，他倆始終不願受訪，不過嚴平先生願意讓陳駒騰將部分情況轉告予我。[8]

一開始陳駒騰從我這得悉了肖南等人的事情後，在我們首次見面前，重燃「記者魂」的陳駒騰先與嚴平見面，以了解當年的來龍去脈。當陳駒騰問嚴平：「你們在台灣到底有沒有搞共產活動？」時，嚴平回答：「怎麼可以搞？」，並解釋稱他們之所以被抓，與他們在高中時期成立學生社團（華文學會）有關，當時他們談了一些進步思想的東西。陳駒騰跟我說，他們在高中讀過的巴金、魯迅作品他也讀過，陳駒騰不滿地說：「怎麼可以歸類為共產黨的東西，不應該！」

嚴平同陳駒騰回憶道，肖南並非中心人物，而柳宗確實有寄書來台讓他們閱讀。由於他們都想分享讀書心得，分隔台灣各校的彼此就相互郵寄「限時專送」（應為「限時掛號」）傳閱，嚴平和陳駒騰坦言稱，那些書籍確屬左派書籍。

對於被捕後至遣送的三個月期間發生了什麼，嚴平跟陳駒騰說的不多，不過被扣押期間沒遭受過酷刑，並稱起初國民黨當局想讓他們服刑坐牢，但當時台灣得到了在馬成立總領事館的機會，因此在外交因素下才得以被遣返。由此可見，嚴平個人對何以能被遣返的緣由之理解，與以上各部會檔案所述吻合，不過對於遣送的過程環節有些許差異。嚴平告訴陳駒騰，他們是先後被送走的，並非同一客輪到新加坡，而且當客輪快到新加坡時，他們卻不被新加坡政府允許上岸，因此嚴平的家人只能租船到岸外接他。

以上就是嚴平對陳駒騰的說法。陳駒騰感慨地告訴我，雖然嚴平目前生活過得不錯，但他當年是成績優異的學生，被遣返後就沒繼續求學，他為嚴平感到可惜，「看到他這樣，有時候我埋怨國民黨。」家族有國民黨背景的陳駒騰說。

二〇一八年二月，當我和陳駒騰先生第一次見面時，陳駒騰讓我與肖南短暫通了電話，雖然他不願受訪，但他還是跟我說當時沒什麼讀書會，只是「東南西北」地聊天，「生在大時代，身不由己。」當時肖南先生這麼跟我說。

此外，我在蒐集檔案的過程中，檔案局收藏了蔡勝添、陳水祥、陳欽生三人與家鄉通信的信件，但肖南等五人的信件卻未見蹤影，是未解密？抑或是當年已交給馬國政

---

8 作者訪問，二〇一八年九月三日。

府，這就不得而知了。

寫到這，雖然最後我無法跟當事人求證其中的真偽，但即使檔案所述有可能九成是真的，抑或是那時代堅持左翼理念的青年得承受的代價，也無法否認他們不應因「思想罪」，而招致人權受侵害的事實。

第十章

同是天涯淪落人

「蔡勝添的個性，基本上跟我們一樣，對現實不滿，希望會有像中國一樣好的社會。我們也同樣來自中下階級。」

——陳傳興

一九七一年四月十一日，馬來西亞《光華日報》報導了一則來自台北的消息，稱有十多名大馬學生疑似因收聽北京廣播電台而遭台灣政府扣留，且多是芙蓉中華中學的學生。[1]陳駒騰先生告訴我，當年這新聞鬧得頗大，但大家都不曉得真假為何，直到我把檔案交給他看之後，他才恍然大悟原來認識多年的友人就是當年被驅逐出境的學生。

也許礙於七〇年代資訊不流通，這報導與「真相」有兩大落差，一是被驅逐出境的芙蓉學生只有五名，且早於一九六九年四月就被遣返了，二是當時的確有學生被扣留，但不是十多人，而是三個人——蔡勝添、陳水祥和陳欽生。

一直到同年七月九日，《海峽時報》報導馬國經與台灣政府一番交涉後，才清楚所謂十人被扣留的消息是錯誤的，時任馬國首相敦拉薩在國會表示，只有兩位大馬學生被扣留。[2]至於為何不是三位，而是兩位，這有可能是當時馬國駐台北副領事去探訪景美看守所時，僅被安排見到了蔡勝添和陳水祥，陳欽生表示他完全沒見過駐台領事，但官方檔案卻指稱他已見過了。

接下來本章將述說這起案件中，第一位遭逮捕的蔡勝添先生。

被監控的僑生

九四六年，蔡勝添出生於馬國南部的柔佛州士乃（Senai），他是第三代華人，祖籍為廣東寶安縣的客家人。對於家族中的共產黨因素，蔡勝添不諱言稱父親蔡思保原是有穩定收入的小學老師，因親戚牽涉到馬共案件而受牽連，因而被迫離開教職去當橡膠園管理員，有十二個孩子的蔡家頓時陷入經濟困境。

雖然家裡經濟狀況吃重，但蔡思保也和傳統的大馬華人家庭一樣，秉持著「再窮也不能窮教育」的精神，當蔡勝添畢業於柔佛州的新山拿督嘉化國中（SMK Dato Jaafar）後，蔡思保便鼓勵蔡勝添赴台留學，後來蔡勝添的弟弟也到台大農化系就讀。蔡勝添記得，當時家鄉士乃只有兩個人曾赴台留學，因此對台灣的了解有限，他父親是因為某天

1 光華日報，〈聽北京電台廣播　十多名大馬留台學生遭台灣政府扣留〉（一九七一年四月十一日），〈馬來西亞陳水祥陳欽生案〉，《外交部》，國史館藏，典藏號：020-010609-0005。

2 The Straits Times, "Govt doing its best for detained students"（一九七一年七月九日），典藏號：020-010609-0005。

在街上耳聞到台灣升學的相關訊息後，才建議他考慮來台，而當時蔡勝添也想往外看看這世界。

一九六五年六月，蔡勝添先到台北蘆洲僑生先修部上課一年，而他就是在此認識陳水祥，他們同樣就讀先修班丙組A班，後來不約而同考上了中興大學，蔡勝添考上昆蟲系，陳水祥則考上植物病理系。雖然昆蟲系並非蔡勝添的第一志願，他的理想科系是農藝系，但念在父親從事的橡膠業常年遭到害蟲危害，蔡勝添想說不定未來昆蟲系還是大有可為的，因此立志畢業以後回國發展。[3]只是沒想到距離畢業只剩下一年，蔡勝添就被帶走了。

一九七〇年七月二十二日，正值炎熱的暑假，蔡勝添忽然接到同班同學通知，住在中興新村的教官要找他，蔡勝添便不疑有他在隔日與教官會面。教官問蔡勝添這暑假都去了哪裡？還說蔡勝添臉色相當難看。那位教官在中興大學校內是負責管理僑生事務的，蔡勝添便如實告訴教官，他暑假之所以不常在宿舍，是因為到一位準備考公務員的同系學長家幫忙整理考古題。

蔡勝添沒想到的是，隔天七月二十四日，四名調查局人員卻上門到他學長家將他帶走，他頓時才明白是教官告訴調查局他的行踪。對於這段往事，蔡勝添無奈地說，他也明白教官只是聽命行事。蔡勝添先是被調查局人員扣押到台中市調查站，不久便被帶到台北市三張犁扣留所，關了一段時間後再被送至景美看守所扣留。調查局指控蔡勝添在馬國加入共產黨，來台後有蒐集情報資料、向台灣同學宣揚「共匪建設進步，科學發達，並教唱匪偽歌曲，為匪宣傳」等事蹟，最終被判有期徒刑十二年。[4]

調查局為了要蔡勝添「承認」是共產黨員，除肉體上的折磨，更多的是精神上的折磨。調查局不僅不讓蔡勝添睡覺，還會故意將他弄醒，而且還不斷以判死刑恐嚇他，導致他在獄中睡覺時會感到害怕，精神崩潰下會半夜起來大喊，因此蔡勝添在出獄後曾飽受憂鬱症之苦。

對於那些指控，蔡勝添稱他在馬國時有唱中國民謠的興趣，譬如《劉三姐》，在中興大學也加入過土風舞社，甚至還幫系上國民黨員同學協辦到梨山的郊遊，無論是國民

3　作者訪問，二〇一七年七月十五日。

4　中華民國國防部一九七一年五月十四日判決（60）覆普衡帝字第四九號。

黨員同學或校內教官也曾邀請他入黨，不過為他所拒，[5]沒想最終會落得被扣上「共匪」帽子的下場。[6]不過這些都不是蔡勝添被捕的導火線，導火線為他和家鄉好友陳傳興的通信內容引起國民黨當局的誤會。

走過戒嚴年代的台灣人大部分都曉得，大學校內的教官多是國民黨監控學生思想的眼線，當然被視為「中國人」的僑生也不意外會被監控。值得注意的是，一九六九年遭遣返的五位馬國學生當中的曉嵐，當時就是中興大學農學院學生，與蔡勝添同屆，也許曉嵐與蔡勝添的信件內同樣被教官室檢查了。不過蔡勝添稱與曉嵐互不認識，也不曉得對方早他一年被遣返的事。

蔡勝添不諱言，他年輕時就是個左派青年，在家鄉時就喜歡和朋友談論時事，因此他來台灣後依然和好友保持通信聯繫，而且在信中提過不少國際時事，如越戰、以及對台灣社會現象提出批評，抑或「情色咖啡廳」、台灣的大學生對政治「敢怒不敢言」[7]、政黨介入校園等。

對此，當年蔡勝添跟法官澄清，因為馬來西亞華僑都有很強烈的民族意識，他是到了祖國後不忍看到上述社會現象，才在信中分享給陳傳興的，並非要詆毀祖國或進行任務。」蔡勝添在覆判書狀中也解釋稱，他在台灣有感國際新聞不多，因此才請陳傳興多分享些國際局勢給他。[9]

當時蔡勝添接到家鄉好友陳傳興的來信，得知陳傳興不僅加入了在野的馬國左翼政黨——勞工黨，還成了地方支部主席，蔡勝添沒想到調查局以此為依據，指控陳傳興為共匪，並指派蔡勝添帶「任務」到台灣。即使蔡勝添在扣留期間多番強調，勞工黨並非共產黨而是馬國合法政黨，也依然無濟於事。

---

5 蔡勝添拒絕加入國民黨的原因，是擔心回不了馬來西亞，會招致政府對他忠誠度的猜疑。

6 「軍法聲請覆判理由書狀」（一九七一年四月七日），〈蔡勝添叛亂案〉，《國防部軍法局》，國發會檔案管理局藏，檔號：B3750347701/0060/1571/089。

7 蔡勝添之所以稱「敢怒不敢言」，他在聲請覆判書狀提到大家都不喜歡上軍訓課，即使桌上擺了軍訓課本，但還是會偷看其他書籍。

8 「軍法聲請覆判理由書狀」（一九七一年一月十二日），〈蔡勝添叛亂〉，《國防部軍法局》，國發會檔案管理局藏，檔號：A305440000C/0059/1571/193。

9 同註8。

此外，調查局對陳傳興信中提到「工作要小心」這段話起疑心，蔡勝添當年解釋稱，因為他把在學教台灣同學唱中國民歌的事情告訴了陳傳興，因此陳傳興提醒蔡勝添不應隨便教同學唱歌，並未指涉任何有共產黨有關的事，是陳傳興的用詞不當而已。[10]

令蔡勝添不解的是，其實他早在一九六八年已被教官提醒要注意通信的內容，以免引起不必要的麻煩，他當下就明白信件已被監控，因此也就不再和陳傳興通信了。然而即使與陳傳興停止通信兩年，最終調查局還是逮捕他，這箇中緣由至今令他非常不解。

回不去的家鄉

「別人的小孩死不完。」蔡勝添以這句台灣俚語向我表達對國民黨行徑的感受。蔡勝添被押在景美看守所後期才曉得，原來陳水祥也一樣被抓了，到了更後期才知道就讀成大的陳欽生也遭到逮捕，蔡勝添和陳欽生是到了綠島才第一次碰面。還好，當時蔡勝添的在台大就讀的弟弟未受牽連，蔡勝添也獲准聯繫他，家人才得以知道他的情況。蔡勝添不諱言說，搞不好連他弟弟真的認為他是共產黨員，因為他的意識形態在家庭成員中是偏左的。

當時馬國駐台副領事查賈立（Zakaria）也到景美看守所探訪蔡勝添，但一九七四年台馬兩國結束領事關係後，對他們三人的後續援助工作也無疾而終了。蔡勝添表示他多次在軍事法庭跟法官抗議，他的自白書是被威脅之下寫的，但不被法官接受。

當時蔡勝添激動地跟我說：「其實判決書你去研究的話，也是很多矛盾，例如我生長在馬來西亞，即使我是馬共，其實馬共也和台灣沒什麼關係啊，應該是馬國政府抓我，關你台灣屁事。台灣憑什麼審我。再說我叛亂，我連槍都不會開，至少要有個組織嘛。」

蔡勝添也嘗試以他並非中華民國國民為由，要求遣送出境，他主張「被告是馬來西亞公民，並非自廣東移居者，被告來台是為求學而非做什麼工作的」[11]。然而法官以中華民國《國籍法》乃屬人主義的立場駁斥，認定蔡勝添祖先來自中國，所以蔡勝添也

10 同註8。

11 同註8。

是「中國人」。最終蔡勝添被判「有期徒刑十二年，褫奪公權五年，全部財產除酌留其家屬必須生活費外，沒收。」[12]諷刺的是，就和其他外籍華裔受難者一樣，蔡勝添根本不具有中華民國公權，公權卻還能被褫奪。

一九八二年出獄後，當時蔡勝添的心情相當複雜，雖然他曾向國民黨當局提出離境回馬國的要求，但也不意外地被拒絕了，而蔡勝添也不敢去馬國在台代表處求助，因為他擔心若馬國政府真誤會他是馬共黨員的話就糟糕了，畢竟當時馬共仍未投降。

沒有大學學歷，又是更生人的蔡勝添為求生存，曾寫信給警總要求提供他生活費、身分證，直到警總被蔡勝添「煩了」好幾個月後，才願意給蔡勝添身分證，正式有了「公權」。

由於蔡勝添在綠島監獄時期被安排在廚房工作，因此學得了煮菜的好手藝，得到身分證後的蔡勝添順利與同學（難友）一起創業開自助餐。不過後來自助餐生意經營不善，蔡勝添便轉換跑道，曾到饅頭工廠、砂石場、染整廠工作。如今年過七十的蔡勝添已退休。

蔡勝添是經友人的介紹下，認識了現在的太太。蔡勝添表示，雖然他太太不介意他的過去，但論及婚嫁時，岳母的心情相當掙扎，因此岳母決定去到三峽的行天宮「筊杯」問神明意見，結果有情人終成眷屬，神明給予了他們祝福。雖然失去了回馬國的機會，但令蔡勝添欣慰的是，他在台灣舉辦婚禮時，他母親還能到台灣出席婚禮。直到一九八七年解嚴後，蔡勝添也有了第一個兒子，才決定帶妻小一起回馬國探望家人。當時蔡勝添之所以沒著急回國，是因為內心對家人有莫大的愧疚感，因為身為長子的他本是家裡的希望與支柱。

對於那一次返馬的經歷，蔡勝添仍心有餘悸。已不再是馬國公民的蔡勝添雖然入境馬國沒遇上阻礙，然而當他從馬國回到桃園機場準備入境時，不曉得是海關還是警總的人卻帶他進入一個小房間，當時蔡勝添擔心就這樣回不了桃園的家了。最後有關人員只是簡單地問蔡勝添在馬國時去了哪裡，便放他離開。蔡勝添也和其他難友一樣，即使出獄了，還得面對公權力的打擾，警總的人不僅到蔡勝添工作的砂石場找他，也常到他家騷擾。蔡勝添說有次他太太不滿地對上門的警總人員說：「他就是犯罪，赴獄十二年

---

12 中華民國國防部一九七一年五月十四日判決（60）覆普衡帝字第四九號。

蔡勝添、陳水祥、陳欽生在綠島監獄上的合影。
（圖源：陳欽生／提供）

了，債已經還了，你們為什麼還要找他？」之後警總便沒再來騷擾了。

最後，對於當年的家鄉好友陳傳興，蔡勝添首次回馬時只有五天，只有陪伴家人，並未聯繫當年的友人，蔡勝添說：「怕他們有負擔。」雖然三十多年來蔡勝添有多次回馬，但至今未與陳傳興聯繫。

馬來西亞勞工黨

一開始我採訪蔡勝添的報導

是登在《多維新聞網》，當時我還在那就職。[13]沒想到網絡無國界，蔡勝添的報導有幸被陳傳興看到了，最終陳傳興也接受了我的訪問。[14]

二〇一八年三月，當時回馬國過農曆新年的我，正準備前往新加坡轉機返台，而陳傳興正也在馬國最南端的城市新山（Johor Bahr）工作，因此我們選擇在距離通往新加坡海關非常近的商場會面。有時我會想，如果當年蔡勝添沒被捕的話，那來自士乃的他會不會也似許多柔佛州人一樣，選擇到新加坡賺新幣呢？或過著在新山與新加坡兩岸間通勤的無常日子？

當初聯繫上我的是陳傳興的侄女，因為她記得叔叔陳傳興常提到曾有位在台灣被扣留的摯友，陳傳興至今仍盼望見上老友一面，因此她才代陳傳興聯繫上我。陳傳興跟我說：「當時我們很單純啦，只是小人物，寫信時沒注意到（政治敏感）。」

---

13 多維新聞網，二〇一七，〈專訪蔡勝添 首位白色恐怖冤牢下的馬國僑生〉，二〇一九年五月一日檢索，http://culture.dwnews.com/history/big5/news/2017-08-09/60005893.html。

14 作者訪問，二〇一八年三月一日。

在陳傳興與蔡勝添共同度過的六〇年代，是左翼思潮奮起的年代，陳傳興記得不只是柔佛州青年受到影響，甚至可以說是全馬如此，因此陳傳興才加入了勞工黨，還當上支部主席。

「其實我在學生時代就被列入（政治部）黑名單了，因為我的親戚校長跟我說不要參與這些活動，有被注意了。」陳傳興說，不過他不清楚蔡勝添是否有被列入黑名單，因為相較之下，蔡勝添不如他常參加左派的聚會、文藝演出、群眾大會等左翼色彩的活動。陳傳興回憶道，蔡勝添比較喜歡中國的民謠、電影，不過但他們依然很投緣。

「蔡勝添的個性，基本上跟我們一樣，對現實不滿，希望會有像中國一樣好的社會。我們也同樣來自中下階級。」陳傳興說，不過他強調蔡勝添沒加入勞工黨，而他剛好是在蔡勝添到了台灣後才入黨的。當時他們對台灣的認識不多，就只知道國民黨腐敗。陳傳興記得，蔡勝添之所以會去台灣留學是因為家庭經濟問題，無法負擔昂貴的新加坡南洋大學，而中國大陸又處於文革時期，只好到有僑教優惠的台灣；當初蔡勝添也有邀請陳傳興一起到台灣留學，但陳傳興家庭經濟狀況比蔡勝添更糟，而他也不喜歡反共的台灣，去台灣留學必然受到更多約束。因此陳傳興中學畢業就到工廠工作，與蔡勝

當年與蔡勝添通信的家鄉好友陳傳興先生，除跟作者分享當年他與蔡勝添的關係外，還有他參與勞工運動的事蹟。（圖源：杜晉軒／攝）

添的關係只能透過通信維繫，但沒想到最終會出了事情。

我在台灣國家檔案管理局調閱蔡勝添的資料時，看到一批當年陳傳興和朋友寄給蔡勝添的賀年卡，這些賀年卡之所以被沒收，也許是設計充滿了左翼色彩，印有斧頭、鐮刀、農民工等圖樣。當時馬國也在反共，這些賀年卡應是違禁品才對，因此當我問陳傳興這些賀年卡從哪裡來時，他稱這些中國製的賀年卡也許是在新加坡買的，而當年沒想這麼多就寄出去了。

後來陳傳興也意識到蔡勝添出

了事情，就停止寄信給他。陳傳興記得，蔡勝添回了一封完全以英語書寫的信給他，內容大意為蔡勝添表示被一位女孩子糾纏，就請陳傳興別再來信了，「他只有那封信用英文，看到這封信就知道有問題了，就不跟他通信了。」陳傳興說。

當蔡勝添出事後，陳傳興並不曉得第一時間的情況，直到他在一九七一年遭到馬國政治部扣留後才曉得。當時陳傳興因為組織勞工黨的勞工運動，包括發動他所工作的鳳梨廠罷工，以抗議資方減薪，才招致扣押。陳傳興強調，雖然曾有新聞報導說他砸工廠，但非真相全貌，當時他是工廠的工友代表，在與資方約定好談判的那天，卻被資方找來的警方包圍抓人了。

在《內安法令》下，陳傳興被關在在霹靂州的華都牙也（Batu Gajah）扣留營八年。相比許多遭國民黨當局扣留的人遭受過肉體上的折磨，陳傳興表示在扣留營內沒有遭到政治部的人嚴刑酷打，不過如果真的是馬共地下黨員的人，而且也得看是遇到斯文或粗暴的官員。陳傳興還記得，當他在扣留營被政治部審訊時，被問到誰和他在學校的關係最好時，他沒說蔡勝添，因為他擔心給蔡勝添麻煩，就說跟其他同學較要好。

當時陳傳興並不曉得在同一時間，蔡勝添已被國民黨扣留在景美看守所了，因此政

二〇一七年七月十五日首次訪問蔡勝添時的合影。
（圖源：杜晉軒／攝）

治部就問他難道不認識蔡勝添嗎？陳傳興只好回答說當然認識，是同屆同學，「他們（政治部）問我是否知道他被台灣政府扣留？我說不懂。因此才知道發生什麼事情了，他們又問我要不要幫助他，我說我小人物，被你們抓住了怎麼幫助他？」陳傳興說。

陳傳興依稀記得，當時馬國政府要求台灣釋放蔡勝添，而政治部所謂請他「幫助」的意思是把蔡勝添的「活動」說出來。陳傳興跟政治部表示拒絕，他當時說自從蔡勝添去了台灣後就處於斷絕關係的狀態了。陳傳興記得他總共拒絕了三次，不過他看得出當時政治部相當重視蔡勝添的案子，因為政治部在吉隆坡總部的特務人員還特地到扣留營找他，但他當時實在不清楚蔡勝添的狀況，擔心任何表態或許會害了蔡勝添。我問陳傳興：「如果時間重來會幫忙嗎？」陳傳興回應說：「能幫當然會幫，但沒辦法把他以前的事情說出來，讓他們知道了蔡勝添思想左傾。」至於那些當年蔡勝添的來信，陳傳興稱都沒保留，他被抓後就銷毀了。

其實陳傳興也知道後來蔡勝添在過年過節時有回士乃老家，因為他也認識蔡勝添的鄰居，不過對方稱蔡勝添回來一下就離開了，他只好留下聯繫方式，請對方轉告蔡勝添想見一面。

陳傳興見過許多離開扣留營的人重返社會後，不想聯繫好友的，他相當理解蔡勝添的心情，畢竟蔡勝添在台灣面對過不幸的事情。因此陳傳興希望我轉告蔡勝添，「此時此刻，平安健康與幸福才是最重要的。」

第十一章

母親您在何方

如果小妹在信中有說錯了什麼話，有什麼得罪了先生，請多多吧原諒吧。好了，就說到此為止，恐防言多有錯。如果能夠得到貴國政府早日釋放小兒陳欽生歸來馬來西亞，與家人團聚，就感恩不盡矣，此恩此德小妹今生沒齒難忘。此稟。

專此　敬祝

中華民國萬萬歲

申訴人：廖煥娣字奉

一九七七年五月九日

一九七〇年七月至一九七一年三月，蔡勝添、陳水祥、陳欽生先後被國民黨當局逮捕，而我分別在二〇一五年、二〇一七年訪問了陳欽生和蔡勝添，至於陳水祥的事情各方所知不多，因為當年他出獄後不久就成功逃離了台灣。

雖然陳水祥曾在二〇〇三到台灣領取補償金，但當時沒留下口述歷史記錄，一直到我在二〇一九年二月到曼谷拜訪他，才記錄了他的故事。

調查局用豬糞羞辱我

陳水祥出生於一九四七年，當時二戰剛結束，佔領馬來亞的日軍也剛投降，然而馬來半島，甚至中南半島仍瀰漫戰爭的氣息。

一九四五年英軍重返馬來亞後，雖然在二戰期間抗日有功的馬共一度被允許為合法組織，但馬共仍然沒有放棄反殖民目標。一九四八年六月，馬共在霹靂州和豐（Sungai Siput）地區殺害了三名歐籍園丘主管，導致英殖民政府宣布馬共為非法組織，並宣布馬來亞進入「緊急狀態」。[1]與英殖民政府展開游擊戰的馬共，便退守到泰國的勿洞

（Betong）。勿洞是馬來亞霹靂州與泰國邊境交界的小鎮，這裡就是陳水祥成長的地方。

第一章提過陳水祥和陳欽生是遠親，他們的祖父是兄弟關係，於清末時同族人從廣東梅縣南下到馬來亞。陳水祥強調，他家族和退居在勿洞的馬共無關，他是在馬來亞檳城州的大山腳（Bukit Mertajam）出生的，父親陳理昌在那務農、割橡膠，在他未滿一歲時，因為地方局勢混亂，才舉家搬到勿洞。[2]

一直到陳水祥十歲時，即一九五七年馬來亞取得獨立這年，礙於時任泰國首相披汶（Plaek Phibunsongkhram）採排華政策，泰國中文學校逐漸被關閉，[3] 因此陳理昌才囑

---

1 陳劍虹，〈戰後大馬華人的政治發展〉，《馬來西亞華人史》（吉隆坡：馬來西亞留台校友會聯合總會，一九八四），頁一〇二。

2 作者訪談，泰國曼谷市，二〇一九年二月一日。

3 將軍出身的披汶二度任泰國首相（一九三八年十二月～一九四四年八月，一九四八年三月～一九五七年九月），他提倡大泰族主義，一九三九年六月他將國名由暹羅（Siam）改為泰國。披汶禁止各地方的方言，導致身為少數民族的泰國華人的教育遭打壓，也使得近日多數泰國華人已使用泰人的姓氏與名字。顧長永，《東南亞各國政府與政治：持續變遷》（台北市：臺灣商務印書館，二〇一三），頁二一八～二一九。

咐陳水祥到馬來亞怡保投靠叔叔陳一謀，並就讀陳一謀任教的獅尾新村崇德華小，這才認識了同輩的陳欽生。此外，當時馬來亞仍是英殖民地，因此陳水祥也申請了英殖民身分，而且同時也有泰國勿洞的「報生紙」，因此有了雙重國籍身分的陳水祥得以方便來回馬泰兩地。

一九六〇年，陳水祥升上了育才中學一年級。一九六二年育才中學董事會決定接受政府津貼，因此分家為「育才國民型中學」和「育才獨立中學」。[4]本人與陳水祥一樣是育才獨中校友，因此我問陳水祥學長，當年他將升上高中時，是如何做出選擇的呢？陳水祥表示，他原想高中畢業後到新加坡南洋大學就讀，因為獨中的學制是六年制，國立中學是英式五年制，為順利接軌四年制的南洋大學，他選擇了育才獨中。這意味著，到台灣留學並非陳水祥的原先規劃。然而高中成績令他事與願違，既考不上南洋大學，中國大陸又去不了的情況下，陳水祥就只好到怡保市的霹靂中華大會堂申請赴台留學。馬國各州都有一個「中華大會堂」，是各華人社團的最高組織，而當時各中華大會堂內就有不少國民黨人，因此得以作為僑委會招收僑生「回國升學」的保薦單位。

如前一章所述，陳水祥在蘆洲僑大先修班與蔡勝添同班，一年後兩人都升上中興大學就讀，而之後他倆被捕的時間相差五個月。一九七〇年十二月二十四日，忽然來了七八個警察闖入陳水祥的住處，他記得那幫人二話不說，就翻箱倒櫃查他的房間。陳水祥說：「凡是有縫的地方都搜，搜了整個小時。收音機也收掉了，我確實有聽北京廣播……我的護照、馬來西亞身分證也給沒收了，出獄時也不還給我。」

同一日陳水祥便被警方扣押至台中市的調查站，經審訊之下才曉得是和「亦師亦友」的梁漢珊通信出了事。當時梁漢珊是陳水祥、陳欽生母校崇德小學的副校長，由於陳水祥是從泰國到怡保投靠他叔叔陳一謀，而陳一謀是崇德小學的教師，並與梁漢珊住同一宿舍，因此自小與梁漢珊生活在一起的陳水祥與他有了「亦師亦友」的關係。年紀相差十八歲的陳水祥與梁漢珊透過通信保持聯繫，陳水祥的遭遇應該就和蔡勝添一樣，通信內容都被學校教官審查就出事了。

我在檔案局看過數封陳水祥與梁漢珊之間的信函，當中有不少陳水祥對台灣社會風

---

4 霹靂育才獨立中學官網，〈育才校史〉，二〇一九年四月十七日檢索，http://www.yukchoy.edu.my/index.php/guanyu/history。

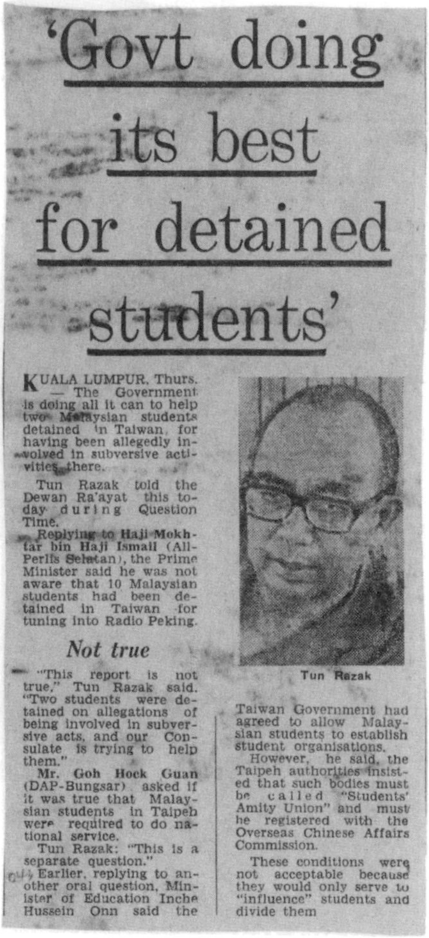

'Govt doing its best for detained students'

KUALA LUMPUR, Thurs. — The Government is doing all it can to help two Malaysian students detained in Taiwan, for having been allegedly involved in subversive activities there.

Tun Razak told the Dewan Ra'ayat this today during Question Time.

Replying to Haji Mokhtar bin Haji Ismail (All-Perlis Selatan), the Prime Minister said he was not aware that 10 Malaysian students had been detained in Taiwan for tuning into Radio Peking.

Not true

"This report is not true," Tun Razak said. "Two students were detained on allegations of being involved in subversive acts, and our Consulate is trying to help them."

Mr. Goh Hock Guan (DAP-Bungsar) asked if it was true that Malaysian students in Taipeh were required to do national service.

Tun Razak: "This is a separate question."

Earlier, replying to another oral question, Minister of Education Inche Hussein Onn said the Taiwan Government had agreed to allow Malaysian students to establish student organisations.

However, he said, the Taipeh authorities insisted that such bodies must be called "Students' Amity Union" and must be registered with the Overseas Chinese Affairs Commission.

These conditions were not acceptable because they would only serve to "influence" students and divide them

Tun Razak

當年馬國媒體報導，首相敦拉薩在國會表示會營救被台灣政府扣押的兩位馬國學生。（圖源：國史館）

氣、國民黨的批評，如台灣的農民生活很苦、官員貪污、選舉亂象等，也批評了蔣家和孔家。值得注意的是，雖然梁漢珊共回了陳水祥三封信，但陳水祥表示他未曾看過，他對此一無所知。陳水祥說：「梁漢珊寫了多少封信給我，我也不曉得，都被調查局拿去了。有些信我沒看過，我以為開庭的時候軍法官會拿出來，結果沒有。卻照我們被捏造的自白來告我們。」

有趣的是，陳水祥提到調查局人員對他刑求逼供時演了一齣戲，調查局為了要證明梁漢珊是共產黨員，找了兩個「客家人」來，並稱他倆是梁漢珊在廣東梅縣讀書時的共產黨組員「同志」。陳水祥記得那兩人確實能用客家話與他對談，一個自稱是從梅縣下南洋到印尼，另一個到馬來亞。不過陳水祥認為那一定是調查局找人來扮演的，是調查局套話的伎倆。

被調查局審訊的那段痛苦日子，陳水祥至今仍記憶猶新，他回憶道：「最常對我刑求逼供的人，叫金〇甸、張〇田；（自白書）全部都是他們捏造寫下來，我不敢抄，後來看我不寫就自己寫，寫了什麼時間參加共產黨、梁漢珊是領導啊⋯他們幾個特務人員抓住我押手指印。他們之所以知道有（小學同學）房運來、邱世樑名字，是因為沒收了我的信有看到。」無獨有偶，陳欽生前輩告訴我，他記得當年最常對他刑求逼供的，也是張〇出。[5]

陳水祥強調，他始終都不敢寫任何一句梁漢珊是共產黨員的話，因此換來了更多非

5 作者訪問，台灣台北市，二〇一九年五月十一日。

人道的折磨，「他們把我關在不見天日的房間兩天，對我疲勞轟炸，晚上一兩點又來審問，一直強迫我寫，我不敢寫。後來那些特務很氣，對我灌水！」、「後來（調查局）拿豬糞威脅我要我吃，最後沒吃到，但已塗在我嘴巴，看到都吐！有時想起來啊！吃東西都吃不下去！」

那段痛苦日子大概經歷了一星期，最終調查局人員無可奈何下，就緊抓著陳水祥的手寫，才善罷甘休。之後陳水祥被從台中調到台北景美看守所，當時已是一九七一年的一月。

特務滲透中興大學

前一章提到，一九六九年馬國發生了「五一三事件」，我在國家檔案局找到的陳水祥「證物」當中，除了梁漢珊的書信外，還有數張「五一三事件」的剪報，也許「五一三事件」後梁漢珊寄了剪報，以讓陳水祥了解當時的國內局勢。陳水祥表示，他完全沒看過那份剪報。

「五一三事件」後，當時的台灣情報單位也指控是馬共涉入其中，因此調查局是否以此「剪報」作為襯托陳水祥是「匪諜」的證據，就不得而知了。當我問陳水祥為何梁漢珊的來函時間點與他被逮捕時間相距了三年時，陳水祥稱他早感覺到被跟蹤了。每逢暑假時，陳水祥會到台中《新生日報》[6]兼職當校對，當時他就看到了後來在調查站折磨他的金〇甸、張〇田到報館見經理。戒嚴時期媒體都受國民黨監控，陳水祥認為也許當時他們發現報館竟然有馬來西亞人，才持續監控他。陳水祥進一步指出，之所以覺得他們可疑，是因為曾在中興大學的「生活指導組」見過他們。因此當陳水祥被扣留在調查站時，驚訝地對他倆說：「我在生活輔導組見過你們！」

---

6 陳水祥忘了是在《新生日報》還是《新生晚班》當校對，後者是香港已停刊的報章，有可能是確實在台發行過的《台灣新生報》。值得注意的是，多名《台灣新生報》記者在那時期遭文字獄，如一九六八年，該報編輯主任姚勇來、黨政記者沈嫄璋被捕，前者判十五年，後者死於獄中；一九六九年，該報撰述委員單建周被調查局約談後墜樓身亡，接著常幫助政治犯投稿的副總編輯童尚經在一九七二年八月遭判槍決。李禎祥，〈稿費資助政治犯 童常主編被槍決〉，《新台灣新聞週刊》（台灣：本土文化事業有限公司）。二〇〇七年十二月二十六日（第六一四期）。

馬來西亞新聞
一九六九年九月廿四日 （星期三）
東姑撰寫五一三事件前後一書
指出騷亂事件乃由
華籍共黨青年觸發
林順成出殯反對黨慶勝利遊行
不負責壞蛋示威造成空前悲劇
倘若巫統改變
各族合作概念
勢必釀成慘禍
馬來極端份子
圖建立共和國
將不對馬哈迪
採取法律行動
東姑形容迫其退位舉動
爲最惡劣背叛行爲
假如馬來極端份子要推翻憲法
則他們將跌入落後及騷亂深淵
回教學者企圖在本國建新秩序
各州統治者會議
今在元首府召開
傷害巫人的

也許梁漢珊為讓陳水祥了解一九六九年發生的「五一三事件」，因此把剪報寄給陳水祥。由於該報導稱馬國官方視五一三事件乃馬共發起的，調查局有可能以此認定陳水祥與梁漢珊在「交換匪情」。（圖源：檔案管理局）

一到台灣就學時，陳水祥早明白校園內的教官也是國民黨特務，他記得管理僑生生活的教官葉萌會不時給僑生進行「測驗」，考驗他們的思想，考題包括對台灣建設高速公路有什麼看法？當時陳水祥回答高速公路很花錢，不應去做。後來葉萌教官召見陳水祥，問他為何這樣寫？並反駁稱高速公路是國家經濟命脈。

陳水祥被捕後，調查局也找了他同學和友人當證人，如來自台中的劉〇綠。雖然有的檔案寫劉〇綠是陳水祥的女友，不過陳水祥稱對方只是女性友人，他只把她當妹妹看待，而劉〇綠是由陳欽生介紹給他認識的。根據劉〇綠的筆錄，[7]她稱是在一九六八年的暑假參加救國團舉辦的玉山登峰隊認識了陳欽生，爾後陳欽生到台中找她時才認識在台中求學的陳水祥。陳欽生也跟筆者證實此過程屬實。

當時劉〇綠覺得在台求學的僑生孤單影只地，因此會特別關懷他們，但和陳水祥只是純友誼關係。不過當被問到陳水祥思想為何時，劉〇綠直言陳水祥思想左傾、說過中國大陸科學很進步等言論。值得注意的是，筆錄中提到陳水祥曾對劉〇綠稱，他同校的僑生同學因案被捕，可能他也會受牽連，因此勸劉〇綠與僑生交友要小心。若劉〇綠的證詞屬實，有可能指的就是蔡勝添。至於陳欽生的思想，劉〇綠則回答因甚少與陳欽生往來，因此不太清楚。[8]

7 「調查筆錄：劉〇綠」（一九七一年三月三十日），〈陳欽生等叛亂〉，《國防部後備司令部》，國發會檔案管理局藏，檔號：AA05440000C/0060/1571/234。

8 「警總偵訊筆錄：劉〇綠」（一九七一年五月十四日），〈陳欽生等叛亂〉，《國防部後備司令部》，國發會檔案管理局藏，檔號：AA05440000C/0060/1571/234。

陳水祥認為，一定是同學知道劉○綠與他關係要好，才「供」她出來的，所幸最終她沒被扣押。

險遭白色恐怖的同學：蔡美覽

除了劉○綠外，和陳水祥一同來台求學的高中同學蔡美覽也被調查局找去問話。我透過各方友人的協助下，成功聯繫上了蔡美覽老師。[9]

這些年來，當年被審訊的夢魘常讓蔡老師如夢驚醒。誤把「調查局台中調查站」記成「中央情報局」的蔡老師記得，當時審問他的調查員威脅稱：「你再不講，我就把你送到海邊，把你槍斃！」飽受驚嚇的蔡美覽回到校園後，常覺得有人在跟蹤他，房門外的腳步聲也讓他認為有人在竊聽他。

台灣解嚴與歷經數次政黨輪替後，民主化的台灣社會有條件讓政治受難者的親友尋求療癒心靈創傷，然而那些已回到「僑居地」的外籍學生的白色恐怖陰影，便更難以被撫慰與理解了。

蔡老師知道陳水祥的確有偷聽對岸的中央人民廣播電台，不過他堅持不從調查局威脅他「舉報」陳水祥是匪諜的要求，因為他曉得這不是事實。根據筆者所看到的筆錄，蔡老師當年確實沒「出賣」陳水祥。[10]

我請友人楊邦尼印出當年蔡美覽的「證詞」，讓蔡老師看看是否和他記憶有矛盾之處。證詞記錄了蔡美覽曾稱陳水祥的父親曾開錫礦場，母親和哥哥人在大陸，不過蔡美覽表示他並不清楚陳水祥的家庭，但的確知道陳水祥與叔叔住在一起。證詞中調查局問陳水祥有何可疑言行時，蔡美覽回答稱陳水祥曾看過廣東珠江大橋照片、希望馬國和中國大陸成功建交好讓他能返中國大陸探親等語。蔡美覽解釋說，那不是什麼所謂「可疑

---

9 蔡美覽先生目前定居在馬國，是柔佛州寬柔中學古來分校的退休地理課老師，由於本人發現蔡老師與陳水祥同高中時，已在台北寫書，無法返馬國訪問，加上蔡老師患有嚴重重聽，彼此無法透過電話交流，故請了與蔡老師住同一城市的友人楊邦尼學長代為訪問，在此再次感謝蔡老師與楊邦尼學長的幫忙。訪問人楊邦尼，馬國柔佛州古來市，二〇一九年五月十六日及五月三十一日。

10 「調查筆錄：蔡美覽」（一九七一年五月六日），〈陳欽生等叛亂〉，《國防部後備司令部》，國發會檔案管理局藏，檔號：AA30544000C/0060/1571/234。

言行」。相比實施戒嚴的台灣對新聞有嚴格管控，馬國學生成長的環境仍是資訊相對開放的社會，還能接收到各國的國際新聞，蔡美覽相信許多僑生來台前就從馬國報章看過珠江大橋建好的新聞了，他不明白這和匪諜有何關係。另一方面，蔡美覽認為陳水祥希望「馬中建交」，是為了方便回大陸探望母親，國民黨應要明白這是人之常情。「僑生在台灣，沒有人的輔導，去到台灣可能會亂講話，表演時可能會是從馬來西亞帶來的大陸歌曲，許多僑生這樣被抓都非常冤枉的，其實他（陳水祥）真的不是匪諜。」蔡美覽說。

蔡美覽其實也是第一代馬來亞華人移民，他出生於廣東省揭陽縣，在大陸時期曾目睹地主被階級鬥爭的殘酷景象，他家族也因為有祖父、父親自南洋的僑匯接濟，而招致當地寨民所嫉。為追求更好的生活，最終蔡美覽也下南洋到怡保就讀小學，和筆者、陳水祥一樣，都是育才中學校友。當蔡美覽也被調查局召去問話時，由於擔心被指控為共匪，他並沒有如實告訴調查局他是從「匪區」南下馬來亞的。蔡美覽說：「每個人有機會就逃離中國到海外謀生，所以國民黨要了解海外華僑為什麼要移居海外，為了什麼？為了過更好的生活。」

蔡美覽於一九七一畢業離台後，再也沒到過台灣，惟恐過往的不安會再次來襲。（圖源：杜晉軒／攝）

根據公開資料，台中中興大學的校園白色恐怖案例中，共有三位馬來西亞籍僑生受牽連，即之前提過的在一九六九年被遣返的芙蓉學生曉嵐（化名）、蔡勝添及陳水祥，這幾位同窗蔡美覽都認識。蔡美覽認為，台灣政府當初應該了解兩邊國情，不應以台灣的角度主觀地判斷僑生，當初台灣當局應給僑生更多輔導才對，而非對思想與當局有異的僑生採取扣押措施。

蔡美覽老師這番話讓我聯想到，雖然前副總統蕭萬長當年稱

筆者到曼谷訪問陳水祥時，也替陳欽生把回憶錄轉交他。（圖源：杜晉軒／攝）

為協助馬國反共，而促成了許多馬國學生「回國」升學，但國民黨當局對來台的左傾學生除打壓外，應是無良好的「輔導」配套措施。

蔡老師稱他在來台念書前，曾寫信給台北的「中國廣播公司」，表示想了解台灣的事務，他甚至要求中廣寄孫中山、蔣介石的照片給他；蔡美覽記得，中廣還真的郵寄了張孫中山與蔣介石在火車上合照給他，且給他回信的是時任中廣負責人陳若曦（譯音）[11]，他相信也許是他在自傳中所寫的這往事，讓調查局相信他是清白的。不過，蔡美覽不認為蔣介石會叫情報局人員針對僑生，他懷疑可能是調查局官員為了立功，才誣陷僑生，他激動地說：「（調查局）真正的匪諜抓不到，卻抓我們（僑生）來做替罪羔羊，難道要抓我們來立功嗎？」

雖然蔡美覽幸運地沒成為第四位政治受難者，但他多次被召去審訊的消息早傳回校園，因此他重返校園後，身邊同學因擔心遭到牽連，紛紛對他避而遠之。落寞的蔡美覽連畢業回馬時也是隻身黯然離台的，他不對任何朋友道別，惟恐走漏風聲再被調查局捉回去。

時隔近半世紀，蔡老師才從我這得知陳水祥還活著，他欣慰地說：「現在陳水祥既然已在曼谷生活了，離開曾經驚濤駭浪的地方，我也為他祝福……。」

---

11 蔡老師所指的陳若曦，有可能是指原名陳秀美的台灣作家，但也有可能是同名同姓。陳若曦台大外文系畢業後便赴美進修，一九六六年與夫婿到中國大陸後卻碰上文革浩劫，親歷了大時代的流離，其代表作為《尹縣長》。

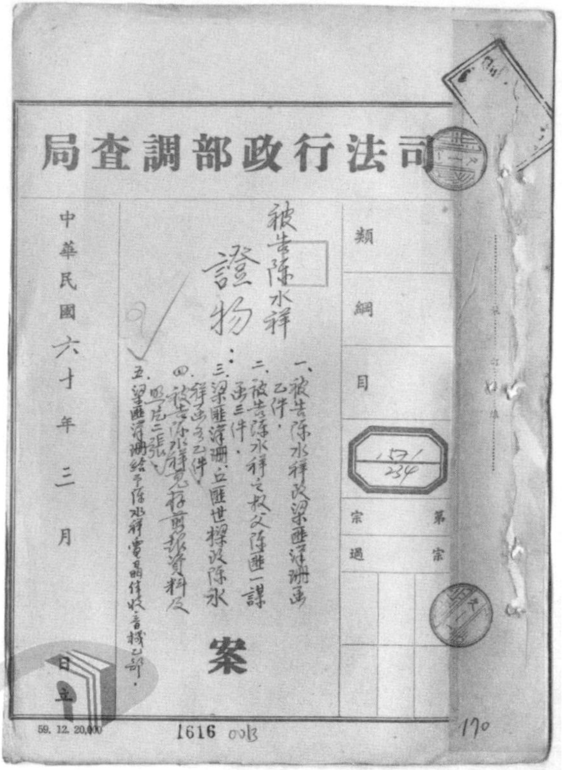

司法行政部調查局

被告陳水祥證物：
一、被告陳水祥及梁匪澤洲函乙件。
二、被告陳水祥之叔父陳匪一謀函三件。
三、梁匪澤洲、立匪世樑及陳永祥函各乙件。
四、被告陳水祥見存剪報資料及照片二張。
五、梁匪澤洲給予陳水祥電晶體收音機乙部。
案

類
綱
目
第　宗
宗　過

中華民國六十年三月　日立

59. 12. 20,000　1616　170

調查局所寫的陳水祥證物表。（圖源：檔案管理局）

意外牽連陳欽生

無論是在曼谷採訪陳水祥時，或更早以前與他通話時，陳水祥一再強調多年來都跟陳欽生澄清他沒有做過出賣的行為：「老實講我在牢裡面沒有講過陳欽生任何一句壞話，都是調查局捏造出來的啊。」[12]而這幾年陳欽生也一再跟我說，如果陳水祥真的承認有出賣他，他也不會怨恨，他也明白都是國民黨的錯，在那時代陳水祥也是身不由己的。

根據陳欽生的說法，陳水祥在綠島曾跟他解釋稱，是調查局要陳水祥供一個人出來證明無罪，因此講了陳欽生的名字。對此陳水祥表示，他被押到了台北景美看守所，才開始被調查局問到有關陳欽生的事情，他本不想牽扯到陳欽生，但因過去和友人的信件已擺在他面前，而信裡面有提到陳欽生，加上彼此都是小學同學，他只好說是一起長大的，未提及他倆的遠親關係。

「他們（調查局）說你在台灣，馬來西亞來的還有誰，梁漢珊的學生是誰，我就把陳欽生名字講出來……我不知道調查局怎麼搞，就把他拉上來，就參加共產黨哦，是他們捏造出來啊。」當時陳水祥心裡十分恐懼，一心只想離開台灣。

第一章提過，一九七〇年台南美國新聞處發生爆炸案，隔年三月三日陳欽生被以爆炸案嫌疑人的身分遭逮捕。然而之後案子不成立，陳欽生就被羅織了共匪的罪名。無論如何，一九七一年陳水祥與陳欽生兩位遠房堂兄弟的命運就被糾纏在一起了。從公開的

---

12 作者訪談，泰國曼谷市，二〇一九年二月一日。

檔案可見，雖然蔡勝添與陳水祥同校，也在同一年被逮捕，但案件歸類上沒有將他倆放在一起，而是以同畢業於怡保崇德小學的陳水祥、陳欽生為一案，「主謀」為梁漢珊。

陳水祥、陳欽生在九〇年代返回怡保時，曾當面跟梁漢珊解釋當年發生什麼事，他們也才曉得原來事發後，馬國政治部曾認真調查國民黨對梁漢珊為「共匪」的指控，導致梁漢珊升任校長的規劃耽誤了好幾年。這幾年陳欽生在演講中多次強調，最終梁漢珊當上了崇德小學校長，可見經馬國政治部的調查下，證明了國民黨的指控是錯的，政治部也認可了他和陳水祥、梁漢珊的清白。

報告外交部　陳水祥逃走了

儘管陳水祥、陳欽生屢屢提出抗告，但在國防部多次駁回下，一九七二年四月七日判刑確定，判刑十二年，同年五月被押送至綠島綠洲山莊。當時陳水祥家人完全不曉得台灣的情況，台灣政府也沒有通知陳水祥家人，一九七四年馬台結束雙邊領事關係，也阻斷了馬方的救援行動。陳水祥來台前，在怡保的叔叔陳一謀已過世，雖然陳欽生家與陳水祥一家是遠親，但陳欽生父親已去世多年，故陳欽生母親廖煥娣也無從告知陳水祥遠在泰國的家人，陳水祥是到綠島以後才得以跟家人通信的。

一九八三年二月二十四日出獄後，陳水祥先是寄宿在同為政治犯的徐瑛家。第七章提過，徐瑛是來自莫里西斯的華僑。不過那時的陳水祥一刻都不想繼續待在台灣，便著手「逃離」台灣的計劃。當時國民黨當局不讓陳水祥返馬，他便尋求馬國駐台北代表處協助，然而代表處似乎不太想理會，因為當時他的馬國身分證明文件自被逮捕後就遺失了。「他們說上面沒批下來，那時候我們想可能回不去了，因此家裡幫我弄了泰國護照。」陳水祥說。[13]雖然陳水祥是馬國公民，但他在英殖民馬來亞出生未滿一歲就移民到泰國勿洞，並領有當地的報生紙，因此陳水祥家人嘗試幫他辦理泰國護照。

陳水祥表示，雖然國民黨當局不讓他離境，不過根據筆者的研究，卻發現其實警總在陳水祥出獄後的第六個月，即八月曾去函給外交部，要求外交部溝通吉隆坡遠東貿易

13 不過陳欽生跟筆者表示，他很肯定不曾和陳水祥去找馬國代表處，可能是陳水祥記錯了。

中心（馬台斷交後台駐馬領事館已更名）與馬國政府協調助陳水祥返國。[14] 爾後馬國駐台北辦事處告訴警總，必須有陳水祥的身分證明文件才能辦理。[15] 也許陳水祥當時對當局會否釋放他回國的「承諾」不放心，因此才在當局不知情的情況下，仍計劃以泰國護照離境。

同年十月四日，陳水祥成功搭上華航八〇七號班機離台。當時是陳水祥弟弟帶著那本泰國護照抵台，然後兄弟倆再一起闖關逃離台灣。由於當時電腦科技不發達，桃園中正機場的海關並不曉得陳水祥的真實身分，就讓他通過了。陳水祥依然記得：「台灣海關只看我是泰國護照，問也不問，就讓我出去了，他看到外國護照嘛！」當時可謂有驚無險。

直到十一月中旬，警總才掌握了原來陳水祥已持泰國護照逃離台灣的消息，並通知外交部不需再與吉隆坡遠東貿易中心協調。[16]

一個回歸泰國　兩個被成了台灣人

當時心裡仍徬徨不安的陳水祥，不敢直飛泰國，他先是到香港，再轉機到檳城，才從檳城回勿洞老家。不過入境泰國時，泰國海關問他怎麼沒有離境蓋章？陳水祥便稱在台灣定居已久，舊護照已不見了，幸運的是當時泰國海關也相信，就讓他回泰國了。對於這段歷程，陳水祥表示當時很少公開講，很害怕被再抓。

陳水祥回勿洞老家後，待了一年才往泰國首都曼谷發展。好在陳水祥有過泰國的

---

14 「請協助馬來西亞華僑陳水祥返馬，請查照辦理惠收」（一九八三年八月十二日），〈馬來西亞僑務（二）〉，《外交部》，國國史館藏，檔號：020-010607-0023。

15 「為台灣警備總司令部請貴中心協調馬來西亞政府協助華僑陳水祥返馬事，請酌辦見復」（一九八三年八月二十四日），〈馬來西亞僑務（二）〉，《外交部》，國國史館藏，檔號：020-010607-0023。

16 「關於洽請馬來西亞政府協助華僑陳水祥返馬事，復請查照」（一九八三年十一月十五日），〈馬來西亞僑務（二）〉，《外交部》，國國史館藏，檔號：020-010607-0023。

小學教育經歷，已奠下泰語基礎，縱使他相隔了幾十年才重返泰國，也得以迅速融入當地。雖然陷入白色恐怖冤獄的陳水祥沒有大學文憑，但後來他曾在泰國的孔子學院教書，目前擔任在泰國的中企包裝廠翻譯員。

目前陳水祥的女兒已大學畢業，也步入社會工作，不過七十多歲的陳水祥身體仍停不下來，身體還算健朗的他還不打算退休，他說：「那時起（回到泰國起）工作到現在，我要補回來（失去的時間）。我現在還很健康，沒什麼毛病。」

採訪結束時，受陳欽生所託，我將他在二〇一七年出版的回憶錄《謊言世界 我的真相》轉交給陳水祥，並希望來日陳水祥能再到台灣走一趟。陳水祥一九八三年離開台灣後，時隔二十年才再赴台灣這傷心之島。當時是陳欽生鼓勵陳水祥來台領取補償基金會發的補償金，然而礙於陳水祥的馬國身分文件早已遺失，且又入籍了泰國，當時台灣官方不認可陳水祥的泰文證件，陳欽生為此多次來回台北和曼谷處理此事，最終是前政治犯的立委王幸男答應當陳水祥的保證人，陳水祥才得以在二〇〇三年來台領取補償金。[17]

為求生存，陳欽生出獄後的第一個月原與另一名在土城仁教所認識的難友、香港商人施佛欽創業開建築公司，他也得以住在施佛欽於台北市瑞安街的家。不過最終各種因素下創業失敗，不想寄人籬下的陳欽生開始了近三年的遊民生活，過著一餐沒一餐的日子。

雖然陳欽生努力四處找工作，但因無中華民國身分證，加上又是政治犯的背景，儘管有次好不容易得到了工作，卻因轄區的警察不斷騷擾公司，讓公司「知難而退」，使陳欽生求職之路充滿棘荊。[18]

陳水祥、陳欽生被審判時，國民黨當局把他們當「中國人」，出獄後卻任由他們成了無國籍者。在陳欽生等待「中華民國身分證」發下來的流浪時期，陳欽生得到了加拿大政府的政治難民許可，但得先到香港面試，可惜卻被蔣經國政府阻攔了。

陳欽生共流浪了三年，雖然後期警總每月會給他三千元的生活費，但對陳欽生而

---

17 陳欽生、曹欽榮《謊言世界 我的真相》（台北市：台灣遊藝，二〇一七）。頁二三一～二三一。

18 陳欽生、曹欽榮《謊言世界 我的真相》（台北市：台灣遊藝，二〇一七）。頁二三一～二三一，頁一八七～一八九。

陳欽生曾到曼谷探望陳水祥，並留下珍貴的合影。（圖源：陳欽生／提供）

言，發給他身分證的承諾遲遲不實現，就是要他自生自滅，因此陳欽生只領了半年生活費就拒領了。陳欽生跟警總抗議，一般外僑犯法會被驅逐出境，為何既不讓他離開，又不給他身分證，警總回答說：「不可能送你回馬來西亞，因為你懂的、知道那麼多，你回去亂講話，我們怎麼辦？」最終在陳欽生的「以死相逼」下，在一九八六年才得到了中華民國身分證，展開新的生活，陳欽生說那時起心中的仇與恨才慢慢淡化。[19]

一九八七年十五日，蔣經國宣布台灣解嚴，陳欽生迫不及待想回國探望家人，同年底陳欽生成功申請了中華民國護照後，便帶女友李桂芬回去那離開了二十年的祖國馬來西亞。也許因為當時台灣公民到馬國仍得申請簽證，因此陳欽生提出入境馬國的簽證時，馬國官方就曉得陳欽生要回來了。因此當陳欽生與李桂芬一抵達吉隆坡國際機場時，他們就被移民官帶到了一辦公室，移民官說：「你不用害怕，我們不是要逮捕你，而是想了解你在台灣那段冤枉坐牢的日子，同時也想知道為什麼你期滿後，為何沒有被直接驅逐出境回到馬來西亞？我們也曾多次向台灣有關當局要人。」[20]

當時移民官跟陳欽生提出恢復馬國國籍的建議，又稱可協助他跟台灣政府打官司討公道，不過陳欽生想到如果他答應了的話，也許就得拋下女友李桂芬，放棄中華民國國籍，再也回不了台灣，何況當時他已習慣台灣的生活。雖然當時陳欽生對母國的建議很是心動，但終究還是放棄了，至少最終已曉得他的母國沒放棄他。

19 陳欽生、曹欽榮《謊言世界 我的真相》（台北市：台灣遊藝，二〇一七）。頁二三一～二三二，頁一九五～一九八。

20 陳欽生、曹欽榮《謊言世界 我的真相》（台北市：台灣遊藝，二〇一七），頁二一二。

最終陳欽生與比他早一年出獄的蔡勝添一樣，從馬來西亞人成了台灣人，而成功逃離台灣的陳水祥也回歸為泰國人了。從他們三人的境遇，可明顯看到在國民黨統治者的思維里面，以血統為名的「中國人」三個字，只不過是他們壓迫外籍華人的工具之一。

第十二章

疑雲

「陽光是最好的消毒劑，燈光是最有效的警察。」

——美國聯邦最高法院大法官

路易斯・布蘭迪斯（Louis Brandeis）

台灣的戒嚴歷經三十八年，在這漫長的歲月中，究竟有多少外籍華人涉入其中，筆者無法提供準確的數字，反而深感隨著檔案解密愈多，更多受難者案例才會浮出水面。

本章的三宗案例，我還未能訪問上當事人，有的是不願多談，有的是人已逝，也有的是行蹤成謎。

砂州來的人

蔡勝添、陳水祥和陳欽生三人之所以無法成功離開台灣，其中的可能是與馬國支持中華人民共和國入聯或「馬中建交」有關，他們三人的遭遇充滿了國民黨「政治報復」的味道。

然而在一九七三年底，即馬國與中國大陸建交的前一年，曾發生了另一起馬國學生疑「涉共」被捕的案例，但該名學生最終卻能安然被遣返回馬國。當時坊間已盛傳馬國很快將與中共建交，馬台兩國關係已陷入冰點，故為何國民黨當局願意將之遣返，箇中原因至今仍不得而知，而我聯繫上的當事人可能也不清楚。由於當事人不願多談，因

關亞風成長的地方——砂拉越州美里市一隅。（圖源：杜晉軒／攝）

此筆者以化名敘述當事人的案情概況。

關亞風是馬來西亞砂拉越州美里（Miri）人，又拜谷歌所賜，我找到了他近年來還在美里生活的「數位遺跡」。我透過友人的協助，得到了他的聯繫方式，但當我與關亞風先生通上電話時，他客氣地婉拒我的邀訪，僅表示過去的事就不必再提了。

不過當下我還是抓緊了機會，問了關亞風一道最想問的問題，即到底他被扣押了多久？當年補償基金會的補償標準是以被失去自由的日數計算，只要在戒嚴時期因政治迫害而失去人身自由，即有申請補償金的資格。[1]關亞風沒拒絕這個問題，他回答說大概被扣押了兩個月，而且他也不曉得當年陳水扁政府有開放申請補償金一事。

由於我早已買了從吉隆坡飛往美里的機票，因此我告訴關亞風先生，屆時我依然會在美里待幾天，還是希望能碰上一面，他說：「那幾天我可能不在美里，到時再看看吧。」

野豬之鄉

一九六三年九月十六日，婆羅洲[2]的砂勝越[3]與沙巴與西邊的馬來亞、新加坡共組「馬來西亞」，此後馬國就有了「西馬」與「東馬」之分。而此行的砂拉越州，由於曾被英國人詹姆士·布洛克家族（James Brooke）統治多年，因此東、西馬除曾為英國人殖民地的共同淵源外，實際上被南中國海阻隔的東西馬在歷史脈絡上是差異極大的。

不過說實在的，其實很多西馬華人對東馬相當不了解，終其一生可能不會去東馬，說不定西馬華人對中國、台灣、新加坡的熟悉程度比東馬還高，而本人也不例外。例如我到了美里才知道，原來砂州第二大城就是美里，而非有「小福州」之稱的詩巫（Sibu），因為當地華人祖籍多為福州。

我的祖籍也是福州，只不過祖輩的落腳地不是詩巫，而是西馬的「小福州」——霹靂州實兆遠市（Stiawan），著名的馬共領導人陳平即出生於此，本名王文華的陳平祖籍也是福州。關於馬共，實際上指涉的是起源於西馬森美蘭州的馬來亞共產黨，而砂州

---

1 符合《戒嚴時期不當叛亂暨匪諜審判案件補償條例》的第十五之一條第三項者：「於民國三十七年十二月十日起至動員戡亂時期終止前，因涉嫌觸犯內亂罪、外患罪或戡亂時期檢肅匪諜條例，遭治安或軍事機關限制人身自由而未經起訴、未經不起訴處分、經不起訴處分、未經裁判或受裁判者。」可申請補償金。全國法規資料庫，二〇一九年六月一日檢索，https://law.moj.gov.tw/LawClass/LawAll.aspx?pcode=F0120018。

2 婆羅洲是馬來語 Borneo，印尼語為 Kalimantan（加里曼丹），是世界第三大島，此處聚集了三個國家，包括汶萊、印尼的五個省及馬來西亞的砂拉越、沙巴（Sabah）二州。

3 砂州的中文譯名是在二〇〇四年才被馬國華語規範理事會統一為「砂拉越」，無論是砂勝越、砂勞越或砂撈越，皆為舊稱。

的共產黨組織雖然俗稱「砂共」，但這是很「後現代」的稱謂，實際全名是「北加里曼丹共產黨」才對。北加里曼丹共產黨的前身是一九五三年七月成立的「砂拉越解放同盟」（簡稱砂盟），是一個以馬克思主義、列寧主義、毛澤東思想為指導思想的革命組織。[4]

雖然砂盟是在馬共協助下成立的，但並不隸屬於後者，也非後者的分支。因此本就在歷史脈絡上無太多交集的馬來半島和婆羅洲的砂勝越，誕生於前者的馬共與砂盟乃互不隸屬的組織。對於這些細節，台灣人難免不清楚馬國有東西馬之分，也許了解範圍僅限於西馬，尤其觀光客較多的檳城、吉隆坡和馬六甲，東馬的話頂多是近年來成為熱門旅遊選擇的沙巴州。其實，砂州與台灣的關係，或許比一般台灣人的認知來得深，如已被歸類為台灣導演蔡明亮、已故作家李永平都來自砂州首府古晉（Kuching），還有一位旅台馬華作家張貴興，都是來自我要到訪的美里。

二〇一九年二月，情人節的前一天我獨自飛抵了美里，伴我同行的只有張貴興最新的小說《野豬渡河》。當時張貴興剛憑這小說奪得了台北國際書展的書展大獎，儘管當時我未把這本小說看完，但書中提到加拿大山、豬芭河等地名已植入了我的腦海，讓我對這城市有些許熟悉感。那是我第二次到訪砂州，第一次是小學時期到古晉旅遊，但那段旅程的記憶早已模糊不清，不過也許這次的美里之行，由於身負重任，或許未來想起仍會記憶猶新吧，因為我在美里共待了五天，由始至終都未能見上關亞風一面。

最終我在美里只見到了關亞風的父親（以下簡稱「關父」）。關父告訴我，不巧那幾天關亞風有事到西馬吉隆坡一趟，我和關亞風就這樣交叉而過。當下我雖然有點失望，但也只能厚著臉皮繼續「賴在」關家工作的地方，希望從關父先生身上得到更多訊息。

對於關亞風「涉共」而被遣返的事蹟，我已把相關檔案列印出來，並請關父轉交給關亞風。當關父接過這批檔案後，我便問他是否曉得到底當年發生了什麼事？我也把陳欽生他們被捕卻又不獲遣返的情況告訴關父，以喚起他想起更多的細節。也許關父先生年紀也大了，儘管他願意透露部分訊息給我，但有些細節已記不清，或也有可能不便明

---

4 〈北加里曼丹共產黨建黨宣言（一九六五）〉，收錄於《砂拉越左翼運動史》（二〇〇九），頁二一二七～二二三。

言。

關家祖籍是廣東省揭陽縣，年逾九旬的關父已是第三代華人，可見關家在砂州落地生根的歷史相當早，或許這與早年因美里的外海發現石油，而吸引了華工聚集的歷史有關。

一九七二年，關亞風赴台就讀台北工專海外青年技術班（簡稱「海青班」）電子科。關於關亞風的檔案不多，但經推敲可得知，他的情況應和蔡勝添、陳水祥相似，皆因與友人的通信被審查了。當年關亞風的信件字跡多已模糊不清，不過其中一份通信中，關亞風和友人提到他在高中時期參與過砂勝越民族解放同盟、砂勝越先進青年會等組織，而對方也曾在信中鼓勵他學習「雷鋒精神」。關亞風所稱的「砂勝越民族解放同盟」應該就是砂盟，而砂勝越先進青年會即是砂盟招收「學生積極分子」的外圍組織。[5]

剩下的檔案中，沒有台灣官方的情報、外交等部會會議記錄說明該如何處置關亞風，只有一份一九七三年八月關亞風被警總審問的偵訊筆錄。關父依稀記得，一九七三年的某一天，他接到政府的來電，要求他到移民廳，他才曉得關亞風被台灣當局扣留了，需要他買機票讓關亞風回來。當時我問關父先生，那關亞風當年是否真有加入砂共組織呢？對此關父表示否認。

關父稱關亞風曾提過，被捕的那一晚，學校正舉行畢業聯歡會，警察忽然進入校園抓人，他在逃避警方追捕下，因摔傷進院才被帶走的。我問：「那關亞風先生還有跟您提到他對這些事情的體悟或看法嗎？」，關父笑說：「沒有，他不要講。」儘管當時國民黨政府懷疑關亞風「涉共」，不過關亞風回國後並沒有遭到政治部的問話。一般遭驅逐出境的人，多會被當地政府列入黑名單，不過關父跟我提到，關亞風二〇一八年曾到台灣旅行。

儘管我在美里的採訪之旅未能探究到關亞風的「真相」，但見到關亞風還能進入台灣，心裡多少為他感到欣慰。最後，在此要特別感謝馬來西亞新紀元學院的黃招勤老師居中協助聯繫關亞風先生，以及我大學學長陳忠漢盡地主之誼，在那幾天對我的照顧。

---

5 犀鄉資訊網，〈砂拉越先進青年會〉，二〇一九年六三日檢索，http://www.ehornbill.com/v12/2012-11-06-11-34-34/2012-11-06-11-36-04/86-2012-11-06-16-20-50。

「台大哲學系事件」中被波及的馬來西亞人

二十世紀七〇年代，當時正逢中華民國剛退出聯合國、保釣運動等重大社會事件頻發，全台被不安的陰霾給籠罩著。「台大哲學系事件」在這背景下，發生於一九七二年至一九七五年間，國民黨當局以反共為名，對台大哲學系內的中國自由派學者進行了一連串的整肅行動，如台大哲學系教授殷海光及其學生遭到波及，大批教員被解聘。[6]最終台大哲學研究所停止招生一年，許多教師被停職，而來自馬來西亞的梁振生就是其中遭波及的哲學系講師。

至本書付梓前，這些年無論是台灣官方，或是當年的受害人群體也找不著梁振生，本人亦然，不過最終我卻意外地得知了梁振生回馬後的去向。

被誣陷為小偷的梁振生

《台大哲學系事件調查報告》指出，梁振生是因「小偷事件」而被迫離開的。一九七三年八月，台大哲學系主任趙天儀被撤職，由孫智燊任代理主任。爾後孫智燊開始大量解聘人員，整肅異己。梁振生畢業於台大哲學系後，就兼任哲學系的講師數年，原本梁振生已達到應被改聘為專任講師的階段，卻不幸被孫智燊指控為「小偷」。[7]

當時台大哲學系並無教員休息室，教員均在系辦公室，也就是系主任辦公室休息、喝茶。一九七三年八月九日當晚，梁振生因口渴而到系辦公室喝茶，卻被帶著研究生馮滬祥、游祥洲的哲學系新主任孫智燊當場「逮到」。當時孫智燊問梁振生為何能進到辦公室，梁振生解釋說他配有鑰匙，孫智燊當場跟梁索回鑰匙就離去了，而梁也自行回到研究室，但沒想到孫等人卻帶著校警上門，要求梁到警衛室做口供，當時孫指控梁在辦公室翻閱他的文件，稱梁有想看他所報的人事名單的企圖。[8]

---

6 台大哲學系事件調查小組，《台大哲學系事件調查報告》（台北：國立臺灣大學圖書館台大哲學系事件調查小組，二〇一三），頁二十～二十一。

7 台台大哲學系事件調查小組，《台大哲學系事件調查報告》（台北：國立臺灣大學圖書館台大哲學系事件調查小組，二〇一三），頁六十。

8 李日卓，《赤峯街5號的那些事》（新北市：玉山出版社，二〇一五），頁二九二～二九三。

台大哲學系事件受害者之一的李日章教授。（圖源：杜晉軒／攝）

儘管梁振生多番否認偷竊，但不接受解釋的孫智燊決意解聘他。最終不堪羞辱的梁振生黯然離開生活了十年的台灣，回到「僑居地」馬來西亞了。當時除了梁振生轉專任受阻外，被孫智燊「卡關」的受害者還有李日章、胡基峻、楊惠男等人。[9]

李日章教授告訴我，雖然他和梁振生都是同事，不過交情一般，但他們之所以被孫智燊視為眼中釘，只不過因為他們都是一同上過殷海光課的普通學生，就被孫智燊視為「殷海光餘孽」，想盡辦阻撓他們轉為專任講師。[10]對於「小偷事件」，李日章曾撰文指出，在孫之前的系主任，都允許梁振生在內的職員進入辦公室喝水，這是常有的事情，因此孫的指控是政治陷害。[11]梁振生離開台灣後，李日章就再也沒有他的消息了。當時我告訴李日章教授，我知道梁振生回馬國後的去向，但也一樣找不到他目前的下落。

第八章提到，我在二〇一八年二月回母校訪問高中老師龔群美，也是台大校友的龔老師提到，曾有位從台大回來的教授在育才獨中任教數年，對方似乎因哲學系的白色恐怖事件才回國的，據悉離開育才後去了美國。至於名字是否為梁振生，龔老師並不清楚，因為她沒有見過梁振生本人，這些事蹟是其他已離職的教師跟她提起的。本人之所以能肯定龔老師說的就是梁振生，是因為龔老師還提到，後來育才獨中校方從報章上得知了台大的尋人廣告，而李日章教授也跟本人提到了台大刊登尋人廣告一事。

直至解嚴後的一九九四年，台大才組成專案調查小組，重啟對哲學系事件調查。最終多位受難人獲得平反，得以回到台大任職，或領取補償金。當時李日章教授選擇領取

9 李日章，《赤峯街五號的那些事》（新北市：玉山出版社，二〇一五），頁二八九。

10 作者訪問，台灣台北市，二〇一八年四月二十九日。

11 李日章，《赤峯街五號的那些事》（新北市：玉山出版社，二〇一五），頁二九三。

作者曾在台北是信義威秀巧遇施明德先生，可惜終究無緣採訪他。（圖源：杜晉軒／攝）

補償金。至於梁振生，李教授記得當時台大有在馬國報章刊登廣告，呼籲梁振生來台領取補償金，但終究沒得到梁振生的回應。

雖然發放給台大哲學系事件受難人的補償金領取期限已截止多年，[12]但李日章教授仍希望有生之年還能看到梁振生再來台灣，讓後人知道當年整個事件的經過。

改變施明德命運的泰國華僑

每個大變動的時代，除有受萬眾矚目的英雄式人物，或所謂具有「卡里斯瑪（charisma）」魅力型領袖在推動時代的前進外，還有不少默默無名的配角，或是路人甲，他們所踏出的一小步，可能也足以撬動時代的進退。也許，來自泰國的徐春泰只是位默默無名的前政治犯，但其事蹟卻改變了一位影響時代的政治人物——施明德。

一九七九年美麗島事件後，國民黨當局全台大搜捕正逃亡的施明德，根據調查局前副局長高明輝在其回憶錄的說法，提供施明德下落情報的就是徐春泰。[13]當美麗島人士知道提供情報的就是徐春泰後，調查局就協助拿了獎金的徐春泰逃到國外避風頭。[14]至於徐春泰下落，其前妻陳女士告訴我，後來徐春泰又返回台灣，他們大約在八〇年代初離婚後就再也沒聯繫，據她所知徐春泰大約於二〇一〇年過世了。[15]

---

12 截止時間為一九九九年八月。聯合晚報，〈九人回復教職四人回台大〉，一九九九年二月二十六日，四版。

13 雖然高明輝在一九九五出版回憶錄中是寫「徐×泰」，但由於此後已有人指名道姓徐春泰的全名，並懷疑他有提供當局施明德下落情報的嫌疑，故本章亦決定寫當事人全名。

14 高明輝口述，《情治檔案——一個老調查員的自述》，（台北市：商周出版，一九九五）。

15 作者訪問，台北市，二〇一九年六月二十五日。

對於當年是否真是徐春泰「出賣」，或如何「出賣」施明德並非本章的重點，有興趣者可自行閱讀高明輝的回憶錄或相關研究，本章的重點依然會著重於徐春泰被之所以「成為政治犯」背後的「國籍」及「國族」糾葛。

神祕的徐春泰

徐春泰本名林生永（或林生勇），一九四〇年出生於泰國南部一個叫那汶的小鎮，一九六二年被引渡來台。有參與引渡徐春泰專案的高明輝宣稱，徐春泰是在泰國犯下了各項刑事罪，而被泰國警方全面通緝，才向台灣投誠的，這點與官方檔案說法相符。16 高明輝記得徐春泰是在走投無路下，才編造了故事，以提供共產黨人在金門的活動情報為條件，成功說服中華民國駐泰大使館讓他來台。

當時馬來亞共產黨仍在泰國南部的泰馬邊境一帶活動，因此徐春泰對駐泰大使杭立武說，他曾加入馬共，並知道中共在金門的地下組織情形，因此他願意「回國」投誠。判決書中揭露，徐春泰除曾任馬共小組「五愛組」組長、「馬來亞人民民主解放軍」幹事，[17]還曾任中華民國「八〇五四情報單位」的乙種情報員，但不按命令赴汕頭執行任務及私吞旅費。[18]

由於當時徐春泰法律上仍是泰國公民，且又有案底在身，若讓當時沒有泰國護照的徐春泰出境來台，恐引發外交風波。高明輝也坦言：「如果這件事情被人挖出來，一定馬上就會影響到中泰之間的邦誼。安全局等於是走了一步險棋。」[19]

最終在一九六二年十一月二十一日，徐春泰在駐泰大使館祕書王世述陪同下，館方讓徐春泰以「何雲祥」為名的公務護照成功離境來台。然而經國安局一番調查後，他們

---

16 〈國家安全局（代電）〉（一九六二年十一月二十九日），〈旅泰華僑徐春泰等輸誠案〉《外交部》，國史館藏，數位典藏號：020-010408-0030。

17 準確名稱應為「馬來亞人民解放軍」（Malayan National Liberation Army），是馬共在一九四九年成立的一支武裝部隊。

18 參閱自臺灣警備總司令部五十二年判決（52）警審特字第〇〇二四號判決書。

19 高明輝口述，《情治檔案——一個老調查員的自述》（台北市：商周出版，一九九五），頁七十四。

獨派政治受難者高金郎先生在泰源監獄服刑時，曾與徐春泰住同一牢房。（圖源：杜晉軒／攝）

發現不僅浪費了公帑讓徐春泰在台北吃喝玩樂，且徐春泰所提供的中共活動情報竟是捏造的。當時認栽的調查局為避免影響「中泰邦交」，或成為「國際笑話」，只好低調地交由軍法局處理徐春泰。[20]

徐春泰的判決書主文如下：「徐春泰參加叛亂之組織處有期徒刑五年褫奪公權四年，無辜不就指定地點處有期徒刑十年，意圖為自己不法之所有而侵占對於公務上所持有之物處有期徒刑二年，故意陷害誣告他人預備以非法之方法顛覆政府處有期徒刑五年褫奪公權二年，定執行有期徒刑十二年褫奪公權四年」[21]。雖然從判決書看似徐春泰的刑期非常長，但檔案記錄徐春泰的服刑日為一九六三年十月六日，期滿日為一九七四年十一月二十九日，僅服刑了十一年。[22]

徐春泰在泰源監獄服刑期間，曾與施明德同一牢房，因此他出獄後得以能跟隨施明德。雖然我沒訪問上施明德，但成功訪問了曾與徐春泰同房的獨派政治犯高金郎先生。在高金郎的記憶中，徐春泰有種「情報人員」的氣質，不過他卻能在獨派和統派的獄友間吃得開。值得注意的是，徐春泰在獄中告訴高金郎他是如何從泰國來台的緣由與過程，與官方版本有重大落差。

除曾為中華民國情報機關任情報員這點與官方檔案相符外，徐春泰告訴高金郎，他是被國民黨當局誘捕來台的，當局是利用麻袋把他裝起來，並扛上飛機押送來台，[23]這

20 高明輝口述，《情治檔案——一個老調查員的自述》（台北市：商周出版，一九九五），頁七十八。

21 參閱自臺灣警備總司令部五十二年判決（52）警審特字第〇〇二四號判決書。

22 〈臺灣警備總司令部軍法處執行書〉（一九六三年十月十七日），〈徐君參加叛亂之組織等罪刑處有期徒刑十二年褫奪公權四年〉，《國防部軍務局》，國發會檔案管理局藏，數位典藏號：B3750187701/0050/1571/34123823/197/37。

23 作者訪問，台北市，二〇一八年一月十五日。

人權運動者艾琳達，她和施明德交往期間曾接觸過徐春泰。（圖源：杜晉軒／攝）

點與官方稱是買機票讓徐春泰在駐泰大使館人員陪同下抵台的說法產生矛盾。另一矛盾是，徐春泰除可能曾加入馬共，也可能曾加入泰共，他自稱是泰共派他到大使館工作的；艾琳達也記得，徐春泰不僅稱曾在駐泰使館工作，還自稱因共產理念想暗殺泰皇，而被國民黨以共匪罪嫌逮捕。[24]然而判決書已明確稱：「（徐春泰）在泰屢行不法，無法立足，遂於五十一年十一月間謁我駐泰大使館王祕書，詭稱係馬共情報員，可來台破獲共匪潛台情報機關。」並未指出徐春泰曾任職於駐泰大使館，也未提及任何有關加入泰共及刺殺泰皇之事。

至於徐春泰前妻陳女士的說法，她稱不清楚當年徐春泰是否有被泰國政府通緝，但徐春泰曾和她坦言，他因與泰國當地的犯罪集團有債務糾紛，走頭無路之下才尋求中華民國駐曼谷大使館協助，以提供中共和蘇聯的情報換取來台的機會。[25]此說法則較為接近高明輝及官方檔案說辭。

往事如煙，對於徐春泰各類充滿矛盾的說法，高金郎認為也許當時徐春泰還年輕，為在異鄉求存，會藉吹牛自我膨脹。除高金郎外，與徐春泰同一時期的政治犯還有陳團保和徐瑛，陳團保稱當時大家都叫徐春泰「阿泰」，高金郎也記得徐春泰與有泰國生活背景的徐瑛的感情也不錯。

起初徐春泰被判刑後，外交部依然擔心若泰方知道徐春泰被中華民國擅自引渡來台判刑，可能引發外交糾紛，警總對此去函外交部稱，中華民國在法律上對徐春泰案是站

24 艾琳達口述、林佳瑩，《美麗的探險：艾琳達的一生》（台北市：遠景出版社，二〇一一），頁一九一。
25 作者訪問，台北市，二〇一九年六月二十五日。

得住腳的。「徐春泰具有中泰雙重國籍，依泰國法律規定，凡出生於泰國者，均視同泰人，且徐嫌來台採祕密方式，將來本案判決可能引起之交涉，似應一併予以考慮，請核議覆見等由。三查該徐春泰係福建省古田縣人，其父林光朗為留泰華僑，其出生時父為中國人，依我國籍法第一條第一款之規定，雖其出生於泰國，但仍係我國國民……依我國法律規定，應由我國追訴處罰，似無疑議。」[26]

綜上所述，由於年代久遠，當事人也不在世了，筆者也無從考證徐春泰是否真曾加入泰共或馬共，惟重點在於檢視徐春泰被帶往台灣的過程，已足以見識到國民黨當局對外籍華人的態度，即就算外籍華人已是當地國民，若國民黨政府有需要，仍優先著重其「中國人」血統的身分，藉以合理化自身對外籍華人的「宗主權」。不過持平而言，也許當時真的在泰國走投無路的徐春泰，也明白中華民國那泛血統主義的《國籍法》對他的益處，可讓他獲得一線生機。

26 〈臺灣警備總司令部（函）〉（一九六三年六月十日），〈旅泰華僑徐春泰等輸誠案〉，《外交部》，國史館藏，數位典藏號：020-010408-0030。

第十三章

隕落神州

難道，難道他們送我來接受軍事審判？難道，難道幾卷大陸民歌錄音帶或幾句讚美大陸電影女主角漂亮的話，就構成七年以上或無期徒刑的「為匪宣傳」叛亂罪？如果不是那麼嚴重，為什麼整個警備總部看守的人都不跟我講話？

——方娥真《獄中行》

陳欽生是直到二〇〇九年十一月才首度作口述歷史，其事蹟之後才逐漸為台灣社會所熟悉。一直以來提到馬來西亞僑生涉入的白色恐怖案，相比陳欽生的案情，「神州詩社」案大概是台灣社會和文壇較為熟悉的了，這與當事人的知名度有莫大的關係。

神州詩社的中心人物是當今知名武俠小說家溫瑞安。一九八〇年九月二十六日，溫瑞安和前女友方娥真等人遭上門的警總帶走，最終在各方營救下才得以安然離開台灣，溫、方二人前後大約被扣留了三至四個月。

至本書付梓前，我始終未能訪問上溫瑞安與方娥真。溫瑞安近年的發展中心已在中國大陸，在當地積極推廣武俠文學；至於方娥真的近況，經詢馬國與台灣兩地的文壇中人，均不知方娥真的下落。

另一方面，雖然神州詩社案已事發近四十年，但至今台灣官方卻未有這事件的公開檔案，更添增了研究上的難度。當年神州社案的爆發震驚台灣文壇，甚至連在香港的金庸也跨海相救。此外，根據溫瑞安的說法，當時國民黨內有一部分的政治人物也曾拔刀相助，如此著名的案子何以檔案「消失」或選擇不公開，是相當匪夷所思的，畢竟相較起來，神州社案比其他政治案件的爭議應更小才對。欣慰的是，好在溫瑞安、方娥真及當年神州社案的相關人士，經多年沉澱後，陸續自一九九七年後開始接受媒體採訪，或出版相關回憶的作品，才留下了寶貴的歷史記錄。

有鑑於當事人缺席、官方檔案缺失情況下，我只能透過文獻梳理，並與其他馬國僑生白色恐怖案進行比較，讓讀者了解神州社案在外籍華人白色恐怖史中的獨特之處。

「為中國做一點事」的馬來西亞僑生

當代新派武俠小說大師中，有「金古黃梁溫」一說，[1] 如今在世的僅剩溫瑞安一人，他著有《布衣神相》、《神州奇俠》、《四大名捕》等膾炙人口的武俠小說。雖然溫瑞安的武俠小說廣為人知，但一開始溫瑞安是以詩聞名文壇的，他筆下豪邁氣宇的詩更被喻為「武俠詩」。

溫瑞安本名溫涼玉，出生於霹靂州一個叫美羅（Bidoh）的小鎮，他與霹靂州怡保

1 分別是金庸、古龍、黃易、梁羽生、溫瑞安。

市出生的陳欽生一樣，都是祖籍廣東梅縣的客家人。早在年少時期，溫瑞安已聞名於馬來西亞文壇，一九六七年在美羅中華中學與友人李宗舜、周清嘯、廖雁平等創立「綠洲社」，而這幾位友人更是他後來在台創立神州詩社的重要班底。

一九七二年，溫瑞安與其兄長溫任平創立「天狼星詩社」，當時該社在全馬有十個分社及一百三十四個正式社員。接著一九七三年，為了更接近心中朝思暮想的「中國」，溫瑞安選擇回「祖國」，在台升學並就讀台大中文系。

一九七四年底，溫瑞安與方娥真、李宗舜等人創辦天狼星詩社台灣分社，並出版《天狼星詩刊》。當時天狼星詩社台灣分社並非台灣第一個以僑生為主體的詩社，更早的還有一九六三年創立的星座詩社。[2]不過一些內部原因，最終溫瑞安在一九七六年與在馬國天狼星總社分裂，溫瑞安遂而於同年在台創立「神州詩社」（後改名為神州社）。在當時，神州社可謂台灣文壇的「異類」，除社員是以馬國僑生為主體外，更引人注目的是他們豪氣的行事風格。神州社社員不僅練詩，還得習武，會所更以「試劍山莊」命名，社員對外凡是以「大哥」稱溫瑞安，讓不解的外人誤以為是類江湖幫會的組織。[3]溫瑞安的兄長溫任平曾批評神州社行徑之誇張，甚至讓人聯想到會不會是國民黨的學生軍團。[4]不過，神州社至今仍值得被研究的意義不僅是該社的隕落，該社的「白色恐怖」經歷僅是一部分，最重要的在於當時他們的存在，如何彰顯了當時馬國華人的「中華屬性」，又如何襯托了國民黨當局的統治需求。

神州社在台灣叱詫留名的四年中，除出版《神州詩刊》之外，還推出了由時報、四季、長河、皇冠、源成等知名出版社刊行的詩集、小說集、散文集、合集與武俠小說，而溫瑞安等人也在一九七九年另組青年中國雜誌社，出版《青年中國雜誌》，鼓吹「文化中國」的理念。[5]當時包括徐復觀、錢穆、朱炎、金耀基、楊國樞、韋政通等

2 佛光大學，張錦忠〈重寫文學史：一九八〇代以來 臺灣文學複系統中的馬華文學〉，二〇一九年四月二十九日檢索，http://www.fgu.edu.tw/~wclrc/drafts/Taiwan/zhang-jin/zhang-jin-02.htm。

3 葉洪生，〈回首「神州」遠-追憶平反「溫案」始末〉，《聯合文學》第十三卷第三期：一一五，一九九七。

4 李宗舜，《烏托邦幻滅王國：黃昏星在神州詩社的歲月》（台北市：秀威資訊，二〇一二），頁十九。

5 同註2。

學者，都曾為《青年中國》撰稿，甚至該雜誌的文章得到當時國民黨文工會和總統府第一局來電表示支持，[6]可見當時神州社的影響力。

神州社全盛時期的全台社員有兩三百人，除馬國僑生外，還有不少台灣本地人。神州社此「拉幫結派」的舉動，雖是戒嚴時期的國民黨政權所忌諱的，但同時神州社的「大中華民族主義」政治主張卻又合乎國民黨的意識形態，因此最終得以存活了四年。儘管溫瑞安曾稱他主導下的神州社是不碰政治的，[7]但神州社在一九六八年到金山社遊時，「巧遇」時任總統蔣經國，他們除贈送蔣經國社史《坦蕩神州》外，也在蔣經國前大合唱社歌[8]；之後神州社再版《坦蕩神州》時，封面就刊印了他們與蔣經國的合照，這更凸顯了神州社在戒嚴下的台灣的政治抉擇。[9]出生於馬國的台灣國立暨南國際大學中文系教授黃錦樹，神州社對台灣的認識恐怕也只屬於救國團式、僑委會式的，是一個「復興基地」，中國的替代品，非久居之地。[10]

當然，只憑一時的民族主義情感，是無法讓神州社撐下去的，主要還是神州社的兩位核心人物溫瑞安及方娥的才華撐起了這社團，但也埋下了隕落的種子。當時溫瑞安憑自身的「克里斯瑪」（Krisma）領袖魅力，動員社員到各校園兜售詩社的出版物，主要為溫瑞安的個人著作，而這些行動神州社稱之為「打仗」，此番豪情壯志儼然是溫瑞安將心中的武俠世界延伸到了現實。

神州社社員之所以如此投入，乃因憑著心中一股「為中國做點事」的信仰投入的。為「為中國做點事」一語原出自已故台灣文人高新疆贈劍給溫瑞安時的期許，而究竟要做什麼事，溫瑞安的說法是：「神州詩社是個培養浩然正氣、培養民族正，砥礪青年士氣的社團。它教你關愛這個社會，而不是唾棄它；它教你認識這個時代，以及你身處於

---

6 採訪／秦保夷、宋星亮，整理／鐵英、周錫三，〈龍遊淺水蝦味鮮：訪問瑞安談神州詩社與神州事件〉，《文訊》第二九四期：六八，二〇一〇。

7 同註6，頁六十七。

8 同註3，頁一二七。

9 李宗舜，《烏托邦幻滅王國：黃昏星在神州詩社的歲月》（台北市：秀威資訊，二〇一二），頁一五六。

10 黃錦樹，〈神州：文化鄉愁與內在中國〉，《中外文學》第二十二卷二期：一二九～一七二，一九九三，頁一五六～一五七。

這個時代的意義。對國家民族，更需要有一分剛柔正氣，捨我其誰的責任感，也就是知識分子的士大夫精神，或江湖中的『俠義』情操。」11

儘管不免令人質疑，大學生能做的事在當時能到什麼程度。不過，神州社的出現，對國民黨當局而言卻是自動送上門的政治宣傳樣板。當時台灣文壇已掀起的台灣鄉土文學論戰，神州社的出現可謂相映成趣，一邊廂台灣社會經國民黨多年的高壓統治下，偏安的狀態也促成了本土意識日漸高漲，並反抗統治集團的「大中華民族主義」的「文化霸權」，而另一邊廂卻又迴光返照，一批渴望得到「正統」中華文化滋潤的僑生詩社出現，且顯得「比中國人更中國人」。

二〇一〇年溫瑞安接受香港《亞洲周刊》專訪時說：「當年，我們誓言承擔復興中華文化的責任。那時的台灣西風時興，年輕人手持吉他，穿牛仔褲，留著長髮，唱美國流行歌曲。我想，我們的民歌在哪里呢？我們不是一個文化大國嗎？寫詩、寫文學的，包括林懷民的云門舞集和《龍族》、《草根》詩刊，這些藝術工作者，善於跳出中國風和寫出中國詩，或者說保持了中華民族風，為什麼一般年輕人的思想卻如此崇美？」12可見神州社的確是對中華文化有著深厚的情懷。

然而神州社的「神州夢」終究抵不過威權政治的現實考驗，儘管神州社曾受到蔣經國的讚賞，儘管神州社曾立下要為中國「做一點事」的豪情壯志，其民族主義主張亦符合國民黨的「主旋律」，但「樹大招風」的神州社還是在一九八〇年九月二十六日晚上出事了。

那晚，神州社眾人甫從南部旅遊返回「試劍山莊」，正當他們在回味旅遊照片的當兒，警總人員忽然上門將溫瑞安、方娥真、副社長李宗舜與廖雁平帶走。不過李宗舜與廖雁平被疲勞審訊一晚後就被釋放了，溫瑞安與方娥真卻繼續被扣押在景美看守所。

突如其來的政治暴風雨，讓在「祖國」佇立四年的神州社分崩離析。事發後，李宗舜奔走各方求援，因此讓溫方倆人得到了香港武俠小說大師金庸、台灣的余光中、朱炎、張曉風等知名文人的聲援，最終國民黨當局決定將溫方二人驅逐出境。

---

11 溫瑞安，〈直道而行：綠洲・天狼星・神州〉，收入溫氏編《坦蕩神州》（台北市：長河，一九七八），頁八十七。轉引自鐘怡雯，〈再論神州：一個人的驚呼，華人的宿命〉，《文訊》第二九四期：一一〇，二〇一〇。

12 亞洲周刊，〈逃亡作家溫瑞安重出江湖細說當年〉，二〇一二年第二十六卷第二十九期。

反觀另一邊廂的綠島，蔡勝添、陳水祥和陳欽生等三位溫方二人的同鄉還被關在綠洲山莊。

樹大招風

神州社事件已過去近四十年，當中有太多各當事人的恩怨情仇，對於誰背叛了誰，並非本文要處理的。本文著重的是，當時神州社成員的國族認同與國民黨的互動關係，以及在與其他僑生白色恐怖案的比較下，為何會有截然不同的命運？

神州社事件至今未有公開的檔案，溫方二人何時被釋放或離台，未有準確的答案。根據各造的說法，溫方二人被羈押三個月後就遭驅逐出境，不過有可能是四個月以上才對，因為一九八一年二月十二日還有他們的報導，[13] 且該報導也記錄了國民黨當局對此案的態度。

當時軍事法庭已裁定溫瑞安、方娥真各交付感化三年，罪名是「為匪宣傳」，指控他們從馬國帶共產黨相關的出版品到台灣傳閱。報導中稱：「社員集會或活動時，則播放『松花江上』、『中國民歌選集』及教唱『游擊隊之歌』、『黃河船夫曲』、『草原之秋』等匪歌，引發社員對大陸的嚮往，並公開向社員發表：『大陸的產品是大陸人民親手做的，做得很好，有值得學習的地方，香港國貨公司、貨品很多，可以購買。』『周恩來很漂亮，訪蘇俄時，接受記者訪問，用英文說，今天是「中文的時代」後，即用中文交談。他很有民族心，他死後大陸百姓都追悼他。』『大陸有核子彈、原子彈，武力很強，中共已進入聯合國，國際上很有地位。』」等為匪宣傳言論。警總稱溫瑞安、方娥真二人「向多數人公開傳閱匪書，播放及教唱匪歌，發表利匪言論，核其等所為，已觸犯懲治叛亂條例第七條為有利於匪之宣傳罪，惟念被告等均係僑生，生長國外，致對匪認識不清，思想模糊，且於案發後即坦誠供認，深具悔意，為啟自新。」多年後溫瑞安回憶道，當時他身為「大哥」，在獄中他一概對攜帶匪書、匪貨的指控全一人承擔，實際上那些物品都是其他社員帶來台灣的。而方娥真稱在獄中收到判決書時，

13 《溫瑞安方娥真為匪宣傳 軍法裁定交付感化三年》。聯合報，第〇三版，一九九一年二月十二日。

才知道被捕前中途退社的人，就是在背後陷害溫瑞安和她入獄的誣告者。[14]

神州社為何會「出事」？可能就如溫瑞安在二〇一〇年接受台灣《文訊》專訪時所說的，他們之所以被台灣當局以「政治犯」的名義逮捕，也許因為樹大招風，神州社的存在讓一些人沒有安全感。[15] 也許神州社事件重要的當事人們，早已曉得誰是「叛徒」，但對他們而言公布與否似乎已不太重要了。

不過溫瑞安兄長溫任平對「樹大招風」的說法不完全認同，他認為碩壯、健康的樹不會這樣倒下，而是因為一群家長不滿他們加入神州社的孩子「無心念書、不斷翹課，與父母家人齟齬不休，怎樣說都不聽，學業蹉跎，不回家睡覺卻睡在叫什麼山莊的窩裡」，因此溫任平推測是有退社社員受到委屈，終於跟家長投訴，可能才導致了一眾家長發起反擊。[16]

當時聯合報的報導也一定程度佐證了溫任平的看法：「（神州詩社）以文藝為號召，吸收青年學生，採檢討批鬥、競賽等方式，並鼓勵社員以社為家，致部分社員離家、休學或退學。溫、方兩人也因而荒廢學業，而以作家名義，取得我國外僑居留證，在台居留。」由於當時神州社無止境地在「打仗」——賣神州社刊物，並視之為「為國家、為民族做事」的大任，使多數社員都荒廢了學業，包括副社長李宗舜也因休學了三年，「出事」後也無法恢復政大學籍。當時神州社內唯一一位擁有大學文憑者，就是陳劍誰（陳素芳，前九歌出版社總編輯），她也「責無旁貸」地成了神州社的發行人，此前她曾因為參與神州社活動，而數度與家裡鬧革命。[17]

馬國政治部：溫瑞安不像搞政治的人

作家張曉風當年曾出手援助陷入冤牢的溫瑞安、方娥真，她當時歸納形勢認為能救他們的人不多，因為他們如果真如國民黨所言是「左」（親匪）的，海外自有人來救他

---

14 方娥真，〈一條生路〉，《文訊》第二九四期：八八，二〇一〇。

15 同註3

16 李宗舜，《烏托邦幻滅王國：黃昏星在神州詩社的歲月》（台北市：秀威資訊，二〇一二），頁二十六。

17 陳劍誰，〈遙遠的鼓聲：回首狂妄神州〉，《文訊》第二九四期：九八～九九，二〇一〇。

們，而如果又是「獨」的話，海外也不愁沒人救，但偏偏神州社很「右」，因此國民黨處理右派的人像關起門來打自家孩子，打死也沒人問。[18]

可以肯定的是，當時神州社不是左傾的，溫瑞安曾稱出事後，他的親友曾被馬國政治部問話，辦案的人卻笑稱：「我們有他（溫瑞安）詳盡的大疊資料，但看來看去，他都不是一個搞政治的人。」溫瑞安認為馬國在這方面做得比台灣漂亮。[19] 溫任平記得，當年家裡完全不曉得溫瑞安在台灣出事，是某一天溫瑞安忽然出現在家門口才知道。溫任平表示，馬國政治部已明白溫瑞安和方娥真並非共產黨員，他曾邀請方娥真到霹靂州安順這個小城演講，雖然當時政治部要求方娥真到怡保問話，不過最終方娥真全盤交待在台北的事件經過後也安然無恙。溫任平稱他也沒有方娥真的聯繫方式，他認為若馬國政府真認為他們是共產黨員的話，那他們每五年需更新的護照也不會獲准更新，也無法繼續在海外旅居了。[20]

雖然馬國官方至今沒有完善的政府檔案公開制度，以了解馬方在那些年處理旅台馬國僑生「涉匪」案的立場，但從六〇年代的陳團保案一直到八〇年代的神州事件，可見儘管也是反共的馬方並不會對國民黨單方面的說辭全單招收。譬如，馬國政治部就陳欽生的案子調查崇德華小副校長梁漢珊是否為共產黨員，結果證明是國民黨的政治陷害；蔡勝添友人陳傳興告訴筆者，當年他在《內安法令》下被扣留後，政治部曾希望他能為蔡勝添作證不是共產黨員，但他擔心當中是否有政治陷阱而作罷，可見至少當時馬方對國民黨的指控是相當慎重的。

「祖國」神話的終結

無論是神州社的成立與茁壯，或最終的隕落，都離不開其時代背景的局限。為與中共的「文化大革命」分庭抗禮，身為「流亡政權」的國民黨當局在一九六七年推展「中

18 張曉風，〈「我好奇，你當時為什麼來救我們？」〉，《文訊》第二九六期：十七，二〇一〇。

19 鐵英笮，〈龍遊淺水蝦味鮮：訪問瑞安談神州詩社與神州事件〉，《文訊》第二九四期：七十四，二〇一〇。

20 作者電話訪問，二〇一八年三月六日。

華文化復興運動」，以彰顯其為「正統中國」的地位。不過，欲鞏固所謂的「正統中國」，國民黨無法光憑台灣內部的人民認同或「附和」，也亟需國際的認同，以「出口轉內銷」，除政權的穩定需靠強權美國外，就是廣大的海內外「僑胞」了。然而從一九七一台灣「退出」聯合國，以及一九七九年的台美斷交等一連串外交打擊下，無疑衝擊了國民黨捍衛的「正統中國」之合法性。

與此同時，台灣人的本土認同意識早已萌芽，省籍、統獨的鬥爭已暗潮洶湧。一九七七年到七八年「台灣鄉土文學論戰」爆發，催生了後來的「台灣意識論戰」。這場一九八三年到八四年的論戰，是由主張台灣本土意識及台灣獨立的知識分子及政治運動人士通過黨外雜誌開展的，為日後台獨運動奠下了論述基礎。而一九八〇年隕落的神州社自然無參與「台灣意識論戰」，「台灣鄉土文學論戰」參與的也不多，不過神州社一般被視為意識形態上屬「三三集團」一方。[21]

雖然神州社的效忠國「移位」在當時馬國僑生中並非常態，但某種程度上他們也代表了當時南洋華人的精神面貌，在所謂的「僑居地」受到他族的歧視，代表文化的「根」的華文教育遭受打壓，故才在「文化祖國」尋求精神寄託。因此當時神州社的存在，對面臨著「正統中國」合法性危機的國民黨而言，可謂是自動送上門的政治樣板。

第八章已介紹過，國民黨退居台灣後再重新實施僑教政策，是為海外華人的統戰政策，當中不乏要求海外華人需效忠中華民國為「正統祖國」心態。而且當時東南亞國家的華人族群也在母語教育上遭受打壓，文化「失根」憂慮下，美援支持的僑教政策成了「及時雨」。儘管當時馬國華人也意識到台灣當局提供華語教育的重要性，但在政治認同上大部分始終是效忠馬國的，旅台馬國學生也清楚明顯地「親中（華馬國）」只會給「我族」帶來負面的政治後果。

值得注意的是，神州詩社成立時，馬來西亞旅台同學會已存在了，第八章也介紹過同學會成立的背景，該同學會是以馬國為效忠對象，國民黨對此相當不滿。因此效忠中華民國的神州社出現，雖然在馬國學生群體中可謂「異數」，但這卻又是國民黨一直渴

21 「三三集團」是指一九七七年創刊的台灣文學刊物《三三集刊》，核心人物包括朱天文、朱天心、馬叔禮、謝材俊、丁亞民、仙枝等人，乃一九七〇年一個具影響力的台灣文學團體，其意識型態偏向重視中國傳統文化與三民主義，強調光復大陸與文化中國等理念。

望出現的「認祖歸宗」的「僑團」群體。

無論當時神州社成員的國族認同立場為何，是統是獨、或是否自認為「中國人」，對一個極權政體而言，被統治者的認同是無關痛癢的。如陳欽生他們被捕時，雖然他們極力主張自身是外籍人士的身分，不應遭到他國（中華民國）的任意侵害，但以溫瑞安為首的神州社，儘管僑生社員仍多有強烈的（非共產黨式）「中國人」認同，終究還是出事了。畢竟對極權政體而言，任何有組織、有號召力的群體，始終都是不穩定的因子與威脅。

神州社的被終結，預示著國民黨建構的「正統中國」神話即將不再，神州社之後，再無以信奉中華民國為「正統中國」的僑生組織出現。可以說，國民黨對神州社的終結，無疑也葬送了自身一直以來對馬國華人「認祖歸宗」的期盼。

第十四章

「升」不逢時

「中華人民共和國政府注意到馬來西亞是由馬來血統、中國血統和其他血統的人構成的多民族國家。中華人民共和國政府和馬來西亞政府聲明，它們都不承認雙重國籍。根據這一原則，中國這政府認為，凡已自願加入或已取得馬來西亞國籍的中國血統的人，都自動失去了中國國籍。」

——《中華人民共和國政府和馬來西亞政府聯合公報》

一九七四年五月三十一日於北京

陳欽生前輩。（圖源：杜晉軒／攝）

一九八一年的某日，火燒島綠洲山莊，已在此服刑五年的陳欽生從《中央日報》上得知了一個讓他感到不平的新聞，那就是國民黨當局決定將「為匪宣傳」的同鄉僑生溫瑞安、方娥真驅逐出境。當年陳欽生多番要求台灣政府將他遣返回馬來西亞，但都得不到回應，再加上一九七四年的「馬台斷交」，更斷送了他能早日返國的希望。因此陳欽生非常不明白，為何溫瑞安和方娥真能得以離開，為何同樣是被扣上「為匪宣傳」的他和陳水祥、蔡勝添卻不行。

曾獲遣返的還有一九六四年獲釋的陳團保、一九六九年被指控組左派讀書會的肖南等人，只是當時陳欽生都不曉得他們的存在。在陳團保、肖南他們的案情中，國民黨重視台馬外交關係的這個因素發揮了作用，然而進入七〇年代以後，台灣已被外部更大的時代巨輪驅使著，台灣既無法脫離這時代的潮流，也更不願成為「籌碼」的陳欽生等三僑生逃離，他們來台升學的時間點可謂「升」不逢時。

閱讀了神州社案新聞後的陳欽生未有再採取進一步抗訴的行動，他也沒有把這新聞轉告不同房的蔡勝添、陳水祥，當下他只期望能安然渡過最後的三年刑期，順利重返馬來西亞。

馬國支持中共入聯惹台不滿

第七章提過，一九七一年十月二十五日，聯合國大會通過第二七五八號決議，中華民國宣布「退出聯合國」後，中華民國駐吉隆坡領事館蒐集當地輿情與監控中文媒體。實際上，早在「兩阿提案」在聯合國大會被提出前，台灣就對馬方蒐集情報，以了解馬方對「一個中國」的立場。除馬國外，台北當局也關注巴基斯坦、紐西蘭等二戰後新興國家的領導人對中華民國在聯合國代表權的立場。

一九七七年，馬國國父東姑阿都拉曼赴台會見時任行政院長的蔣經國，中間者應為宋楚瑜。（圖源：國史館）

第六章也提過，馬國首相東姑阿都拉曼在一九六四年允許中華民國在吉隆坡設領事館，並稱「領事館不是外交代表團」，但其實一開始拉曼的想法是希望「兩個中國」都同時能在馬設領事館的。一九六〇年拉曼出席了在倫敦的大英國協政府首長會議（Head of Government Meetings）後[1]，回到吉隆坡時跟媒體表達了將在聯合國大會提案支持中共入聯的立場，且其立場是均須承認兩個中國，但也均不建立外交關係。而曾接近拉曼的「馬方有力人士」則回報給台北，稱拉曼向他表達依然反共的立場，但也不能忽視中共的存在。[2]

對於拉曼的表態，中華民國常駐聯合國

代表團稱當時的友邦澳洲與美國能協助勸阻。澳洲政府高級官員告訴台駐澳大使館，大英國協會議並未討論中共入聯問題，拉曼的主張應是為求在國際政治問題上「出風頭」，並稱許多新興國家領導人在國際問題上欠缺成熟。至於美國方面，經美駐馬國大使接洽拉曼和馬國政要後，得知馬國朝野對拉曼的主張大感意外，因這議題未經過內部討論，美方認為拉曼雖欲藉推動中共入聯以助亞洲的和平，但未考量到同時保留中華民國在聯合國代表權的「兩個中國」主張是不為中共所接受的。[3]

一九六三年，中華民國駐泰國大使杭立武訪問馬國，除與首相拉曼見面談論亞洲反共活動、「馬來西亞計劃」[4]等局勢外，還與馬國新聞局長蘇匹見面，蘇匹再向杭立

---

1 檔案原文為「英國協總理會議」，筆者以當今中文媒體較常用的翻譯「大英國協政府首長會議」為準；同時，巴基斯坦和紐西蘭也是大英國協一員。

2 「馬來亞、巴基斯坦及紐西蘭對我在聯合國代表權之最近態度案節要」（一九六〇年八月六日），《星馬雜卷（一）》，《外交部》，國史館藏，檔號：020-010599-0002。

3 同註2。

4 這一年拉曼政府正推動與新加坡、婆羅洲的砂勝越、沙巴組成馬來西亞。

武提出「不妨有兩個中國」的建議，但為杭立武所拒。[5]因此最終只有中華民國在一九六四年得以在吉隆坡設領事館，而且還成功於一九六九年三月獲馬方允准把駐吉隆坡領事館升格為總領事館。

不過，馬國內政與外交局勢的劇烈變化，讓馬國與中華人民共和國建交的傳言逐漸改變成真，台馬雙邊關係也隨之出現嫌隙。導致嫌隙出現的因素除馬方欲與中共關係正常化外，還有馬國華裔在台遭強制軍訓、馬來西亞同學會不獲註冊等牽涉馬國公民效忠的爭議。

一九七〇年，意識形態反共的拉曼在「五一三事件」後引退，由敦拉薩（Tun Razak）在九月二十三日接任馬國第二任首相。同一時期的九月十六日，如同前一年的「鎮海專案」，警總召集了各涉外單位討論如何處理「蔡勝添案」。當時警總副處長張耀華指出，雖然過去發生了兩起僑生驅逐出境案，[6]但程度上僅是學生「參加匪讀書會或研究匪黨理論」，他認為蔡勝添案性質較為嚴重。張耀華還說：「在我們政策上，是要號召僑生回國升學，而匪方則利用此種機會派遣匪諜滲透來台為匪活動，縱被我政府發覺，只有予以驅逐出境，毫無顧忌為維護我國家法律尊嚴，應將蔡嫌依法審理，雖然馬來西亞可能提出異議，我們為防範影響外交關係期間，在技術上可加以研究。」[7]

值得注意的是，會議中外交部代表俞中原不僅附和警總不遣返的主張，俞中原還說：「馬來西亞是一個新興不久之國家，難免有自卑感或遭受他國輕視。」[8]此話出自於外交人員之口，不僅顯示了外交部仍以大國心態藐視鄰國，也凸顯了當時台馬雙邊關係已惡化。不過礙於得來不易的「領事關係」，俞中原「禮貌上」還是提醒各部會，後續的處理都該通知馬國在台領事館，以免影響兩國關係。

---

5 對於杭立武與拉曼的會面，中華民國駐泰國大使館給外交部的報告未提到是否有討論聯合國代表權問題；此外，由於當時未與馬國建交，因此位處東南亞重要戰略位置的中華民國駐泰大使館也需負責部分與馬國相關的事務。〈中華民國駐泰國大使館（代電）〉（一九六三年五月十六日），〈馬來亞、馬來西亞）工作實施方案〉，《外交部》，國史館藏，數位典藏號：020-010602-0037。

6 應指一九六九年的五名馬國芙蓉學生，還有一九六四年遣返的陳團保。

7 「蔡勝添案座談會記錄」（一九七〇年九月十六日），〈東南亞華僑涉嫌（三）〉，《外交部》，國史館藏，檔號：020-990600-2919。

8 同註7。

儘管當時台灣仍有心呵護這段得來不易的外交關係，但依然抵擋不了外部國際局勢的潮流。當時新官上任的敦拉薩政府，對外提出了嶄新的「東南亞中立化」外交理念，欲以此與蘇聯、中國、美國等強權保持友好關係，以換取東南亞在冷戰下可得以保持和平穩定。同年十月副首相敦伊斯邁（Tun Ismail）出席聯合國大會時，闡明了東南亞中立化概念，並提出馬國承認中國外交的擬議，敦伊斯邁說：「如果中國保證東南亞國家之中立地位，馬來西亞將與中國建立外交關係。」[9]

最終馬國在一九七一年十月二十五日的聯合國大會上，投票支持中共進入聯合國。儘管馬中兩國並沒有馬上建交，但這足以讓國民黨當局深感不滿。

我不是中國人，我是馬來西亞人

在目前蒐集到的檔案中，儘管有的部會稱為不讓扣押馬國學生事件影響與馬關係，且務必得將相關進展通知馬國駐台北領事館，但本人並未見到任何已公開的檔案顯示國民黨當局有主動去函通知馬國領事館。而陳欽生等三人的案件上，更可能是馬國中文報章誤報了十位馬國學生因收聽北京廣播而遭扣押的新聞後，才讓馬方直接向國民黨當局交涉的。

一九七一年四月十五日，馬國駐台領事呂焯鏗聯繫台灣省政府外事室，要求解釋十位馬國學生被扣押的傳言。[10]當時外事室應是被情治單位蒙在鼓裡，並不曉得共有三名馬國學生被扣押了，因此才去函警總求證。不過警總卻對外事室及外交部亞太司的回覆，卻是稱該處近來並無偵辦馬國在台學生案。[11]直到四月二十八日，國安局才去函外交部澄清十位馬國學生被扣留一事，應是陳水祥、陳欽生被捕後所誤傳的。[12]接著

---

9 星洲日報，二〇〇〇年，〈馬中建交從倡議到落實〉，二〇一九年四月二十日檢索，http://mag.sinchew-i.com/mal-chirelation/index.phtml?sec=534。

10 〈台灣省政府外事室（函）〉（一九七一年四月十五日），〈馬來西亞陳水祥陳欽生案〉，《外交部》，國史館藏，典藏號：020-010609-0005。

11 〈台灣警備總司令部（保安處函）〉（一九七一年四月十六日），數位典藏號號：020-010609-0005。

12 〈國家安全局（函）〉（一九七一年四月二十八日），數位典藏號號：020-010609-0005。

五月十三日，國安局又發函給各部會說明為何逮捕「雙陳」，其中說明了這期間已傳召了十二位「證人」。[13]由此可見，也許因為多名學生被傳訊問話，才導致十多名馬國學生被扣押的傳言誕生。

同年七月九日，首相敦拉薩在國會證實有兩名學生遭台灣政府扣押[14]；同一天，中華民國駐吉隆坡領事館去函外交部、國安局、中三組、僑委會等部會，除說明馬國國會對事件的看法外，還提出了日後對這類事件應早日發表的要求，以免外界猜測，以及建議日後外交部可以陳水祥、陳欽生案為例，說明共產黨滲透活動絕無國界。[15]

八月六日，馬國駐台副領事查賈立（Zakaria）去函外事室要求與陳水祥、陳欽生見面。[16]對於查賈立提出訪視的要求，警總回函外事室稱允准查賈立到訪，並稱查賈立之前已探訪了蔡勝添。[17]不過本人未在其他檔案得悉查賈立是何時見過蔡勝添的，而蔡勝添本人也不記得是何時與他見面，因此時間點就不得而知，也不曉得此前馬方對蔡案的態度為何。值得注意的是，警總就查賈立探視時可能提出的問題，例如何時何地被捕、同黨為何者等，給外事室傳達了「指引」，[18]其中最關鍵的是警總對「國籍歸屬」的態度。

警總稱若查賈立主張陳欽生和陳水祥二人不是華僑，而是馬來西亞人的話，「我方」可回答：「根據我國刑法第四條『犯罪之行為或結果，有一在中華民國領域者，為在中華民國領域內犯罪』之規定，我國政府對其犯罪依法有權審判，況被告均承認係中華民國廣東省梅縣人。」接著警總又稱，若查賈立問能否將他們引渡回馬時，就主張「訊據陳水祥、陳欽生均有我國國籍，且其所犯案件，正在審理中，依法不得引渡。」[19]

---

13 〈國家安全局（函）〉（一九七一年五月十三日），數位典藏號號：020-010609-0005。
14 〈馬來西亞學生會〉（一九七一年七月九日），《外交部》，國史館藏，檔號：020-010605-0009。
15 〈中華民國駐吉隆坡總領事館（代電）〉（一九七一年七月九日），數位典藏號號：020-010609-0005。
16 〈馬來西亞陳水祥陳欽生案〉，《外交部》，國史館藏，數位典藏號號：020-010609-0005
17 〈台灣警備總司令部（簽呈）〉（一九七一年八月十八日），數位典藏號號：020-010609-0005。
18 同註17。
19 同註17。

「我說我是馬來西亞人，沒有拿中華民國身分證，我說怎麼說我是中華民國國民咧？他說你是華人就是中國人！所以我的判決書上，明明我是馬來西亞來的，（他們）都不敢寫呀！」陳水祥說。[20]無論是陳水祥三人，或是陳團保的判決書上，可明顯見到開頭「被告」的簡介上，就跟一般的中華民國公民一樣，只會記錄「祖籍／籍貫」，而他們真正的「國籍」，卻多只以「出生於」、「僑居在」等字眼輕描淡寫地出現在判決書主文內。由此可見，警總主張的「況被告均承認係中華民國廣東省梅縣人」、「均有我國國籍」，不僅公然說謊，更彰顯了國民黨當局對海外華人的「祖國心態」。

我以「僑生」管道來台留學的過來人，清楚知道在僑委會底下負責招收僑生的「海外聯招會」[21]，多年來在設計報名表格時，都設有「籍貫」一欄。據悉，中華民國的身分證也原有「籍貫」一欄，但在九〇年代已取消，「籍貫」這「古化石」至今卻仍舊保留在僑生報名表格上，相信陳欽生、陳水祥當年就是在表格上填了「廣東省梅縣」，只是任哪個國家的「僑生」都不會想到，日後這幾個字竟成了國民黨將「僑生」囚禁在台灣的枷鎖。

成了台馬外交博弈的棋子

二〇二〇年一月二十一日，我在吉隆坡訪問了當年的馬國駐台助理領事查賈立先生（Zakaria），這次會面可說是已距離他當年探視蔡勝添與陳水祥已過了四十九年。其實在我進行研究之初，並沒有聯繫查賈立的計劃，因為原以為他已不在世。或許是冥冥中自有了安排，二〇一九年六月我在台北出席馬國駐台北辦事處的活動時，認識了一位七〇年代在馬國駐台北領事館的任職的葉先生，才從他口中得知查賈立先生仍健在。幸運的是，如今高齡七十六歲的查賈立先生也樂意受訪，儘管他對於當年事件細節的記憶已模糊不清。

當年查賈立年僅二十六歲，此前他是少數就讀於馬來亞大學中文系的馬來裔學生，因此獲得了外派至台北的機會（一九七〇至一九七二年），當時立場反共的馬國首相東

---

20 作者訪談，泰國曼谷市，二〇一九年二月一日。

21 海外聯招會成立於一九九五年，辦公室設於南投縣國立暨南國際大學。

查賈立先生。（圖源：杜晉軒／攝）

姑阿都拉曼準備與中華民國拓展外交關係。

時間拉回到一九七一年九月二十一日，查賈立到景美看守所探視被捕的陳水祥和陳欽生，但最終調查局只允許他見到陳水祥。當時陳水祥有跟查賈立解釋，他並未做任何事情就被懷疑參加共產黨，希望查賈立能調查他的清白。至於陳欽生，儘管檔案上記載稱查賈立見了他，但陳欽生表示他完全沒見過馬國代表，也許因為當時他遭受的虐待是最嚴重的，同時他的英文程度也比陳水祥好，因此陳欽生認為所方是為了不讓他見到只會說英文及馬來文的查賈立[22]

（實際上馬來亞大學中文系畢業的查賈立，其中文口語能力是能溝通的）。

陳水祥記得，查賈立向他保證一定會在開庭時出現，但最終軍法處卻不批，而且早在查賈立到訪的前一日，即九月二十日，陳欽生已被送上法庭受審。[23]當時陳欽生要求法官允許陳水祥一同出庭以當面對質真相，不過直到被送去綠島以前，陳欽生依然見不到陳水祥。對於與陳水祥的承諾，查賈立稱他當時身為副領事，去為他們提供必要的協助乃份內之事，只是他已不太記得是否作出此承諾，惟他肯定最終領事館並未得到軍事法庭的開庭通知。

就在聯合國大會召開討論第二七五八號決議案前夕，陳欽生與陳水祥在十月十五日又再次被送上軍事法庭，但依然無法同時出庭「對質」。[24]十月二十五日，馬國在聯

22 陳欽生、曹欽榮，《謊言世界 我的真相》（台北市：台灣遊藝，二〇一七），頁一四一。

23 陳水祥、陳欽生早於六月十八日第一次出庭，馬國駐台領事館未被通知。

24 「台灣警備總司令部軍法處審理筆錄」（一九七一年十月十五日），〈陳欽生等叛亂案〉，《國防部後備司令部》，國發會檔案管理局藏，檔號：A305440000C/0060/1571/234。

馬國前副領事查賈立後來從商，擔任馬國上市公司龍馬集團（Landmarks Berhad）主席，曾於二〇〇九年來台與曾任駐馬副領事的前副總統蕭萬長見面。（圖源：國史館）

合國大會中投票支持中華人民共和國入聯；十一月五日，警總發出判決書。十二月九日，他們的首次覆判被駁回，同時這天僑委會將判決書寄給駐馬總領事館，並要求總領事張仲仁將陳水祥、陳欽生的案情轉告家屬。[25]

不過，張仲仁卻在十八日回函僑委會稱，他無法將判決書轉送馬方參考，因為判決書不僅無明確列出兩人的國籍，還將祖籍列出於籍貫，他主張外國人在台無公權，因此似無必要在判決書列出「褫奪公權」的字眼。張仲仁認為上述呈現方式恐不妥，並提醒若判決書仍將兩人視為華僑的話，未來兩人可能會被馬方拒絕入境。[26]

也許當時在前線多年的張仲仁已深切體會馬國政府對國民黨當局仍把馬國華裔視為對華僑的不滿。查賈立說，當年前馬國駐台領事許英喜對國民黨當局視馬國華人為「Hua Qiao（華僑）」相當不滿。

一九七二年二月一日，僑委會召集各部會討論張仲仁的意見。當時外交部主張：「我政府對在本國法律將該生等作為本國人犯罪處理，並無不妥。」，因為「我政府對海外華裔人士承認其雙重國籍身分」。不過，雖然外交部稱那是為使馬國華裔體會國民黨政府採雙重國籍立場之用心，進而爭取向心力，但外交部還是提醒與會部會，要顧及當時「中馬關係相當微妙」，之前所處理過的馬國學生軍訓效忠爭議、馬國學生聯誼

25〈僑務委員會（函）〉（一九七一年十二月五日），數位典藏號號：020-010609-0005。
26〈中華民國駐吉隆坡總領事館（函）〉（一九七一年十二月九日），數位典藏號號：020-010609-0005。

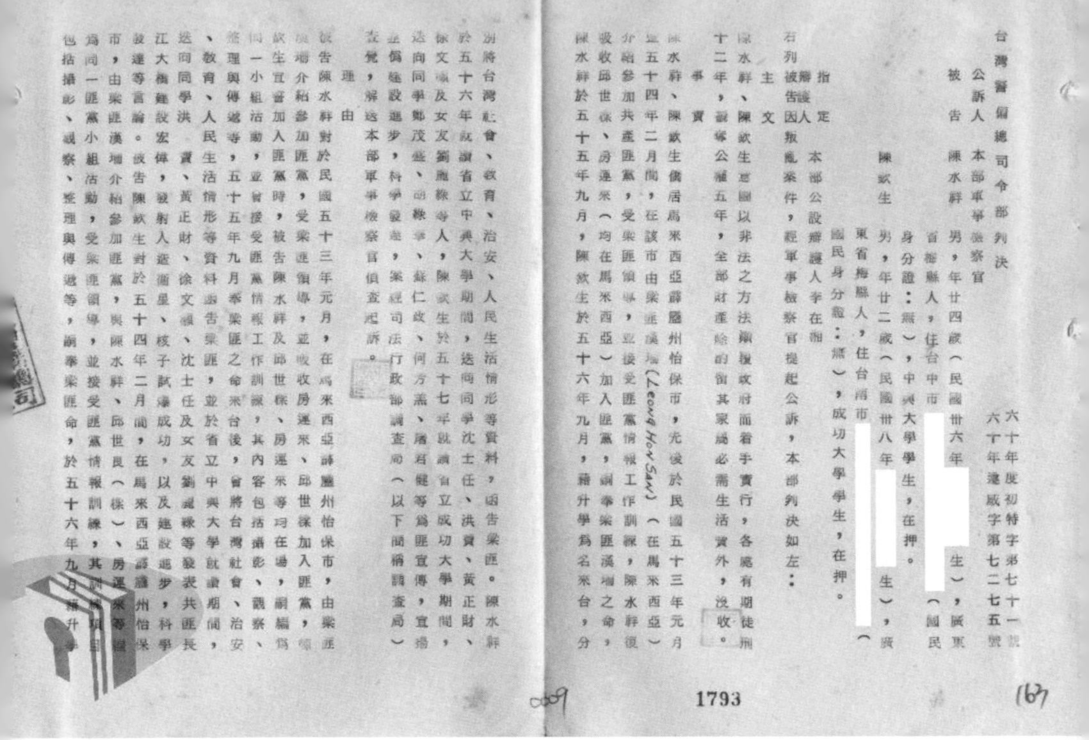
台灣警備總司令部判決　六十年度初特字第七十一號
六十一年遠威字第七二七五號

公訴人　本部軍事檢察官

被告　陳水祥　男，年廿四歲（民國卅六年[redacted]生），廣東省梅縣人，住台中市[redacted]（國民身分證：無），中興大學學生，在押。

陳欽生　男，年廿二歲（民國卅八年[redacted]生），廣東省梅縣人，住台南市[redacted]（國民身分證：無），成功大學學生，在押。

指定辯護人　本部公設辯護人李在洲

右列被告因叛亂案件，經軍事檢察官提起公訴，本部判決如左：

主文

陳水祥、陳欽生意圖以非法之方法顛覆政府而着手實行，各處有期徒刑十二年，褫奪公權五年，全部財產除酌留其家屬必需生活費外，沒收。

事實

陳水祥、陳欽生僑居馬來西亞霹靂州怡保市，先後於民國五十三年元月至五十四年二月間，在該市由梁匪漢增(Leong Hon Saw)（在馬來西亞）介紹參加共產匪黨，受梁匪領導，並接受匪黨情報工作訓練，陳水祥復吸收邱世祿、房運來（均在馬來西亞）加入匪黨，嗣奉梁匪漢增之命，分陳水祥於五十五年九月，陳欽生於五十六年九月，藉升學為名來台，分別將台灣社會、教育、治安、人民生活情形等資料，函告梁匪。陳水祥於五十六年就讀省立中興大學期間，迭向同學沈士任、洪貴、黃正財、徐文禎及女友劉鳳祿等人，陳欽生於五十七年就讀省立成功大學期間，迭向同學鄭茂盛、邱祿華、蘇仁政、何方熹、屠君健等為匪宣傳，宣揚匪偽建設進步，科學發達，案經司法行政部調查局（以下簡稱調查局）查覺，解送本部軍事檢察官偵查起訴。

理由

被告陳水祥對於民國五十三年元月，在馬來西亞霹靂州怡保市，由梁匪漢增介紹參加匪黨，受梁匪領導，並吸收房運來、邱世祿加入匪黨，嗣編為同一小組活動，並曾接受匪黨情報工作訓練，其內容包括攝影、觀察、整理與傳遞等，五十五年九月奉梁匪之命來台後，曾將台灣社會、治安、教育、人民生活情形等資料函告梁匪，並於省立中興大學就讀期間，迭向同學洪貴、黃正財、徐文禎、沈士任及女友劉鳳祿等發表共匪長江大橋建設宏偉，發射人造衛星、核子試爆成功，以及建設進步，科學發達等言論。被告陳欽生對於五十四年二月間，在馬來西亞霹靂州怡保市，由梁匪漢增介紹參加匪黨，與陳水祥、邱世良（祿）、房運來等編為同一匪黨小組活動，受梁匪領導，並接受匪黨情報訓練，其訓練項目包括攝影、觀察、整理與傳遞等，嗣奉梁匪命，於五十六年九月藉升學

1793

圖為陳水祥與陳欽生的判決書，當中可清楚見到國民黨當局不將他倆的國籍列出，卻明顯列出祖籍「廣東省梅縣」。（圖源：檔案管理局）

會成立等案時，仍視馬國學生為「本國人」已讓馬方相當不滿，故建議相關單位應採納張仲仁對判決書內容提出的修改建議。[27]

最終在一九七二年四月七日，陳欽生被判刑確定。[28] 六月六日，警總軍法處才允許提供馬國駐台代表處索取的陳欽生、陳水祥案情資料，[29] 然而他倆早已在五月被送到綠島服刑。陳欽生表示，國民黨當局之所以特別針對他，或許是因為他當時表現得十分倔

強，儘管判決書已下來，但他仍不放棄提出抗告。

一九七四年五月三十一日，馬國正式與中華人民共和國建交，與中華民國結束領事關係，雙方分別撤出在吉隆坡和台北的領事館。同年七月二十四日，首相敦拉薩在國會報告稱，雖然馬方已就台北當局監禁了兩名學生而提出抗議，但因當局將他們視為「國民」，因此這抗議可能無助於帶他們返馬。[30]

查賈立在一九七二年離開台灣，儘管他忘了當年的細節，但他對馬國政府面對的困境的說法與敦拉薩接近，他表示當年馬國政府和國民黨政府的外交糾紛多與對馬國華裔的身分認定有關，國民黨十分堅持馬國華裔學生是「華僑」，也是「中國人」，儘管馬

27 〈外交部簽呈用箋〉（一九七二年一月二十七日），〈馬來西亞僑生陳水祥陳欽生案〉，《外交部》，國史館藏，數位典藏號：020-010609-0005。

28 〈國防部裁定書〉（一九七二年四月七日），數位典藏號號：020-010609-0005。

29 〈台灣警備總司令部（簽呈）〉（一九七二年六月六日），數位典藏號號：020-010609-0005。

30 〈拉薩克談兩名學生在台被監禁〉（一九七四年七月二十五日），〈馬來西亞雜卷（十七）〉，《外交部》，國史館藏，數位典藏號：020-010699-0026。

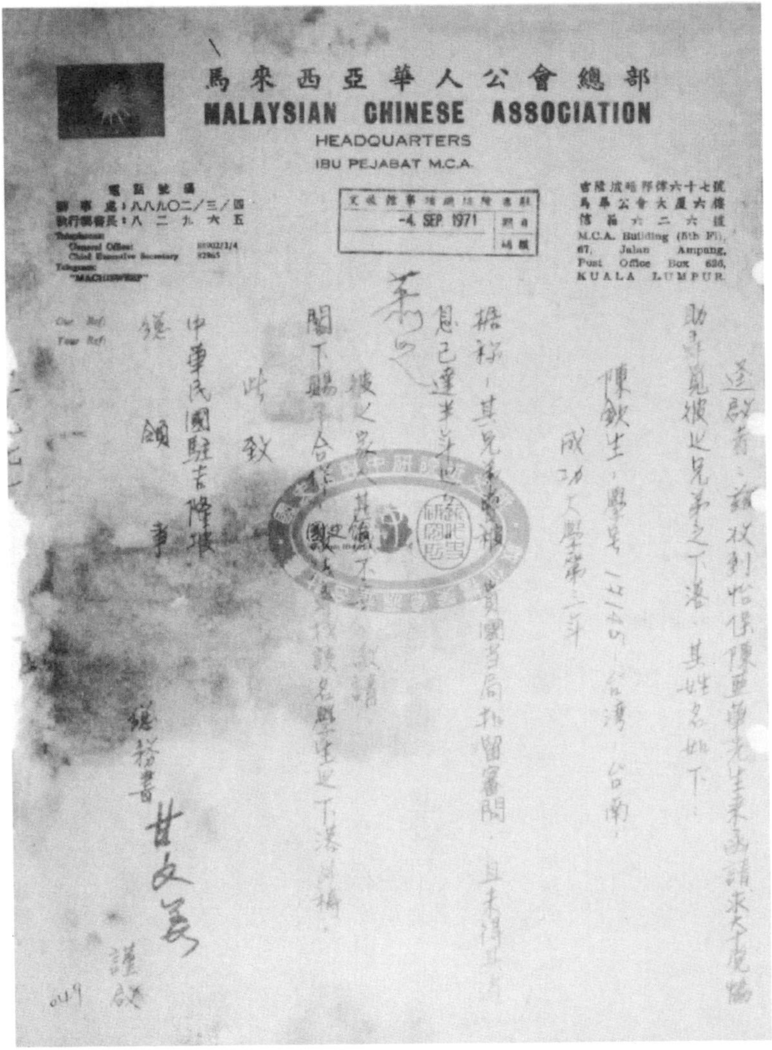

馬華公會曾協助陳欽生家人發函於中華民國駐馬總領事館，要求解釋陳欽生的下落。（圖源：國史館）

國政府已多番試圖拯救，但終究徒勞無功。這也意味著，對蔡勝添、陳水祥、陳欽生三人的救援行動，馬國駐台北領事館人員因時勢使然而被迫放棄了，儘管幾年後馬國外交部重新在台北設辦事處，但早人事已非。

陳欽生記得，他在綠島時認識了來自香港的難友呂振滿，對方說他曾在香港報章看到剛離開台灣的原馬國駐台領事在港召開國際記者會，領事聲淚俱下地控訴國民黨冤捕馬國學生。[31]不過查賈立表示，由於他一九七二年已離開台灣，因此後續的領事館人員是否於「斷交」後在香港召開國際記者會，他並不敢肯定。

當「馬匪建交」後，中華民國外交部所發出的聲明中，其中一段稱：「中華民國是一向尊重自由民主的國家，對在我國居留的馬來西亞的僑民，仍將依照國際慣例給予公平的待遇與保障。同時，我們也要求馬來西亞政府今後對繼續居留馬來西亞的中華民國僑民，也給充分保障及公平待遇，並防止毛共企圖採取任何迫害華僑的措施。」[32]

31 陳欽生（二〇一七），第一三九頁。直至截稿前，筆者仍找不到當年的剪報。

32 陳鴻瑜，《中華民國與東南亞各國外交關係史（一九一二～二〇〇二）（台北市：國立編譯館，二〇一四），頁三十一。

諷刺的是，並未「依照國際慣例給予公平的待遇與保障」的，正是中華民國。宛如用完即棄的「棋子」，陳欽生他們在中華民國對馬國的外交博弈失敗後，就被「棄置」了在綠島。

蕭萬長你知道有馬國僑生被白色恐怖嗎？

中華民國與馬國的領事關係僅有短短十年，也許如今對這「黃金十年」中發生的數宗馬國留台學生被逮捕入冤牢、驅逐出境等事件最了解的，除已過世的僑委會委員長高信[33]外，那就是高齡八十一歲的前副總統蕭萬長了。

前文提及，蕭萬長曾推動馬國政府鼓勵當地學生來台留學，長期以來蕭萬長也以此政績為榮。蕭萬長曾駐馬國領事館七年，一九六六年四月被派駐吉隆坡領事館，任職副領事，一九六九年升任領事，一九七二年才返台任外交部亞太司科長。[34]這也表示蕭萬長在馬國的任期內就歷經了一九六九年五位馬國學生被驅逐出境案，以及七〇年代蔡勝添等三人之案，相信依他的權限應非常了解當時馬台對上述案件的糾葛。

直至本書付梓前，蕭萬長先生始終未回應本人的邀訪。

二〇一九年七月十二日這天，陳欽生受法國駐台辦事處邀請出席法國國慶酒會，陳欽生萬萬沒想到他就在此巧遇了蕭萬長。然而由於當時太多社會賢達人士簇擁在蕭萬長身旁，陳欽生也沒機會找蕭萬長好好聊，因而錯失了追問蕭萬長他所知道的「真相」的機會。事後陳欽生和我說：「早知道應該找你一起去。」

就這樣，我們與蕭萬長的距離也愈來愈遠了……。

一直以來，陳欽生希望台灣政府的轉型正義工程能讓真相早日水落石出，讓更多受難前輩不曾帶著遺憾離開這世界。對我而言，我也希望蕭萬長在有生之年內，能說出他所知的馬來西亞「僑」生白色恐怖案的「真相」。

---

33 高信於僑委會之任期為一九六二年～一九七二年。

34 財團法人兩岸共同市場基金會官網，二〇一二，〈蕭先生簡傳〉，二〇一九年四月二十一日檢索，https://www.crossstrait.org/?cat=38。

被時代所犧牲

最後，我們再仔細檢視各時期發生的馬國學生白色恐怖事蹟可發現，他們被捕後的命運歸屬無不受國際局勢牽引著。

一九六四年十一月，中華民國成功在吉隆坡設立領事館。此前的一九六二年十一月二十日，馬華公會國會議員曾崇文來台要求蔣經國釋放馬國學生陳團保，陳團保方得以在一九六四年獲釋。雖目前無文獻證明蔣政權是否成功與當時的新興獨立國家馬來西亞建立領事關係，因而願意釋放陳團保，但不能排除這歷史巧合。

一九六九年三月，中華民國駐吉隆坡領事館獲馬國允准升格為「總領事館」。同一時期的三月七日，不滿僑委會干涉馬國內政的馬華公會總會長陳修信揚言，僑委會應被廢除，以免東南亞華裔族群的忠誠度被猜疑。也在同一天，警總召開第二次「鎮海專案」會議，並決定依總裁蔣介石的指示不影響與馬國的邦交，最終決定這五名左傾的馬國學生在四月二十五日獲遣返。

在第三章提過，曾是馬來亞人的鄔來感慨，還好他一九六三年被捕時，當時台灣還

二〇一九年七月七日，陳欽生、鄔來、蔡勝添前輩出席「反省記憶—平復司法不法之第三、四波有罪判決撤銷公告儀式」。（圖源：杜晉軒）

沒碰上退出美台斷交等國際大變局，否則他的境遇必定更難過。因此在七〇年代被逮捕的蔡勝添、陳水祥、陳欽生，不幸接連遇上了中華民國退出聯合國、「台馬斷交」等外交大震盪，被時代所犧牲的三人，最終無法離開這白色恐怖巨島。雖然中華民國與馬國的領事關係只有短短的「黃金十年」，但已為往後馬台間的雙邊貿易、文化、教育交流奠定了厚實的基礎，這可謂正面事蹟。儘管如此，我們依然不能遺忘整個戒嚴時期，遭到國民黨白色恐怖迫害的馬國華人事蹟。

這些白色恐怖案的發生，不能僅簡單地概括為國民黨反共下的威權統治的悲劇，而忽略了國民黨乃「流亡政權」的本質。當中華民國偏安於台灣一隅後，國民黨當局為維繫「正統中國」的地位，以僑務政策維持「正統中國」的道統位置，其背後的「大漢族主義」因素，正是造成上述外籍華裔白色恐怖案的不可忽略之根因。

或許，台灣白色恐怖歷史中外籍華裔受難者的境遇，可曰是那個時代「國籍與認同鬥爭」下的不幸結果。

後記

二〇一九年七月七日，就當我快把這本書寫完之際，促進轉型正義委員會舉行了「反省記憶——平復司法不法之第三、四波有罪判決撤銷公告儀式」，而本書的主角陳欽生前輩也獲邀代表政治受難者致詞。此前，陳欽生對於促轉會擬的演講稿不甚滿意，他認為應該還是要講出自己的心聲，最終促轉會也給予支持。

與其說陳欽生是致詞，不如說是在控訴——「今天在『威權統治時期司法不法刑事有罪判決撤銷』的名單上看到了我的名字，我應當高興，但我無法接受，對我來說是多麼諷刺的一件事！我相信有許多受害者的心情跟我一樣，我們本來就『無罪』，何來『除罪』？今天即使國家終於能公開撤銷了我們多年莫須有的罪名，但仍無法抹滅我們心中的疑惑。一，**為何當年要把我們打入政治黑牢？**二，**真相何在？**三，**加害者何**

在？」

自認識生哥以來，他常提到希望未來有機會能提出上訴，證明他是無罪的，他記得當年回馬來西亞時，馬國政府也允諾會協助他打官司，然而解嚴前夕頒布的《國家安全法》卻剝奪了當年遭受軍事審判的政治受難者重新上訴的權利。

雖然《促進轉型正義條例》通過後，政治受難者們的有罪判決被撤銷了，幾波的公告儀式也「正式」宣告「除罪」，但對陳欽生而言，他們本來就無罪，何來「除罪」？這點也是陳欽生對當前轉型正義的微言。

接著出席儀式的蔡英文總統在致詞時也回應了陳欽生前輩，蔡總統說：「我們撤銷這些判決，不足以平反他們心理的創傷，因為確實他們沒有犯罪。政府只是撤銷了一個罪名，但是我們必須要告訴社會大眾、全體國人、更是我們所有的受難者，『你們沒有犯罪，你們是勇敢的，我們要謝謝你們』。」

事後陳欽生前輩和我說，他對蔡總統的回應仍深感欣慰，他有注意到這是蔡總統難得「脫稿」回應，相信她的回覆是真誠的。整體上，陳欽生前輩依然是支持當前的轉型正義工作的，尤其同年七月四日他期盼的《政治檔案條例》得以通過了，他希望官方可早日公布真相，不再讓受難者帶著遺憾離開這世界。

當時我也出席了這場儀式，記得當時蔡總統說：「不論案件當事人是本省籍、外省籍還是原住民，也不論當時他們在政治理念或政黨屬性有多少不同，凡是在威權統治時期，政府侵害人權錯誤的判決，我們都要徹底平反。這就是轉型正義要做的第一件事。」

在台下的我聽了之後，心裡的感受是，雖然這場儀式受邀代表政治受難者發言的是陳欽生前輩，蔡總統應該也曉得陳欽生是來自馬來西亞，因此相當可惜蔡總統沒指出戒嚴時期人權遭侵害的，不僅是本省人、外省人或原住民，還有**外國人**。

出席這一波除罪儀式的「曾是」外國人的政治受難者有鄔來、蔡勝添、陳欽生和徐瑛前輩，也在公告除罪名單上的陳團保和陳水祥因在新加坡、泰國而無法出席。因此台灣的轉型正義是不分國界的，遺憾蔡總統沒在這重要場合提出這一點。

而這小小的遺憾讓我想起在北京的一段往事。

* * *

二〇一八年十二月，儘管中國大陸部分南方地區已落雪，但過度乾燥的北京仍止於冷冽。在風寒刺骨下，我走進了東城區的中國華僑博物館。

這一年正逢中國改革開放四十週年，當時除了天安門廣場上的「中國國家博物館」有舉行盛大的改革開放四十年特展外，東城區的中國華僑博物館內也設有「華僑華人與改革開放」主題展。

當年鄧小平說：「海外關係是個好東西。」之後，一改了此前文革時期對海外華僑華人不信任的態度。此後，各國華人基於血緣、資本優勢，而大舉進軍了「祖（籍）國」廣闊的市場，因此海外華人可謂是中國改革開放的一大助力。

不過展覽中最讓我印象深刻的卻是和文革有關的展板，那展板上寫著：「改革開放後，僑務機構的首要任務是平反冤錯假案、落實僑務政策。據統計，一九七九～一九八九年，全國共清理了六十多萬份歸僑、僑眷、港澳同胞眷屬檔案，清退了近百萬平方米的華僑私房，平凡了冤錯假案和歷史老案六點四五萬餘件，在僑界引起巨大反響。」

這讓我想到，位於台大校園內的「鹿鳴堂」在當時候因拆遷爭議而常上新聞版面，最終經台北市文化局文資審議後，以原名「僑光堂」登錄歷史建築而得以被保留下來。

在爭議發酵期間，有論者稱僑光堂曾是僑委會為來台的海外華僑舉辦活動的地方，因此建議未來可設為中華民國首座「華僑博物館」。

如果真的有那麼一天的話，我希望那所謂中華民國首座華僑博物館中，會有展區呈現過去中華民國如何在戒嚴時期對各國華「僑」政治迫害，希望這博物館並不會是為繼續自我消費所謂「華僑乃革命之母」而存在。

回顧台灣數以萬計的白色恐怖冤案的受難者背景，除有不幸的普通人外，還有不少為了實踐政治理想的人，無論他們是統派還是獨派，背後都有強烈的「國族認同」驅動著。

而我所研究的東南亞華人政治受難者又是什麼面貌呢？雖然當中有的人立場左傾，但他們都不因自身的「國族認同」而在台灣尋求政治舞台，反倒是因國民黨以自身主觀立場、歷史包袱，以其政治、文化霸權形塑海外華人的「國族認同」，進而以「血統」之名合理化自身的政治迫害行徑，才讓他們蒙受牢獄之災。

戒嚴時期遭白色恐怖的東南亞華人案例，除反共因素外，還有中華民國強加於人的「中華民族主義」或「大漢族主義」因素。衷心希望，未來各國華人的「國族認同」，不會再由任何一個「中國」來定義。

我在台灣的歲月已十年，歷經了三次總統選舉，無論每月每年的政治波瀾為何，都能深切地感受到台灣人為追求自身理想的「國族」在努力著，無論是想要當「台灣人」，還是「中國人」，或「既是台灣人又是中國人」，他們都不會想要自身認同的「話語權」被霸權給把持著。

縱然這情操很感人肺腑，但有時候確實令人遺憾的是，台灣現行法規制度仍限縮著對他國公民的「國族」定義，「僑生」這過時的產物仍延續著，東南亞華人仍被視為「僑胞」。很多在台的馬來西亞華人，都曾有過筆者的感受，我們不是「回國」的華「僑」，我們是馬來西亞人。

致謝

我並非什麼名人，也非「天才型」的記者，當初會想離職用半年時間全職寫這本書，其實對剛出社會沒多少年的我而言還是需要點勇氣的，因此本書謹獻給我的家人，在我生活最困難時給予我支持，無論是經濟上還是精神上的，若沒有這些支助的話，我難以持續寫作下去。

接著要感謝的是我的老同鄉——陳欽生前輩，如果沒有認識他，就不會啟發我去採訪更多的馬來西亞受難者前輩，也就不會認識鄔來、蔡勝添、陳水祥、陳團保等眾前輩們，當然還有其他值得尊敬的台灣受難者前輩如蔡焜霖先生，以及多年來在轉型正義工程上付出的前輩，如曹欽榮先生。

儘管在台灣念了四年大學和兩年研究所，但始終比不上這三年來從受難者前輩們身上所學的。因為這些緣分，對於從台灣所吸收的養分，我也只能透過本書給予回報了。

接著還得非常感謝張正老師、社團法人東南亞科學教育文化協會秘書長蔡雅婷與燦爛時光圖書館，若沒有他們提供的舞台，我也無法在台灣完成寫作，也無法爭取到文化部的補助。

也許是命運使然，我在台灣期間不僅幸運地遇上了台灣關注東南亞的「新南向政策」熱潮，也趕上了再次追求「轉型正義」的年代。這兩波浪潮當中，文化部是重要的推手，在此就不多做說明文化部推動轉型正義的成績，但要說的是，如果沒有文化部推出的《東南亞人士來台文化交流合作補助計劃》這「臨門一腳」，也許我就不會離職寫書了，在此再次感謝文化部的支持。

當然還有也要感謝臺灣商務印書館的認可，有張召儀、鄭莛兩位編輯的協助，才能夠讓本書成功面世。我在研究所寫論文期間，看過不少過去臺灣商務印書館出版有關東南亞史、海外華人研究相關的書籍，因此相當榮幸這本寫出華人移民史的另一面的著作，能由臺灣商務印書館出版。

最後，族繁不及備載，對於這幾年協助過我的人，無論是幫我聯繫受訪者、尋人、查資料的朋友們，或一句「寫書加油」，我都會銘記在心。

啊！還有一件事，我相信這本書只是起點，不會是終點，相信未來還會有更多案例、檔案會浮出水面，「成功不必在我」，歷史的書寫也不一定是由我來完成，因此未來若有學者、研究生、記者想要繼續對身陷白色恐怖的外籍華人故事繼續研究下去的，歡迎與我聯繫。

參考書目

一、專書著作

于東，《砂拉越左翼運動史》，民都魯市：余清祿，二〇〇九。

王賡武，《中國與海外華人》，台北市：臺灣商務印書館，一九九四。

王賡武，《移民與興起的中國》。新加坡：八方文化創作室，二〇〇五。

王賡武，《天下華人》。廣州市：廣東人民出版社，二〇一六。

王國璋，《馬來西亞民主轉型：族群與宗教之困》。香港：香港城市大學出版社，二〇一八。

中華民國僑務委員會華僑通訊社，《中華民國僑務發展歷程：攜手走過的歲月》。台北市：中華民國僑務委員會華僑通訊社，一九九〇。

中華人民共和國僑務工作指南編委會編，《中華人民共和國僑務工作指南（上）》。北京市：華商出版社，二〇〇七。
甘德政，《我們是誰？中英博弈與馬來西亞華人的身份認同》，吉隆坡：南大教育與研究基金會，二〇一六。
方金英，《東南亞「華人問題」的形成與發展》，北京市：時事出版社，二〇〇一。
任貴祥、趙紅英，《華僑華人與國共關係》，武漢市：武漢出版社，一九九九。
艾琳達口述、林佳瑩，《美麗的探險：艾琳達的一生》，台北市：遠景出版社，二〇一一。
台大哲學系事件調查小組，《台大哲學系事件調查報告》，台北：國立臺灣大學圖書館，二〇一三。
李明歡（譯），孔復禮（Philip A.Kuhn），《華人在他鄉：中華近現代海外移民史》。新北市：臺灣商務印書館，二〇一九。
李宗舜，《烏托邦幻滅王國：黃昏星在神州詩社的歲月》，台北市：秀威資訊，二〇一二。
李日章，《赤峯街5號的那些事》，新北市：玉山出版社，二〇一五。
林水檺，《林蒼佑：幾度升沉的悲情人物》，收錄於何啟良主編〈匡政與流變：馬來西亞華人歷史與人物：政治篇〉，台北市：中央研究院東南亞區域研究計劃，二〇〇一。
邱立本，〈僑生是台灣保釣運動的先鋒〉，《啟蒙．狂飆．反思：保釣運動四十年》。新竹市：清華大學，二〇一〇年。
莫順生，《馬來西亞教育史（一四〇〇～一九九九）》，吉隆坡：馬來西亞華校教師會總會（教總），二〇〇〇。
高明輝口述，《情治檔案——一個老調查員的自述》，台北市：商周出版，一九九五。
高信，《中華民國之華僑與僑務》，台北市：華僑協會總會，一九八九。
崔貴強，〈華人的政治意識與政治組織〉，《馬來西亞華人史》，吉隆坡：馬來西亞留台校友會聯合總會，一九八四。
陳劍虹，〈戰後大馬華人的政治發展〉，《馬來西亞華人史》，吉隆坡：馬來西亞留台校友會聯合總會，一九八四。
陳英東，《模里西斯華僑概況》，台北市：正中書局，一九八九。
陳士源，《分歧的「愛國」華僑-民初華僑對祖國政治之態度》，台北市：財團法人海華文教基金會，二〇〇二。

陳鴻瑜，《中華民國與東南亞各國外交關係史（一九一二～二〇〇〇）》。台北市：國立編譯館，二〇〇四。

陳儀深，林東璟等，《海外台獨運動相關人士口述史——續編》，台北：中央研究院近代史研究所，二〇一二。

陳中和，〈從華僑、華人到馬來亞人：梁宇皋認同轉變的生命歷程〉，《百年尋繹：馬新歷史人物研究》。馬來西亞雪蘭莪：拉曼大學中華研究中心，二〇一三。

陳加昌，《我所知道的李光耀》。新加坡：玲子傳媒，二〇一六。

陳欽生、曹欽榮《謊言世界 我的真相》，台北市：台灣遊藝，二〇一七。

莊國土，《華僑華人與中國的關係》，廣州市：廣東高等教育出版社，二〇〇一。

莊國土、陳華岳等著，《菲律賓華人通史》，廈門市：廈門大學出版社，二〇一二。

莊樂田等編，《英殖民地時代新加坡學生運動珍貴史料選（一九四五年九月～一九五六年十月）》，新加坡：草根書室，二〇一二。

馬華公會，《為國為民：馬華公會五十週年黨慶紀念特刊》，吉隆坡：馬華公會，一九九九。

黃煜文（譯），羅伯特·博因頓（Robert S.Boynton），《非請勿入區：北韓綁架計劃的真實故事》。新北市：遠足文化，二〇一七。
黃庭康，〈反思台灣威權時期僑生政策的形成：以五〇年代為例〉，《族群、民族與現代國家：經驗與理論的反思》。台北市：中央研究院社會學研究所，二〇一六。
蔡史君，〈戰時馬來亞的華人〉，《馬來西亞華人史》。吉隆坡：馬來西亞留台校友會聯合總會，一九八四。
郭仁德，〈敦陳禎祿傳〉，吉隆坡：馬來西亞華人文化協會，一九九六。
魯虎，〈新馬華人的中國觀之研究（一九四九～一九六五）〉，新加坡：新躍大學新躍中華學術中心，二〇一四。
郁漢良，《華僑教育發展史》。台北：編譯館，二〇〇一。
鄭宏泰，《虎豹家族：起落興衰的探索和思考》，香港：中華書局（香港）有限公司，二〇一八。
潘露莉、張存武、朱浤源，《菲律賓華僑華人訪問記錄》，台北：中央研究院近代史研究所，一九九六。

蕭萬長，《微笑的力量：蕭萬長 公職之路五十年》，台北市：天下雜誌股份有限公司，二〇一二。
顧長永，《東南亞各國政府與政治：持續變遷》，台北市：臺灣商務印書館，二〇一三。

二、會議與期刊論文

王國璋，〈論馬來西亞各方對馬華留台的認知轉變〉，會議論文，發表於「近代海外華人與僑教研討會」，中央研究院近代史研究所等主辦，一九九八。
朱浤源，〈大馬留臺學生認同心態的轉變：一九五二～二〇〇五——《大馬青年》內容分析〉，《「多元文化與族群和諧國際學術研討會」論文集》，臺北，二〇〇七。
吳子文，〈僑生教育與中華民國：台灣國族想像的轉變（一九五一～二〇〇八）〉，《文化研究》第十期，頁一〇三～一三八，二〇一〇。
黃錦樹，〈神州：文化鄉愁與內在中國〉，《中外文學》第二十二卷二期，頁一二九～一七二，一九九三。

楊秀菁，〈菲律賓《華僑商報》案與新聞自由問題〉，《政大史粹》第九期，頁一四五～一七九，二〇〇五。

趙綺娜，〈冷戰與難民援助：美國「援助中國知識人士協會」，一九五二年至一九五九年〉，《歐美研究》第二十七卷第二期，頁六五～一〇八，一九九七。

張曉威，〈二戰後「馬來亞華人公會」的成立於馬來亞華人的政治發展（一九四六～一九五七）〉，《中央大學人文學報》第六十三期，頁一五五～一八〇，二〇一七。

葉洪生，〈回首「神州」遠——追憶平反「溫案」始末〉，《聯合文學》第十三卷第三期，頁一二五，一九九七。

三、學位論文

吳欣怡，《同胞與外人之間：馬來西亞「僑生」的身份與認同》，國立臺灣大學人類學系碩士學位論文，二〇一〇。

范雅梅，《論一九四九年以後國民黨政權的僑務政策：從流亡政權、在地知識與國際脈絡談起》，國立臺灣大學社會學研究所碩士學位論文，二〇〇五。
蔣有川，《新加坡華僑與中國革命運動》，私立中國文化學院民族與華僑研究所碩士學位論文，一九七四。（一九七四年）。
藍元鴻，《戰後中華民國「僑生政策」對馬來西亞華文教育發展的影響（一九五四～一九七四）》，國立政治大學文學院歷史學系碩士學位論文，二〇一三。
張曉威，《「馬來西亞華人公會」與馬來西亞華人社會之研究》，國立中央大學歷史研究所碩士學位論文，一九九八。

四、報章刊物

《文訊》二〇一〇年四月號第二九四期。
《文訊》二〇一〇年六月號第二九六期。
《聯合文學》一九九七年一月第十三卷第三期。

五、政府機關

國史館檔案史料文物查詢系統 https://ahonline.drnh.gov.tw/index.php?act=Archive/index

國家檔案資訊網 https://aa.archives.gov.tw/

中央研究院近代史研究所檔案館 http://archives.sinica.edu.tw/

中華民國僑務委員會 https://www.ocac.gov.tw/ocac/

六、英文文獻

C.F. YONG and R.B. McKENNA (1990)，The Kuomintang Movement in British Malaya 1912-1949. Singapore：SINGAPORE UNIVERSITY PRESS.(1949).

Central Intelligence Agency, Subject: Probable Developments In Taiwan, March 14, 1949. File, 1949.guide lines for united states programs affecting the overseas chinese in southeast asia

"Annual Reports-Selangor." MCA file（馬華公會檔案）, PH/B/006, 1952.

"Lottery." MCA file （馬華公會檔案）, PH/L/006, 1950-1953.

血統的原罪：被遺忘的白色恐怖東南亞受害難者／
杜晉軒著. -- 初版. -- 新北市：臺灣商務, 2020.02
384 面；14.8×21公分.
ISBN 978-957-05-3254-8 (平裝)

1. 陳欽生 2. 傳記 3. 政治迫害 4. 白色恐怖

733.2931 109001389

人文

血統的原罪

被遺忘的白色恐怖東南亞受害難者

作　　者—杜晉軒
發 行 人—王春申
總 編 輯—張曉蕊
審 定 者—李盈慧、孫采薇
責任編輯—鄭莛
封面設計—兒日設計
內頁排版—張靜怡

業務組長—何思頓
行銷組長—謝宜華
出版發行—臺灣商務印書館股份有限公司
23141 新北市新店區民權路 108-3 號 5 樓（同門市地址）
電話◎(02) 8667-3712　傳真◎(02) 8667-3709
讀者服務專線◎0800056196
郵撥◎0000165-1
E-mail◎ecptw@cptw.com.tw
網路書店網址◎www.cptw.com.tw
Facebook◎facebook.com.tw/ecptw

局版北市業字第 993 號
初　　版：2020 年 2 月
印 刷 廠：沈氏藝術印刷股份有限公司
定　　價：新台幣 430 元
法律顧問：何一芃律師事務所

臺灣商務官方網站　臺灣商務臉書專頁